英国教育史研究丛书
易红郡　主编

何以为"新"

英国新大学研究

王宇遥　著

WHAT IS "NEW"

A Study of New Universities in Britain

河北大学出版社
·保定·

出 版 人：朱文富
选题策划：何　东
责任编辑：李　达
助理编辑：陈浩苏
装帧设计：赵　谦
责任校对：李　易
责任印制：常　凯

图书在版编目（CIP）数据

何以为“新”：英国新大学研究 / 王宇遥著．-- 保定：河北大学出版社，2023.9
（英国教育史研究丛书 / 易红郡主编）
ISBN 978-7-5666-2229-7

Ⅰ．①何… Ⅱ．①王… Ⅲ．①高等教育－教育史－研究－英国 Ⅳ．①G649.561.9

中国国家版本馆 CIP 数据核字（2023）第 194896 号

HEYI WEI XIN
YINGGUO XIN DAXUE YANJIU

出版发行：河北大学出版社
地址：河北省保定市七一东路2666号　邮编：071000
电话：0312-5073003　0312-5073029
网址：www.hbdxcbs.com
邮箱：hbdxcbs818@163.com
印　　刷：保定市正大印刷有限公司
幅面尺寸：170 mm × 240 mm
字　　数：325 千字
印　　张：24
版　　次：2023年9月第1版
印　　次：2023年9月第1次印刷
书　　号：ISBN 978-7-5666-2229-7
定　　价：86.00 元

总　序

本人在北京师范大学攻读博士学位期间（2000—2003），就选择了英国教育史作为自己的研究领域，后来陆续出版了几部关于英国教育史方面的著作。我从 2013 年起开始招收博士生，由于多年来是在教育原理方向招生，故首届招收的两名博士生没有从事英国教育史研究。后来，根据张斌贤教授、刘铁芳教授的建议，我开始有意识地要求学生选择英国教育史专题作为博士论文的选题，以便形成较为稳定的团队研究方向。在迄今毕业的博士生中，已有多位从事英国教育史研究，他们根据自己的专业兴趣选题，并已通过博士学位论文的答辩。这套丛书就是他们的研究成果汇集，研究领域涉及现代英语教育的变迁、英国幼儿学校的发展、英国大学开放教育、英国职前教师教育、英国学校音乐教育、英国中产阶级家庭教育、英国贵族教育、英国新大学等。此外，我的博士学位论文也纳入了这套《英国教育史研究丛书》。虽然 2005 年 1 月我的博士论文已由湖南教育出版社正式出版，但当时的发行量相当少，面世的仅有二三百册；2013 年 12 月至 2014 年 12 月我在伦敦大学教育学院访学时，又找到了不少新的英文文献。因此，该书纳入这套丛书重新出版时进行了适当的扩充和完善。

目前国内教育史学界关于美国教育史的研究居多，研究成果也较为丰富，并且形成了以北京师范大学和河北大学为主的美国教育史研究基地。英国是位于西欧一隅的小岛国，它在人类文明史上具有重要地位。英国最早实现了工业化，成为近代大工业的先行者；英国最早实行政治变革，为西方民主制度树立了榜样。英国的教育同样引人注目，它既是当今世界教育强国之一，也是全球范围内最具吸引力的留学目的地之一。据统计，过去二十年我国赴英留学生的数量大幅增加，我国赴英留学生已成为非欧盟学生中的主力军，优质的教育质量是中国学生选择赴英留学的重要动机。当今英国教育发展，与其教育传统及变革密不可分，研究英国教育的历史和传统，有助于我们更深刻地认识英国教育的特质以及英国教育走向现代化的机制。然而，目前国内关于英国教育史的研究略显不足，相关成果并不多见，类似的研究丛书似乎没有。《英国教育史研究丛书》的出版，不仅弥补了这方面的不足，为外国教育史学科建设贡献微薄之力，而且能为我国教育改革和发展提供一些历史参照。由此可见，无论从出版价值、社会效益还是理论意义而言，《英国教育史研究丛书》的出版都是一种有益的探索。

这套丛书首次出版时包括以下八册。

易红郡著的《从冲突到融合：20 世纪英国中等教育政策研究》。该书将教育史研究和政策分析相结合，将 20 世纪英国中等教育政策发展划分为三个不同的时期，从教育政策的角度详尽、系统地研究了不同时期英国中等教育的历史变迁，并从政治学、社会学、经济学、历史学、文化学等方面，着重分析了 20 世纪以来不同时期英国中等教育政策的变动与得失，总结英国中等教育发展的经验，探讨影响英国中等教育政策形成的内外因素及其内在机制。

粮建中著的《从民族性到全球化：英国“现代英语”教育的变迁研究》。该书主要从英格兰民族国家的建立、民族文学的发展和民族语言的形成等方面分析英国“现代英语”教育变迁的背景，重点探讨 16 世纪之后英国“现代英语”教育的民族特性以及 17 世纪之后英国“现代英语”教育的文化殖民特性；进而分析 18 世纪末和 19 世纪英国“现代英语”教育的全球化视野及其影响因素；最后从语言文化教育、民族身份教育和国家发展战略等维度，反思英国“现代英语”教育的价值及其局限性。

唐超著的《从个人实验到国家主导：19 世纪英国幼儿学校的发展研究》。该书将 19 世纪英国幼儿学校的发展历程分为四个阶段，分别是新拉纳克幼儿学校的实验（1800—1823）、民间幼儿学校运动的兴起（1824—1838）、民办公助下幼儿学校的推进（1839—1869）及国家主导下幼儿学校的普及（1870—1900），主要考察了不同阶段幼儿学校的教育实践及其发展特点。研究表明，19 世纪英国幼儿学校的性质是从民间慈善转变为国家福利，教育场所则经历了从家庭、教会到社会的转移，同时教育的内容也逐渐走向世俗化。

李慧迎著的《战后英国大学开放教育资源研究：基于质量文化的视角》。该书将战后英国大学开放教育资源的发展置于特定的历史背景之下，并以质量文化为分析视角，考察五种不同形式的开放教育及其开放教育资源，即海外办学中的开放教育资源、开放大学的开放教育资源、产业大学的开放教育资源、开放学习项目中的开放教育资源、慕课中的开放教育资源；进而分析其内部质量保障机制和内外部的质量评估过程；最后总结战后英国大学开放教育资源的特点及动因，从中得出对我国开放教育资源发展的启示。

周亦斌著的《传承与嬗变：英国都铎时期学校音乐教育的演进研究》。该书以英国都铎王朝时期（1485—1603）的主要学校为研究对象，首先考察了英国学校音乐教育的缘起（古希腊时期）、英国学校音乐教育的肇始（中世纪早期）以及英国学校音乐教育的变迁（中世纪晚期）；其次将英国都铎时期学校音乐教育的演进划分为恢复（1485—1547）、重构（1547—1558）及渐变（1558—1603）三个阶段，阐述了每一阶段学校音乐教育的形态及其成因；最后分析了英国都铎时期学校音乐教育演进的趋势，并总结其演进的特征。

赵森著的《延续与新变：英国斯图亚特时期贵族教育研究》。该书以英国斯图亚特王朝时期（1603—1714）的英国贵族为考察对象，首先追溯了斯图亚特时期之前英国贵族教育发展的历史源流与文化基础；其次在分析该时期英国贵族所处的政治、经济与文化背景基础上，进一步从历时性与共时性角度阐释了英国贵族的教育思想、教育场所与教育内容；最后揭示了该时期英国贵族教育的价值取向与性别差异，并且在强调其发展的继承性和创新性特征的基础上，分析了斯图亚特时期英国贵族教育发展所产生的历史影响。研究表明，随着教育现代化的发展，英国贵族教育的“装饰性”逐步让位于“实用性”，英国贵族孕育出的贵族精神、精英教育、道德教育仍是英国社会价值取向的风向标。

王宇遥著的《何以为“新”：英国新大学研究》。该书将英国新大学置于特定的历史背景之下，首先考察了新大学诞生的背景、原因及过程；其次通过探讨建筑设计的理念、实施及功能揭示了新大学建筑层面之“新”，并从经费、组织、教师与学生等角度阐述了新大学管理层面之“新”；最后重点探讨了新大学人才培养、科学研究与社会服务等职能之“新”。研究发现，新大学不仅在一定程度上解决了英国大学教育的过度专门化问题，加强了英国大学文理科之间的交流，而且促进了英国高等教育的大众化；但是，新大学也损害了其管理人员的研究权利，并迫使传统大学出现“职业漂移”。

陈瑶著的《维多利亚时期英国中产阶级家庭教育研究》。该书以维多利亚时期（1837—1901）英国中产阶级家庭教育作为研究对象，首先从家庭观、女性观、儿童观三方面分析了维多利亚时期英国中产阶级的价值观；其次从儿童的身体养育、精神陶冶、生活教育三方面再现了维多利亚时期英国中产阶级家庭教育的场景；最后从作为学校的家庭、作为社会组织的家庭两方面揭示了维多利亚时期英国中产阶级家庭的社会属性，并在此基础上进行了一些反思。研究表明，维多利亚时期英国中产阶级十分重视家庭教育，家庭承担着学校教育的职责，母亲和家庭女教师是重要的教育者，同时家庭也是社会阶层再生产的重要场所。

《英国教育史研究丛书》只是一个剪影，我们力图从不同的视角勾勒英国教育发展的历史轨迹；出版《英国教育史研究丛书》也是我们的一种尝试，后续有关英国教育史的研究成果也会纳入其中。我们希望能继续深化和推进这一领域的研究，期待得到外国教育史学界同人的指导，同时形成自己团队的研究特色。但由于我们的研究水平和能力有限，尤其是语言表达风格各异，丛书中还存在不少瑕疵，敬请各位学者和读者批评指正！

最后，感谢吴式颖先生、史静寰教授、张斌贤教授、杨汉麟教授、贺国庆教授、朱文富教授、肖朗教授、刘宝存教授、刘铁芳教授等在上述作者博士论文答辩过程中给予的悉心指导。感谢朱文富教授在这套《英国教育史研究丛书》出版过程中给予的大力支持。感谢河北大学出版社马力老师、何东老师的精心策划！

易红郡

2023 年 9 月 1 日

目　录

导　　论

历史不是一件约束物，它不能约束目前的一代。虽然研究高等教育的历史学家手中没有水晶球可作预言，没有魔镜可供占卜，但他们在这一领域依然能为他人提供一些有益的东西。①

一、选题缘由

纵观英国高等教育的发展历史可以发现，它以二战为分水岭。二战前，英国的高等教育以牛津大学（University of Oxford）、剑桥大学（University of Cambridge）等传统大学为主；二战后，英国的高等教育经历了巨大变革，新型高等教育机构不断涌现。二战后的二三十年是英国高等教育发展的高峰期，新大学在这一时期扮演了十分重要的角色。

（一）英国新大学的创新性与重要地位

从历史的角度而言，英国以牛津大学、剑桥大学为代表的传统大学具有一定的保守性与妥协性，并带有浓厚的古典主义与阶级色彩；新大学既有一定创新性，也在英国高等教育发展史上扮演着重要角色。从新大学的诞生看，其不仅开创了学校自建校起即具有学位授予权之

① 克拉克．高等教育新论：多学科的研究［M］．王承绪，徐辉，郑继伟，等译．杭州：浙江教育出版社，2001：49.

先河，还开创了大学自建校伊始就由国库拨款之先例。从新大学的建筑看，其“既是一个学术的村落，又是城市和市民学习的象征……新大学在空间组织和外观形象方面的影响是决定性的”[①]。从新大学的管理看，其主张学生应尽可能多地参与到大学事务的管理中，并试图为师生创造出更多平等交流的机会。从新大学的职能看，其是英国高等教育史上首次提倡跨学科学习的一类大学。其教学文化是一种社会式与批评性的学科联合，而非学究式和工具性的孤立学科形式。同时，这种学科联合的教学文化也代表了师生间有着更加民主与平等的关系。从这种意义上说，英国大学的民主比“牛桥”（Oxbridge）等传统大学更为接近高等教育的核心理念。从新大学的影响看，其适应了高等教育规模扩张的需要，调和了大学与社会的矛盾，并在一定程度上解决了英国大学过于专门化的问题。

总的来说，英国新大学是一类注重实验与创新的颇具原创性的大学。其既打破了传统大学的办学模式，也体现了大学建设的一种新思路与新范式，同时还开辟了创办高等教育的新路径。因此，新大学不仅是英国高等教育发展史上的一个重要里程碑，也揭开了英国高等教育的新篇章。

（二）我国“新文科”建设的推进

“新文科”强调的是，在中国特色社会主义新时代背景下，高等教育要大胆突破传统文科思维模式，促进多学科的交叉与融合，以便为学生提供综合性的跨学科学习。2018 年 8 月，中共中央发文指出，我国高等教育要努力发展新工科、新医科、新农科、新文科。[②] 由此，

---

① SCOTT P. The meanings of mass higher education[M]. Buckingham: SRHE and Open University Press, 1995: 54.

② 教育部. 大力发展新工科、新医科、新农科、新文科 优化学科专业结构[EB/OL]. (2019-02-26)[2021-01-30]. https://baijiahao.baidu.com/s?id=1626513734309189719&wfr=spider&for=pc.

“新文科”概念被正式提出。2019 年 4 月，教育部等 13 个部门联合启动“六卓越一拔尖”计划 2.0，要求全面推进新工科、新医科、新农科、新文科建设，以实现高等教育的内涵式发展。① 至此，“新文科”建设正式实施。2019 年 6 月，教育部高等教育司司长吴岩在高等学校专业设置与教学指导委员会第一次全体会议上强调：“我们一定要让新文科这个翅膀硬起来，中国高等教育飞得才能平衡、飞得高。”随后，“新文科”引发了学者的广泛关注。

任何事物的诞生与发展都有其深刻的历史背景，也一定蕴含着某种历史的必然性。从某种程度上说，这种历史的必然性，既可以表现为历史的相似性，又可以表现为历史的借鉴意义。因此，从历史的视角审视与探讨我国的“新文科”建设便成为情理中的事。可以说，英国新大学与我国“新文科”的理念具有内在一致性，即都强调大学的跨学科建设。新大学作为英国历史上首次提倡跨学科学习的一类大学，致力于解决大学教育的文理分离与过于专门化等问题。新大学无论从建筑设计、管理还是职能等维度都突出了“跨学科性”，这无疑会对我国“新文科”建设的推进有所裨益。

二、研究问题

问题是研究的起点，提出问题的最终目的是解决问题。正如年鉴学派的创始人吕西安·费弗尔（Lucien Febvre）所说：“提出一个问题，确切地说来是所有史学研究的开端和终结。没有问题，便没有史

① 教育部. 教育部启动实施“六卓越一拔尖”计划 2.0[EB/OL].（2019-04-30）[2021-01-30]. http://www.moe.gov.cn/jyb_xwfb/xw_zt/moe_357/jyzt_2019n/2019_zt4/tjx/mtjj/201904/t20190430_380202.html.

学。”[①] 同理，教育史研究也应起始于提出问题，归于解决问题。因此，本书围绕“英国新大学何以为‘新’”这一核心问题，对1949—1969年的英国新大学进行研究。同时，该核心问题也是贯穿全书的一条主线。具体而言，本书在研究过程中主要关涉如下系列问题。

第一，英国新大学是怎样诞生的？

第二，英国新大学的建筑设计新在哪里？

第三，英国新大学的管理新在哪里？

第四，英国新大学的职能新在哪里？

第五，英国新大学的影响如何？

除此之外，还有一个问题暗含于研究始终，即我们可以从英国新大学借鉴到哪些合理内核，以及这对我国高等教育有何借鉴意义？

三、研究意义

新大学（1949—1969）处于英国高等教育发展的关键阶段，它们对英国的高等教育产生了重要影响。因此，研究这一时期的英国新大学具有重要的理论与实践意义。在教育研究中，理论意义主要表现为，在学术上能有所突破和建设，或对已有研究能有所补充与完善；实践意义则主要体现在，研究对解决现实教育问题和教育实践的借鉴与启示。

（一）理论意义

目前，我国关于英国大学的研究成果颇为丰富，相关研究涉及牛津大学、剑桥大学以及其他一流大学等，但致力于英国新大学的研究成果并不多见。因此，本研究以英国新大学为研究对象无疑具有重要

---

① 姚蒙．法国当代史学主流：从年鉴派到新史学［M］．香港：香港三联书店，1988：47-48.

的理论意义。第一，有助于深化对英国新大学的认识，明晰英国新大学的发展脉络与本来面貌。第二，能够弥补国内关于英国新大学研究的不足，进一步丰富英国大学史研究。第三，有利于更好地研究英国独特的高等教育系统。

（二）实践意义

当前，我国高等教育正处于深刻的转型期，在充满机遇的同时也面临着巨大挑战。我们只有基于现实，回归历史，体察事物的发展演变过程，才能纠正偏颇并超越现有的狭隘，在更广阔的视野中把握当前高等教育的建设方向与改革路径，避免因忽视中外教育环境差异而造成“东施效颦”的现象。

本研究以英国新大学为研究对象，对历史场域中新大学的诞生、建筑设计、管理、职能与影响进行探析，进而充分彰显其独特性，以期为我国的高等教育提供一些参考。其一，能为我国“新文科”建设与大学学科建设提供一定参照；其二，能为如何恰当地处理大学发展与社会需求的关系问题提供借鉴；其三，能为我国高等教育的发展规划拓宽视野；其四，也能为我国处理高等教育的相关问题提供新的范式与思路。总的来说，虽然我国的教育环境与英国的不同，无法直接照搬其做法，但是，针对当前我国高等教育改革与制度建设过程中存在的问题和面临的困境，英国新大学的建设经验无疑可以为之提供一些有益参考。正如英国教育学家迈克尔·萨德勒（Michael Sadler）所言：“以一种正确的精神和严谨的治学态度去研究外国教育制度的作用，其实际价值就在于，它能使我们更适于研究和认识本国的教育制度。”①

① 赵中建，顾建民．比较教育的理论与方法：国外比较教育文选［M］．北京：人民教育出版社，1994：116．

四、概念界定

德国著名教育学家沃尔夫冈·布列钦卡（Wolfgang Brezinka）曾说：“没有准确的概念，明晰的思想和文字也就无从谈起。”[①] 本研究涉及的主要概念为新大学、英国新大学和英国老大学。

（一）新大学

“新大学”这一概念有两种解释：一是新大学相比于原有大学“新”在时间上，即由于它们建立的时间更晚，故为新大学；二是新大学的“新”并非仅仅由于它们是新成立的，更主要的原因在于这些大学的诸多方面与原有大学存在着显著区别。[②] 关于这一点，王承绪先生也持有相同的观点，他认为新大学应该是具有新目的与新观点的大学。[③] 也就是说，新大学并非时间层面的“新”，而是“新”在大学理念、功能、制度、管理机制等维度，抑或是它们对原有大学进行了一定的突破与变革。

基于此，本研究中的“新大学”并不仅仅意味着时间层面上的“新”，更是在某些方面不同于原有大学的一种新型大学。这种新大学与原有大学相比，多出了一些新的特质，其可以表现为大学人才培养与办学目标上的一种新规格，大学办学理念与课程设置上的一种新突破，大学运行机制与管理体制上的一种新模式……总体而言，新大学与原有大学相比，存在一定程度的变革与创新，并在某些方面颠覆了原有大学的传统。从这一层面上说，正是由于新特质的存在，才能将

---

① 布列钦卡．教育科学的基本概念：分析、批判和建议［M］．胡劲松，译．上海：华东师范大学出版社，2001：1.

② 胡建华．19 世纪以来英国大学制度改革的基本特征及其分析［J］．现代大学教育，2004（2）：58-62.

③ 王承绪．英国教育［M］．长春：吉林教育出版社，2000：260.

新大学与原有大学区分开来。

（二）英国新大学

前文已述，本研究中的“新大学”是指“特质新”的大学。从这一意义上说，最早的英国新大学指的是英国在19世纪建立的，与牛津大学、剑桥大学等传统大学特质不同的伦敦大学及城市大学，而后指英国于20世纪60年代成立的一类大学。[①] 正如王承绪先生认为，英国新大学就是20世纪60年代初创办于英国中小城市附近郊区的10所自创办起就由政府拨款，有权授予学位，面向下层中产阶级和工人阶级子弟，采用跨学科课程设置的大学。[②] 陈厚丰教授也指出，英国新大学是成立于20世纪60年代的一类大学：一方面，它们可以为激增的中学毕业生提供更多的入学机会；另一方面，它们也能够防止英国大学教育过早或过度的专门化趋势。[③] 可以说，新大学在一定程度上给英国高等教育带来了深刻变革。

本研究中的“英国新大学”是指20世纪60年代诞生[④]，由国家创办并从一开始就享有学位授予权的10所英国大学。它们分别是苏塞克斯大学（University of Sussex，1961）、基尔大学（Keele University，1962）、东英吉利大学（University of East Anglia，1963）、约克大学（University of York，1963）、埃塞克斯大学（University of Essex，1964）、兰开斯特大学（Lancaster University，1964）、肯特大学（University of Kent，1965）、沃里克大学（University of Warwick，1965）、斯特林大学（University of Stirling，1967）与阿尔斯特大学

---

① 顾明远. 教育大辞典：第3卷［M］. 上海：上海教育出版社，1991：65-66.

② 王承绪. 英国高等教育发展的历史和现行体制述略［J］. 现代教育论丛，1983(2)：54-66.

③ 陈厚丰. 中国高等学校分类与定位问题研究［M］. 长沙：湖南大学出版社，2004：94.

④ 这里的诞生是以大学资质的获得时间为准。

（Ulster University，1968）。如今这些大学依然存在，但学者一般不称其为英国新大学。可见，英国新大学往往指特定历史时期的 10 所大学，其是一个历史的概念。

本研究选择的时间段为 1949—1969 年。一方面，笔者以 1949 年为研究的起始时间，是因为 1949 年基尔大学的前身——北斯塔福德郡大学学院（University College of North Staffordshire）创立，而克服英国大学教育过度专门化的革新实验最早也是始于它。由于它最早进行教育革新实验，因此学者一般也将其归入新大学之列，甚至称其为“新大学之母”。[①] 同时，基尔大学前身的许多革新成果，如最著名的“基础年”（Foundation Year）等，深刻影响了后来新大学的教育革新实验。

另一方面，笔者以 1969 年为研究的截止时间，是因为英国新大学是特定历史时期的产物。其一，20 世纪 60 年代是英国高等教育发展的黄金时期。在这短短的 10 年中，英国既确立了新的高等教育体制，又极大地扩展了高等教育的规模。与此同时，英国高等教育发展的战略思想得到了深刻反思，发展目标得到了重新规划，制度结构得到了重新调整，新大学得以建立。[②] 但 20 世纪 70 年代，英国高等教育处于停滞状态，进入所谓的“冰河时代”。[③] 这种现象与 20 世纪 60 年代末出现的“经济滞胀”密切相关。这标志着英国高等教育大发展时代的结束。从这一意义上说，英国新大学的教育革新实验于 1969 年宣告结束。其二，20 世纪 70 年代在开放大学和多科技术学院迅速发展的同时，英国高等教育却进入了收缩与调整期。20 世纪 70 年代的经济危机和社会政治变化等因素使英国高等教育面临诸多困境，新大学的时代已然成

---

① 胡建华. 19 世纪以来英国大学制度改革的基本特征及其分析［J］. 现代大学教育，2004（2）：58-62.

② 王承绪，徐辉. 战后英国教育研究［M］. 南昌：江西教育出版社，1992：308.

③ 易红郡. 战后英国高等教育政策研究［M］. 长沙：湖南师范大学出版社，2016：136.

为过去。正如有的学者指出："在英国教育史上，20 世纪 70 年代是一个不确定和变化多端的 10 年，许多政策设想被彻底修正。"[①] 其三，英国工党政府于 1970 年失去政权。英国新大学的诞生与工党密不可分，这在一定程度上也会影响新大学的教育革新实验。

综上所述，本研究关注的是"英国新大学"（简称"新大学"）这一群体，也就是这 10 所大学的共性，而非独立的 10 所大学。基于此，本书将研究的时间界定为 1949—1969 年。可以说，这一时期（1949—1969）是英国新大学发展与革新的关键时期，也是其共性最多且最具代表性的时期，它们有着共同的时代背景；而其他时间段的革新不具有代表性，且与本研究所要探讨的共性问题关联性不强。更重要的是，自 1970 年以来，英国高等教育的进一步扩张与发展主要存在于老牌大学了。[②]

（三）英国老大学

本书中的英国老大学（或称"传统大学"）是指存在于英国新大学之前的所有大学。主要包括如下几类：一是牛津大学、剑桥大学等古典大学（Classical Universities）。古典大学又称中世纪大学（Medieval Universities），主要包括英格兰的牛津大学和剑桥大学，苏格兰的圣安德鲁斯大学（University of St. Andrews）、格拉斯哥大学（University of Glasgow）、阿伯丁大学（University of Aberdeen）和爱丁堡大学（University of Edinburgh）以及爱尔兰的都柏林大学圣三一学院（Trinity College Dublin）。在 11 世纪到 16 世纪，英伦三岛仅有这 7 所大学成立。在 17 世纪至 19 世纪，则没有新的大学成立。因此，古典大学也指英国于 17 世纪以前成立的大学。二是达勒姆大学（Durham University）和伦敦大学（University of London）。三是曼彻斯特大学

---

① BECHER T. British higher education[M]. London: Allen & Unwin, 1987: 10.

② PELLEW J, TAYLOR M. Utopian universities[M]. London: Bloomsbury Publishing, 2020: 34.

（University of Manchester）、利兹大学（University of Leeds）、伯明翰大学（University of Birmingham）、利物浦大学（University of Liverpool）等城市大学（Civic Universities）。这些城市大学也称“红砖大学”（RedBrick Universities）或“近代大学”。

五、文献综述

新大学（1949—1969）既是英国高等教育机构的重要组成部分，也是英国高等教育大众化的催化剂与产物。本研究主要从三方面对相关文献进行综述：一是关于英国高等教育机构的研究，这部分文献可以为本书提供必要的研究背景；二是关于英国高等教育大众化的研究，这部分文献能够为本研究提供一定的知识框架与理论支撑；三是关于英国新大学的研究，这部分资料可以明确新大学作为英国高等教育机构的重要组成部分，为英国高等教育所做出的巨大贡献。本研究的文献收集主要以“篇名”“关键字”等信息为基础，通过中国知网、读秀学术搜索、超星电子图书、维普网、万方数据资源系统、湖南师范大学图书馆及Google Scholar（谷歌学术）等中外文数据库或搜索引擎进行搜集。以下是根据相关研究主题所做的文献综述。

（一）关于英国高等教育机构的研究

高等教育机构是实施高等教育的场所，除大学外还包括继续教育学院、师范学院等。简言之，高等教育机构由大学及非大学组成。国内外关于英国高等教育机构的相关研究较多，主要集中在以下三方面：关于英国高等教育机构发展史的研究、关于英国高等教育机构分层的研究以及关于英国高等教育机构经费的研究。

1. 关于英国高等教育机构发展史的研究

国内关于英国高等教育机构发展史的研究主要集中在相关著作上。具体而言，主要包括如下三种：一是关于外国高等教育史的著作。如贺国庆、王保星、朱文富等著的《外国高等教育史》，按照时间逻辑阐述了东西方的高等教育，并着力探讨了英、法、德、美等国家的高等教育机构发展历程。[①] 二是关于西方主要国家的高等教育史的著作。如符华兴、王建武主编的《世界主要国家高等教育发展研究》，对美、英、德、加、意等主要国家高等教育机构的发展历史、办学理念、管理模式等进行了较为全面的研究。[②] 三是关于英国高等教育史的著作。如王承绪先生主编的《英国教育》，以历史的脉络分别梳理了古代、中世纪、近代与现代的英国教育，其中不乏对英国高等教育机构的历史演进进行论述。[③] 王承绪与徐辉主编的《战后英国教育研究》，探讨了二战后英国高等教育的发展。[④] 在该书中，作者将英国的高等教育分为恢复期、大发展期、调整期与收缩期四个阶段，总结了英国高等教育机构发展的历史、特点与经验，从而有利于相关人员了解与把握英国高等教育机构的发展情况。另外，徐辉与郑继伟的《英国教育史》[⑤]、殷企平的《英国高等科技教育》[⑥]、张泰金的《英国的高等教育：历史·现状》[⑦] 等也涉及了英国高等教育机构的发展史。

国内也存在以期刊论文形式呈现英国高等教育机构发展史的。例如王承绪在《英国高等教育发展的历史和现行体制述略》一文中，梳理了自中世纪时期至20世纪60年代英国高等教育机构的历史演变，并

---

① 贺国庆，王保星，朱文富，等. 外国高等教育史［M］. 北京：人民教育出版社，2006.

② 符华兴，王建武. 世界主要国家高等教育发展研究［M］. 长沙：湖南人民出版社，2010.

③ 王承绪. 英国教育［M］. 长春：吉林教育出版社，2000.

④ 王承绪，徐辉. 战后英国教育研究［M］. 南昌：江西教育出版社，1992.

⑤ 徐辉，郑继伟. 英国教育史［M］. 长春：吉林人民出版社，1993.

⑥ 殷企平. 英国高等科技教育［M］. 杭州：杭州大学出版社，1995.

⑦ 张泰金. 英国的高等教育：历史·现状［M］. 上海：上海外语教育出版社，1995.

论述了英国在双重结构下的高等学校类型。[①] 胡安娜在《走出“象牙塔”的英国大学》一文中，以英国大学的社会服务职能为主线，将英国大学分为传统大学、城市大学、新大学与原多科技术学院升格的大学四类，并依据英国各类大学自 20 世纪 80 年代以来社会服务职能的拓展，挖掘出三大趋势：一是大学社会服务的内容不断丰富，范围不断扩大；二是大学与社会的双向性不断加强；三是大学的社会服务职能逐渐实体化。[②]

国外既有专门论述英国高等教育机构发展史的研究，又存在以时间为序对其进行梳理的研究。在这些文献中，比较有代表性的是 W. A. C. 斯图尔特（W. A. C. Stewart）所著的《战后英国高等教育》（*Higher Education in Postwar Britain*）。[③] 该著作按照时间顺序将英国高等教育的发展分为五个阶段，每一阶段分别论述了大学与其他高等教育机构的发展状况，尤其阐述了大学在数量与经费上的变化；而且，该著作还广泛引用了官方的权威数据资料。总的来说，该书是一部全面阐述二战后英国高等教育发展的著作，书中诸多观点与数据被广大学者所引用，这为后来学者研究英国高等教育奠定了坚实的史料基础。托尼·比彻（Tony Becher）所著的《英国高等教育》（*British Higher Education*）系统全面地阐述了英国高等教育机构在二战后的 20 年中所面临的各种局面与困境。[④]

国外还有些文献则以新的视角论及了英国高等教育机构的发展。

---

① 王承绪. 英国高等教育发展的历史和现行体制述略 [J]. 现代教育论丛，1983（2）：54-66.

② 胡安娜. 走出“象牙塔”的英国大学 [J]. 广东广播电视大学学报，2005（3）：94-98.

③ STEWART W A C. Higher education in postwar Britain[M]. London：The Macmillan Press，1989.

④ BECHER T. British higher education[M]. London：Allen & Unwin，1987.

马尔科姆·泰特（Malcolm Tight）在《1945年后英国高等教育的发展》（*The Development of Higher Education in the United Kingdom Since 1945*）一书中，以历史转型的视角论述了战前英国高等教育机构的发展历程与战后英国高等教育机构发展的相关议题。① 这一著作较为全面地分析了从精英到大众转型下英国高等教育的政策、机构及未来发展等问题。托马斯·威廉·海克（Thomas William Heyck）在《英国大学的理念：1870—1970》（"The Idea of a University in Britain: 1870-1970"）一文中，以大学理念的视角论述了1870—1970年英国大学的发展史。② 由王承绪先生翻译的美国学者伯顿·R.克拉克（Burton R. Clark）的著作——《探究的场所：现代大学的科研和研究生教育》也极具代表性。在该书中，克拉克不仅阐述了英国的"学院型大学"，而且认为以牛津大学与剑桥大学等为代表的"学院制"大学传统对英国高等教育机构的发展产生了深远影响。同时，克拉克还分析了英国和其他国家高等教育发展的特点，并提出了五种类型的大学构想。③

另外，由英国著名学者埃德蒙·J.金（Edmund J. King）所著、王承绪先生等人翻译的《别国的学校和我们的学校：今日比较教育》④，H.C.巴纳德（H.C.Barnard）的《1760年以来的英国教育史》（*A History of English Education from 1760*）⑤，哈罗德·斯沃尔（Harold

---

① TIGHT M. The development of higher education in the United Kingdom since 1945 [M]. Buckingham: Open University Press, 2009.

② HEYCK T W. The idea of a university in Britain: 1870-1970 [J]. History of European ideas, 1987, 8(2): 205-219.

③ 克拉克. 探究的场所：现代大学的科研和研究生教育 [M]. 王承绪，译. 杭州：浙江教育出版社，2001.

④ 金. 别国的学校和我们的学校：今日比较教育 [M]. 王承绪，邵珊，李克兴，等译. 北京：人民教育出版社，2001.

⑤ BARNARD H C. A history of English education from 1760[M]. London: University of London Press, 1961.

Silver）的《作为历史的教育：对19世纪和20世纪教育的解读》（*Education as History*：*Interpreting Nineteenth-and Twentieth-century Education*）①，罗伊·罗厄尔（Roy Lowe）的《战后时期的教育：一个社会的历史》（*Education in the Post-War Years*：*A Social History*）②等都涉及了英国高等教育机构的发展。这些著作不仅注重对英国高等教育机构发展的论述，还重视它们发展的复杂性与过程性。这有助于我们更好地把握现象背后的本质，并在一定程度上为我们分析英国高等教育机构的发展提供了新的视角。

2. 关于英国高等教育机构分层的研究

关于英国高等教育机构分层的研究主要涉及的是“二元制”。二元制也称“双重制”，译自英文“The Binary Systems”。它是由英国国务大臣A. 克罗斯兰（A. Crosland）于20世纪60年代提出，并伴随英国高等教育体制的变迁逐渐形成。简言之，二元制就是一种关于高等教育机构分层的制度。

我国大多数学者主要从历史、比较与理论等视角出发，对英国二元制的变迁动因进行分析，并据此提出一些启示。例如北京大学张建新的博士论文主要从历史与理论的研究视角出发，首先描述了英国高等教育二元制的变迁历程，其次以漂移理论、趋同理论、组织社会学理论和政策变迁理论为基础，解释了英国二元制的变迁，最后指出高等教育的漂移趋势、培养目标的变化和功能的增加是英国高等教育二元制变革的动因。该博士论文是国内研究英国二元制变迁的重要成果

---

① SILVER H. Education as history: interpreting nineteenth-and twentieth-century education[M]. London: Methuen, 1983.

② LOWE R. Education in the post-war years: a social history[M]. London: Routledge, 1988.

之一。[①] 除此之外，张建新与陈学飞在《从二元制到一元制——英国高等教育体制变迁的动因研究》一文中，也以历史的视角审视了英国高等教育从二元制到一元制的发展历程，并从宏观的趋同理论与微观的漂移理论两个层面对英国二元制变迁的动因进行阐述。[②] 陈厚丰在《英美高等教育分类政策比较——以英国高等教育"双重制"和美国加州"高等教育总体规划"为例》一文中，将英国高等教育与美国高等教育的分类政策进行比较，进而分析出英国双重制终结的原因与美国高等教育总体规划成功的因素。[③] 詹盛如的《高等教育机构的聚合与分化：台湾与英国之比较》以扩张理论、游移理论、弹性化理论与循环理论为基础，将我国台湾与英国进行了比较。[④] 王绽蕊的《从英国高等教育双重制的兴衰看我国高等教育大众化的制度选择》重点阐述了英国双重制的兴衰对我国的启示。[⑤]

也有学者是从法律与政策角度论述英国二元制的。陈厚丰在《英国高等教育"双重制"分层政策案例分析》一文中指出，双重制是英国政府自上而下干预高校分层定位的经典案例，它的终结是双重制政策导向的失误。基于此，作者进一步探讨了双重制政策终结的原因：一是分层依据的不合理；二是多科技术学院"趋同化"的刺激；三是民意与法理基础的缺乏；四是英国轻科技重人文传统的影响。最后，

---

① 张建新. 高等教育体制变迁研究：英国高等教育从二元制向一元制转变探析［M］. 北京：教育科学出版社，2006.

② 张建新，陈学飞. 从二元制到一元制：英国高等教育体制变迁的动因研究［J］. 北京大学教育评论，2005（3）：80-88.

③ 陈厚丰. 英美高等教育分类政策比较：以英国高等教育"双重制"和美国加州"高等教育总体规划"为例［J］. 高等教育研究，2009（12）：88-93.

④ 詹盛如. 高等教育机构的聚合与分化：台湾与英国之比较［J］. 山东科技大学学报（社会科学版），2010（4）：85-96.

⑤ 王绽蕊. 从英国高等教育双重制的兴衰看我国高等教育大众化的制度选择［J］. 江苏高教，2003（5）：111-113.

作者阐述了英国双重制的变迁对我国制定相关政策的启示：一是分类政策的导向要科学；二是分类政策不仅要符合本国高等教育结构的现状，更要对本国高等教育结构的未来方向起引导作用；三是分类政策应能促进整个高等教育体系的多元化；四是分类政策应遵循整个高等教育的演进逻辑。① 可以说，这篇文章不仅深刻地分析了英国双重制分类政策的实质，而且对我国进一步构建高校分类框架具有重要的借鉴意义。张建新与陈学飞的《英国高等教育改革法述评》以时间为序，论述了确立英国二元制的 1966 年《关于多科技术学院与其他学院的计划》（*A Plan for Polytechnics and Other Colleges*）与终结英国二元制的 1992 年《继续教育和高等教育法》（*The Further and Higher Education Act*）。②

还有学者针对英国二元制变迁动因的某一方面进行阐述。任魏娟、徐国庆在《英国双重制演变的文化动因及对我国发展技术本科的启示》一文中，以文化动因的视角论述了英国双重制终结的原因，主要包括“绅士文化”传统、“学术金本位”观、调和折中主义的思维方式及“权利文化”转变的影响等。基于此，作者对中英两国的传统文化进行了比较分析，认为传统文化在中英两国的教育变革中都表现出相当程度的保守性。同时，作者认为中英两国文化都蕴含着“精英教育”与“学术至上”的价值取向。③ 曹玉杰也认为英国贵族的保守主义心态与根深蒂固的“重学轻术”传统对英国二元制的变迁具有重要影响。④

---

① 陈厚丰．英国高等教育“双重制”分层政策案例分析［J］．比较教育研究，2006（7）：47-51.

② 张建新，陈学飞．英国高等教育改革法述评［J］．清华大学教育研究，2004（2）：69-74.

③ 任魏娟，徐国庆．英国双重制演变的文化动因及对我国发展技术本科的启示［J］．职教论坛，2009（22）：59-61.

④ 曹玉杰．英国双重制兴衰原因的探析及启示［J］．理工高教研究，2007（5）：49-50.

国外学者主要将二元制作为英国高等教育体系的一部分，以便从更宏观的视角进行考察。彼得·斯科特（Peter Scott）在《罗宾斯：二元政策与高等教育大众化》（“Robbins: The Binary Policy and Mass Higher Education”）一文中，针对《罗宾斯报告》（*The Robbins Roport*）提出后所引发的诸如二元制变迁等一系列问题进行了深刻反思。斯科特认为《罗宾斯报告》的重要意义在于，它提出了高等教育扩张的理由，使英国高等教育走上了大众化的道路。但还存在一种说法，即关于英国高等教育大众化未来结构的建议与后来克罗斯兰提出的二元制相矛盾。因而直至20世纪90年代当二元制终止时，罗宾斯的道路才得以恢复。但斯科特认为，罗宾斯与克罗斯兰的想法从本质上来说具有一致性，即英国未来的高等教育体系与机会理应由大众化的高等教育机构主导，而非由“牛桥”等精英大学把控。[①] 有学者认为，导致英国高等教育体系改变的关键因素是学术和职业的相互“漂移”（drift），这也是二元制所造成的影响。[②] 换言之，尽管英国政府可以依靠自身的力量建立二元制，使多科技术学院在体制层面上免受传统大学的影响，但英国政府却无法利用其自身力量干预院校间的“趋同化”现象。

也有学者从整个西欧或欧洲高等教育系统出发论述英国的二元制。斯文·奎维克（Svein Kyvik）于2004年发表的文章《西欧高等教育系统的结构变化》（“Structural Changes in Higher Education Systems in Western Europe”）对西欧高等教育系统的变化历程进行了概述与分析，讨论了各国应在多大程度上趋同于本国高等教育系统的共同结构与模式，并在此基础上将英国作为高等教育二元制系统的典型代表进

---

① SCOTT P. Robbins: the binary policy and mass higher education[J]. Higher education quarterly, 2014, 68(2): 147-163.

② WIT K D, VERHOEVEN J C. The context changes but the divisions remain: the binary higher education system in Flanders: the case of information science[J]. Studies in higher education, 2003, 28(2): 143-156.

行个案分析。[①] 克劳迪斯·盖勒特（Claudius Gellert）主编的《欧洲的高等教育：高等教育政策系列 16》（*Higher Education in Europe : Higher Education Policy Series 16*）主要探讨了欧洲大学与其他高等教育机构的重大制度和结构变革，并以一章的篇幅对 20 世纪 90 年代英国高等教育的二元制系统进行了政策解析。[②]

还有一些学者立足于英国二元制的提出背景进行探讨。例如 C. D. 戈德温（C. D. Godwin）在 1998 年发表的《二元制系统的渊源》（“The Origin of the Binary System”）一文中以两个关键问题为线索：一是为什么对官员来说二元制不仅是可取的，而且是必要的；二是官员要怎样才能确保二元制成为英国政府的重要政策。基于此，作者对 20 世纪 60 年代英国高等教育二元制系统的提出背景进行了详细介绍，追溯了二元制概念的起源及二元制的实施情况，并全面地解释了二元制系统对英国政府的必要性。[③]

总之，英国的二元制无疑有其存在的合理性，它既是对英国高等教育传统的认可，也是对英国高等教育现状的说明。在当时的情境下，英国的二元制在维持大学与非大学之间的平衡上是成功的，并且在一定程度上缩小了大学与非大学之间的悬殊差距。但是，英国运用二元制对高等教育机构进行分层并不科学，因为这种划分只是出于政治的考虑，反而会使大学与非大学之间的等级分层加剧。

3. 关于英国高等教育机构经费的研究

关于高等教育机构经费的研究是教育领域的一个永恒话题，因而

---

① KYVIK S. Structural changes in higher education systems in Western Europe[J]. Higher education in Europe，2004，29(3)：393-409.

② GELLERT C. Higher education in Europe：higher education policy series 16[M]. Bristol：Taylor&Francis，1993.

③ GODWIN C D. The origin of the binary system[J]. History of education，1998，27(2)：171-191.

总是受到国内外学者的广泛关注。我国大多数学者主要以高等教育拨款中介机构为切入点，以便对英国高等教育机构经费的相关问题进行研究。吴结在《英国高等教育拨款中介机构的演变及其启示》中阐述了英国高等教育拨款中介机构创立与发展的背景，并通过大量数据说明大学教育经费中政府拨款所占的比重越来越大：1956 年占比为 50%，1973 年跃升至 70%，1980 年超过 90%。① 米丽芳以趋同化的视角对英国高等教育机构的经费拨款机制一体化进程进行了研究。② 作者认为在 1992 年之前，大学与非大学之间有着不同的经费拨款机制。大学的经费拨款机制为 20 世纪 60 年代的“五年期制”（Quinquennial System）、20 世纪 70 年代中期经济危机导致的“滚动式三年期制”（Rolling Triennial System）、1986 年大学拨款委员会（University Grants Committee）的“基于公式的拨款制”（Formula-Based Funding Model）、1988 年大学基金委员会（University Funding Council）的“招标制”（Bidding System）；非大学的经费拨款机制为“高级继续教育股份金制”（Advanced Further Education Pool）。作者进一步指出在 1992 年之后，高等教育基金委员会（Higher Education Funding Council）负责向英国高等教育的各院校拨款，从此负责英国大学与非大学的拨款机构呈现出一体化的趋势。

我国也有不少学者以经费改革的视角论述英国高等教育机构经费的相关问题。江庆在《英国高等教育财政模式及其启示》一文中指出，英国高等教育机构经费模式是学院模式的代表，其教育经费的分配是通过拨款委员会进行的，并且这种拨款委员会经过了几次变迁，最终

---

① 吴结. 英国高等教育拨款中介机构的演变及其启示 [J]. 黑龙江高教研究，2009 (2)：45-47.

② 米丽芳. 英国高等教育发展趋同化趋势研究 [D]. 石家庄：河北师范大学，2009.

由高等教育基金委员会这一中介机构负责。[①] 王正惠在《英国高等教育经费改革政策解读》一文中，分别从经济、政治与全球三个视角深入地解读了英国高等教育的经费改革政策。[②] 崔艳丽在博士学位论文《20世纪80年代以来英国高等教育治理研究》中，运用一节的篇幅论述了英国高等教育机构经费来源结构的变革，其中主要包括高等教育机构的经费筹措分析框架、1990年以来英国高等教育机构的经费来源结构变革、2002年以来卡迪夫大学的收入结构变革等。[③] 值得一提的是，崔艳丽博士在该学位论文中以图表的方式直观、清晰地表达了英国高等教育机构经费的结构变革。

我国还有一些研究成果运用其他视角论述了英国高等教育机构经费的相关问题。刘娅在《英国高等教育机构经费收支结构研究——以部分研究型大学为例》一文中运用了个案研究的方法。[④] 作者以英国四所研究型大学——牛津大学、剑桥大学、华威大学与诺丁汉大学为例，论述了这四所大学的经费来源结构，主要包括政府拨款、相关支持性拨款、研究拨款、捐赠与投资收入等。在此基础上，作者对英国高等教育机构的经费管理特点进行了总结。王来武的《英国高等教育机构的研究水平评估及其借鉴意义》主要从英国高等教育机构研究水平评估的角度论述了经费的相关问题。[⑤] 作者指出，英国高等教育机构的研究经费主要通过“双重资助系统”获得，该系统主要包括两个渠道：

---

① 江庆. 英国高等教育财政模式及其启示［J］. 复旦教育论坛，2004（2）：81-84.

② 王正惠. 英国高等教育经费改革政策解读［J］. 国家教育行政学院学报，2011（3）：86-94.

③ 崔艳丽. 20世纪80年代以来英国高等教育治理研究［D］. 南京：南京师范大学，2014.

④ 刘娅. 英国高等教育机构经费收支结构研究：以部分研究型大学为例［J］. 高教探索，2008（3）：65-69.

⑤ 王来武. 英国高等教育机构的研究水平评估及其借鉴意义［J］. 比较教育研究，2005（12）：68-72.

一是各研究委员会（Board of Studies）的科学预算，二是各高等教育资助委员会的预算。这两种资金来源共占高校研究资金的59%，其余资金则来自政府部门、行业、慈善基金会和海外等。基于此，作者阐述了英国高等教育机构研究水平评估与经费的关系，并认为研究水平评估的结果直接关系到各高等教育机构的研究经费拨款。惠转转与程铭在《英国高等教育机构经费来源结构研究——基于罗素集团大学与非罗素集团大学的比较》一文中运用了比较的研究视角，以罗素集团与非罗素集团为基础，对英国高等教育机构的经费来源进行了深入剖析。[①] 研究发现，罗素集团大学的经费来源结构比非罗素集团大学的更均衡，因此在市场化机制的作用下，英国高等教育机构间的经费来源结构差异变得越来越显著。

同样，国外研究英国高等教育机构经费的视角也较为多元。杰弗里·沃福德（Geoffrey Walford）的著作《重建大学：管理变革中的政治和权力》（*Restructuring Universities: Politics and Power in the Management of Change*）以阿斯顿大学（Aston University）为例，说明了1981年削减高等教育机构经费后，大学的具体情况及其反应。[②] 迈克尔·夏托克（Michael Shattock）所著的《英国大学中的资源配置》（*Resource Allocation in British Universities*）以1981年削减高等教育机构经费的政策为例，分析了政府与大学拨款委员会对此政策的决策过程。[③] 上述两本著作都是关于1981年英国政府削减高等教育机构经费政策的重要成果，也是研究这一时期英国高等教育机构经费的重要

---

① 惠转转，程铭．英国高等教育机构经费来源结构研究：基于罗素集团大学与非罗素集团大学的比较［J］．高教探索，2020（9）：71-79.

② WALFORD G. Restructuring universities: politics and power in the management of change[M]. London: Croom Helm, 1987.

③ SHATTOCK M. Resource allocation in British universities[M]. Buckingham: SRHE and Open University Press, 1983.

史料。M. S. 刘易斯（M. S. Lewis）聚焦于英国多科技术学院，将其与英国大学经费进行对比。作者在《多科技术学院：一个纯粹的英国现象》（“The Polytechnics：A Peculiarly British Phenomenon”）中明确指出，1989—1992 年，英国高等教育拨款机构分为大学基金委员会与多科技术学院及其他学院基金委员会，根据 1990—1991 学年两个基金委员会经费支出的数据可知，大学生均经费为 6810 英镑，多科技术学院生均经费为 4852 英镑。①

英国学者 G. L. 威廉姆斯（G. L. Williams）在《高等教育中财政模式的变化》（*Changing Patterns of Finance in Higher Education*）一书中，以理论模式的视角研究了英国高等教育机构经费的相关问题。② 作者将政府对高等教育机构资源的分配模式分为三种：一是官僚模式（Bureaucratic Model），即由政府决定各高等教育机构的相关经费；二是学院模式（Collegial Model），即由政府将经费分配给各高等教育机构，再由各高等教育机构与本校各二级学院协商分配；三是市场模式（Market Model），即各高等教育机构通过教学与研究等服务获取经费。R. 沃特迈耶（R. Watermeyer）在《公共知识分子与新公共管理：公众参与高等教育的失败》（“Public Intellectuals vs. New Public Management：The Defeat of Public Engagement in Higher Education”）中认为，高等教育的公共属性决定了高等教育机构经费来源的多元性与竞争性。同时，作者还深入剖析了 20 世纪 80 年代以来英国高等教育机构经费的变革问题。③ 尼古拉斯·巴热（Nicholas Barr）所著的《资助高等教

---

① LEWIS M S. The polytechnics：a peculiarly British phenomenon[J]. Metropolitan Universities，1991，2(4)：25-34.

② WILLIAMS G L. Changing patterns of finance in higher education[M]. Buckingham：Open University Press，1992.

③ WATERMEYER R. Public intellectuals vs. new public management：the defeat of public engagement in higher education[J]. Studies in higher education，2016，41(12)：2271-2285.

育：英国的经验》（*Financing Higher Education：Answers From the UK*）一书汇集了英国高等教育财政拨款改革方面的论文，其中也包括英国高等教育机构经费的相关问题。① 综上所述，无论是国内学者还是国外学者，都在不断对英国高等教育机构的相关问题进行探索。这些已有成果有助于笔者回到英国高等教育机构的历史原点，了解其发展脉络，从而为英国新大学的研究提供了翔实的史料基础与有益参考。

（二）关于英国高等教育大众化的研究

新大学是英国对于高等教育大众化的一种特有反应，它们有力地推动了英国高等教育的大众化。② 关于英国高等教育大众化的研究主要指的是在英国高等教育大众化背景下的相关研究。关于英国高等教育大众化的现有研究，大致可以分为以下三类：一是关于英国高等教育大众化政策的研究，二是关于英国高等教育大众化与政府关系的研究，三是关于英国高等教育大众化质量保障的研究。

1. 关于英国高等教育大众化政策的研究

国内关于英国高等教育大众化政策的研究主要集中在以下四个方面。

一是以大众化政策的演变为切入点进行的相关问题研究。例如易红郡所著的《战后英国高等教育政策研究》一书以教育政策的视角考察了二战后英国高等教育的变迁。③ 作者首先以一些重要文件为参照，将战后英国高等教育政策的变迁分为重建、扩展、调整与改革四个阶段。基于此，作者总结了英国高等教育政策的市场化、大众化、国际化、终身化与多样化等发展趋势，并进一步探讨了英国高等教育政策

---

① BARR N. Financing higher education: answers from the UK[M]. London: Routledge, 2005.

② SCOTT P. The meanings of mass higher education[M]. Buckingham: SRHE and Open University Press, 1995: 55.

③ 易红郡. 战后英国高等教育政策研究［M］. 长沙：湖南师范大学出版社，2016.

的决策过程、影响因素及主要特点。可以说，这本著作是研究英国高等教育大众化政策所不可或缺的。易红郡与缪学超在《战后英国高等教育政策决策过程、影响因素及特点分析》一文中认为，战后英国高等教育政策决策过程经历了一个颇具章法的步骤。[①] 在这一过程中，英国高等教育政策的制定受到了政党政治、经济环境、利益群体及文化传统的影响，形成了重视教育立法、注重社会调研、立法程序严格、具有渐进性与针对性的战后英国高等教育政策。

此外，梁淑红的博士论文将英国高等教育大众化政策分为四个阶段，并对英国高等教育大众化政策变迁的动因及其影响因素进行了理论分析。[②] 作者不仅从宏观层面阐述了英国高等教育大众化政策的变迁，而且从微观层面揭示了影响大众化政策制定的各种因素及其相互作用，以便能够对英国高等教育大众化政策的发展过程进行更为深入的分析。梁淑红与蒲沿洲的《战后英国高等教育政策变迁：主题、动力、制约因素》一文论述了二战后英国高等教育政策的主题、变迁的动力及其制约因素，并在此基础上对二战后至20世纪90年代初的英国高等教育政策进行了深入剖析。[③] 该文为学者研究英国高等教育政策的发展与变迁提供了新的视角。朱镜人在《80年代以来英国高等教育政策背景及其走向》一文中详细论述了20世纪80年代以来英国高等教育政策的发展趋势——注重效益、扩大规模与强化质量等，并着力探讨了影响英国高等教育政策的背景因素：新公共管理理论、教育人口统

---

① 易红郡，缪学超. 战后英国高等教育政策决策过程、影响因素及特点分析［J］. 大学教育科学，2012（2）：40-45.

② 梁淑红. 利益的博弈：英国高等教育大众化政策的制定过程研究［D］. 武汉：华中师范大学，2008.

③ 梁淑红，蒲沿洲. 战后英国高等教育政策变迁：主题、动力、制约因素［J］. 湖南师范大学教育科学学报，2012（1）：10-14.

计学、平等主义思想、责任制和质量问题等。① 冉旭的硕士学位论文《从英国高等教育发展看英国教育政策的演变》以历史发展的视角分析了英国高等教育政策的演变及其改革历程。②

二是以影响大众化政策因素为切入点进行的相关问题研究。例如杨婷在硕士学位论文《高等教育大众化背景下英国高等教育政策走向研究》中论述了大众化背景下制约英国高等教育政策的主要因素是两党政治、市场经济、绅士文化、国际影响与政策决策者等，并预测了英国高等教育政策的未来走向：强调学生的自我性，继续扩大高等教育，建立并完善高等院校的准市场化机制，注重质量与效益，面向国际化等。③ 程灵的博士论文以历史的视角探讨了美国对英国高等教育及其高等教育大众化政策的影响。④ 在该论文中，作者将美国对英国高等教育的影响分为五个阶段，分别是：被动接受阶段（1945—1956）、初步回应阶段（1956—1967）、局部借鉴阶段（1967—1979）、整体认同阶段（1979—1992）与全面学习阶段（1992 年至今）。梁淑红在《二战后影响英国高等教育政策制定的因素分析》一文中，以系统动力学的视角将影响战后英国高等教育政策制定的因素分为五个方面：社会环境、执政党的意识形态、利益集团的诉求、政策精英的个性特质及传统文化的强大束缚。⑤

---

① 朱镜人. 80 年代以来英国高等教育政策背景及其走向 [J]. 教育与现代化，2004 (3)：69-74.

② 冉旭. 从英国高等教育发展看英国教育政策的演变 [D]. 重庆：重庆师范大学，2012.

③ 杨婷. 高等教育大众化背景下英国高等教育政策走向研究 [D]. 合肥：安徽大学，2014.

④ 程灵. 二战以来美国对英国高等教育影响的研究：理念迁移与政策借鉴的宏观考察 [D]. 福州：福建师范大学，2010.

⑤ 梁淑红. 二战后影响英国高等教育政策制定的因素分析 [J]. 比较教育研究，2008 (9)：56-61.

三是以分析具体的教育政策文件为切入点进行的相关问题研究。例如刘晖较为系统地阐述了从《罗宾斯报告》到《迪尔英报告》（*The Dearing Report*）这30多年来英国高等教育政策的改革与发展路径，分析了英国政府为发展高等教育所进行的政策调整及其面临的社会背景，在此基础上全面地把握了英国高等教育政策的宏观与微观改革趋势。[①] 赵恒平与龙婷首先选取了英国自20世纪60年代以来的四个标志性高等教育政策文本，即1963年的《罗宾斯报告》、1988年的《教育改革法案》、1997年的《迪尔英报告》与2003年的《高等教育白皮书》，然后以政策文本分析的视角，从政策指向、政策动因、政策实施与政策评价四方面对英国高等教育政策的改革与发展进行历史梳理与系统研究。[②]

四是以某一教育问题为切入点展开的大众化政策研究。例如在科研评估政策问题上，阚阅的《英国高等教育科研评估：政策、实践与反思》一文从科研评估的政策取向探讨了英国20世纪80年代中期的大学拨款委员会是如何在英国高等教育大众化新环境下维护大学科研质量的。[③] 在招生政策问题上，王立科认为英国高等教育规模的扩大并没有从根本上改变学生入学机会的公平问题，因此招生政策的改革应是重中之重。作者进一步指出，英国战后高等教育的招生政策变革主要历经三个阶段：一是二战后至《罗宾斯报告》阶段，二是《罗宾斯报告》后至《迪尔英报告》阶段，三是《迪尔英报告》后至《2004年高

---

① 刘晖. 从《罗宾斯报告》到《迪尔英报告》：英国高等教育的发展路径、战略及其启示［J］. 比较教育研究，2001（2）：24-28.

② 赵恒平，龙婷. 20世纪60年代以来英国高等教育政策的文本分析［J］. 理论月刊，2007（5）：151-153.

③ 阚阅. 英国高等教育科研评估：政策、实践与反思［J］. 高等教育研究，2009（9）：104-109.

等教育法》阶段。[①]

国外学者的相关研究主要侧重对英国高等教育大众化政策的看法与评价方面。如 L. 罗宾斯（L. Robbins）的《现代世界的大学及关于高等教育的其他论文》（*The University in the Modern World ：And Other Papers on Higher Education*）与《高等教育的再思考》（*Higher Education Revisited*）。前者主要为《罗宾斯报告》颁布后的一系列讨论进行了辩护，并进一步解释了高等教育的扩张政策。[②] 后者以大学在 20 世纪 60—80 年代的发展史实为依据，对大学的资助与扩张模式、国家和大学的关系等各方面进行了详细论述与评价。[③] 罗伯特·斯蒂芬（Robert Stevens）的著作《走向统一的大学：1944 年以来英格兰高等教育的政治》（*University to Uni ：The Politics of Higher Education in England Since 1944*）阐述了英国高等教育自 1944 年以来的发展历程，并对其中重大高等教育大众化政策进行了评价，是一本珍贵的资料。[④] 莫里斯·科根（Maurice Kogan）作为著名的教育政治学家，撰写了一部较为权威的著作——《教育政治》（*The Politics of Education*）。[⑤] 该著作实际上是一本访谈录，其中记述了诸多教育官员对教育事件的看法及评价等。

有学者针对某一大众化政策进行评价。例如英国开放大学的副校长约翰·丹尼尔（John Daniel）评价道，《1992 年继续和高等教育法》不仅标志着英国高等教育大众化框架的基本形成，而且导致了英国高

---

① 王立科. 从精英到大众：战后英国高校招生政策评述［J］. 清华大学教育研究，2008 (5)：72-77.

② ROBBINS L. The university in the modern world: and other papers on higher education[M]. London: Macmillan, 1966.

③ ROBBINS L. Higher education revisited[M]. London: Macmillan, 1980.

④ STEVENS R. University to uni: the politics of higher education in England since 1944[M]. London: Politicos, 2004.

⑤ KOGAN M. The politics of education[M]. London: Sage Publications, 2009.

等教育领域中的一场新革命——双重制的终止、多科技术学院的升格、全国学位授予委员会的撤销、大学拨款制度的改革等。[①] 可以说，丹尼尔的评价是较为权威与具有代表性的。由荷兰学者弗兰斯·范富格特（Frans Van Vught）主编、王承绪先生等人翻译的《国际高等教育政策比较研究》[②]，J. R. 霍克（J. R. Hough）所著的《教育政策：国际的比较》（*Educational Policy：An International Survey*）[③]，斯沃尔的著作《教育、变革和政策过程》（*Education，Change，and the Policy Process*）[④] 以及彼得·戈登（Peter Gordon）等人合著的《20 世纪英格兰的教育和政策》（*Education and Policy in England in the Twentieth Century*）[⑤] 等从比较的视角或宏观的视角对英国高等教育大众化政策做出了评价。

也有学者以政府、政党与政策的关系为切入点论述英国高等教育大众化政策的相关内容。例如泰德·塔珀（Ted Tapper）与布莱恩·萨尔特（Brian Salter）在《英国高等教育治理：研究评估工作对基金委员会模式的意义》（“Governance of Higher Education in Britain：The Significance of the Research Assessment Exercises for the Funding Council Model”）一文中指出，英国高等教育在政党政策优先权的形成中占据核心地位。这不仅象征着政策向其他领域的拓展，也代表着

---

① DANIEL J. The challenge of mass higher education[J]. Studies in higher education，1993，18(2)：197-203.

② 范富格特. 国际高等教育政策比较研究［M］. 王承绪，等译. 杭州：浙江教育出版社，2001.

③ HOUGH J R. Educational policy：an international survey［M］. London：Croom Helm，1984.

④ SILVER H. Education，change，and the policy process［M］. London：Falmer Press，1990.

⑤ GORDON P，ALDRICH R. Education and policy in England in the twentieth century［M］. London：Woburn Press，1991.

英国高等教育对政策的主动干预，而此前的英国高等教育一直是一个被动的政策执行者。[①] 基思·班廷（Keith Banting）所著的《贫困、政治与政策：1960 年的英国》（*Poverty, Politics, and Policy: Britain in the 1960s*）揭示了 20 世纪 60 年代英国政府的政策制定与政党间的复杂关系，特别是政党对英国高等教育大众化政策制定所产生的影响。[②] 莫里斯·科根与史蒂芬·汉内（Stephen Hanney）合著的《高等教育改革》（*Reforming Higher Education*）审视了英国高等教育大众化政策与国家之间的关系，尤其关注英国高等教育大众化政策的重大变化。同时，也考察了英国高等教育大众化政策的产生、发展及其影响因素。[③] 此外，亦有涉及某一具体教育现象或问题的政策研究。例如迪格比·杰克斯（Digby Jacks）的《学生政治与高等教育》（*Student Politics and Higher Education*）以 1966—1974 年的学生运动为研究对象，在分析学生运动的原因时论述了当时英国高等教育的扩招政策，是了解特定历史时间英国高等教育大众化政策的重要资料。[④]

除上述文献外，还有一些涉及英国高等教育大众化政策的其他研究。如彼得·戈登等人合著的《20 世纪英格兰的教育和政策》一书中，第十六章专门论述了英国高等教育大众化政策的相关内容。[⑤] 保罗·R. 特罗勒（Paul R. Trowler）的《高等教育政策与制度变迁》（*Higher*

---

① TAPPER T, SALTER B. Governance of higher education in Britain: the significance of the research assessment exercises for the Funding Council model[J]. Higher education quarterly, 2004, 58(1): 4-9.

② BANTING K. Poverty, politics, and policy: Britain in the 1960s[M]. London: Macmillan, 1979.

③ KOGAN M, HANNEY S. Reforming higher education[M]. London: Jessica Kingsley Publishers, 2000.

④ JACKS D. Student politics and higher education[M]. London: Lawrence and Wishart, 1975.

⑤ GORDON P, ALDRICH R. Education and policy in England in the twentieth century [M]. London: Woburn Press, 1991.

Education Policy and Institutional Change）一书试图阐明“过程性”对于高等教育政策的重要价值。[①] 也就是说，高等教育政策是动态的，它从制定到实施的过程中会发生变化。综上所述，国内外学者关于英国高等教育大众化研究的视角有所不同，国内的更为多元，国外的则多以评价为主，更聚焦且有针对性。以上研究为本书提供了较为丰富的文献与资料支持，有利于笔者从宏观层面系统地把握与分析英国高等教育大众化政策的相关内容。

2. 关于英国高等教育大众化与政府关系的研究

关于英国高等教育大众化与政府关系的研究一方面表现在英国大众化进程中政府与高等教育机构的关系上，另一方面则表现在英国大众化进程中连接政府与高等教育机构的中介组织上。

我国有学者从历史的角度对英国大众化进程中政府与高等教育的关系进行论述。王萌萌在《英国高等教育大众化过程中教育结构的演变与政府的职能》一文中指出，在英国高等教育大众化的背景下，政府在高等教育发展过程中负有立法和财政责任，政府的支持是顺利实现高等教育大众化的必要条件。[②] 吴结的《简论英国政府与大学的关系》与《英国政府与大学关系问题研究》都是从历史的角度对英国政府与大学的关系进行审视。前者探讨了英国政府与大学关系的演变，并将英国政府与大学的关系视为一个“关系网”，以此揭示英国政府与大学关系的内涵。[③] 后者主要阐述了政府与大学关系的三种模式，即政府协调模式、市场协调模式与学术权威协调模式，而英国政府与大学长期以来一直处于政府协调模式和学术权威协调模式之间。基于此，

① TROWLER P R. Higher education policy and institutional change[M]. Buckingham: SRHE and Open University Press, 2002.

② 王萌萌. 英国高等教育大众化过程中教育结构的演变与政府的职能 [J]. 化工高等教育，2007 (2)：5-8.

③ 吴结. 简论英国政府与大学的关系 [J]. 有色金属高教研究，2001 (2)：58-61.

作者进一步探析了影响英国政府和大学关系的因素，最后指出英国政府与大学的关系主要取决于历史文化传统、政府职能模式、大学学术的逻辑起点、大学职能的价值定位、大学的国际性、大学自治的必要性与局限性等六个方面。①

也有学者将英国大众化时期的政府与大学关系按照划分历史阶段的方式进行论述。冯磊在《英国政府与大学关系演变历程——基于大学合法性地位获取的角度》一文中认为，英国政府与大学关系经历了四个历史发展阶段：12 世纪末至 1826 年的“君臣关系”、1826—1919 年的“大学主导的伙伴关系”、1919—1988 年的“政府主导的伙伴关系”以及 1988 年以来的“雇佣关系”。② 蒋晖在学位论文《论英国大学与政府关系的历史演变》中将英国大学与政府的关系分为五个历史阶段：中世纪至 19 世纪初的“黄金时代”、19 世纪中叶至 20 世纪初的“工业时代”、20 世纪初至 20 世纪 70 年代的“共识时代”、20 世纪 70 年代末至 90 年代初的“撒切尔时代”以及 20 世纪末以来的“布莱尔时代”，从而全面地阐述了英国大学与政府关系在历史长河中的“沉浮”。③

英国的中介机构在协调大学与政府之间的关系方面发挥着重要作用。在不同中介机构的协调下，英国政府与大学的关系呈现出不同的特点。骆栋岩在硕士论文《英国大学拨款委员会历史研究》中先将英国大学拨款委员会的发展分为三个历史阶段：1919—1946 年的创立时期、1946—1979 年的发展时期以及 1979—1989 年的衰落时期。然后作者从教育中介组织的视角剖析了英国大学拨款委员会的性质与各项职能，阐明了该委员会的运行机制与特点，并归纳了它取得成功的关键

① 吴结．英国政府与大学关系问题研究［D］．广州：华南师范大学，2002．

② 冯磊．英国政府与大学关系演变历程：基于大学合法性地位获取的角度［J］．外国教育研究，2019（8）：15-29．

③ 蒋晖．论英国大学与政府关系的历史演变［D］．长沙：湖南师范大学，2007．

因素。[①] 万湘在《英国大学制度演变的研究》中指出，大学拨款委员会（1910—1988）作为英国高校与政府关系的调节机构，力图在大学自治与国家需求之间寻求平衡，这对英国高等教育大众化产生了极为广泛与深刻的影响。[②] 张德祥在《政府与高等学校之间的“缓冲器”》一文中指出，英国大学拨款委员会具有协调大学与政府关系的缓冲作用。[③] 张晓琴在《从英国的中介拨款看大学自治与政府干预》一文中回顾了英国的中介机构并分析了英国政府与大学自治之间的关系。[④] 由此可以看出，英国的中介机构作为一个“缓冲器”，在协调英国政府与大学关系的过程中发挥了重要作用。

国外学者较为注重英国高等教育大众化与政府关系的个案研究。例如基思·弗农（Keith Vernon）在其所著的《英国大学与政府，1850—1939》（*Universities and the State in England, 1850-1939*）一书中以伦敦大学为例，充分地论证了政府干预大学的必要性与重要性，并预测随着英国大学制度的形成，政府与大学的关系将会更密切。[⑤] 约翰·卡思维尔（John Carswell）所著的《英国的政府和大学：1960—1980年的计划和表现》（*Government and the Universities in Britain: Programme and Performance 1960-1980*）一书以其亲身经历、公开的官方文件及对重要人物的访谈为依据，深入地阐述了英国政府对大学

① 骆栋岩．英国大学拨款委员会历史研究［D］．上海：华东师范大学，2011.

② 万湘．英国大学制度演变的研究［D］．长沙：湖南师范大学，2006.

③ 张德祥．政府与高等学校之间的“缓冲器”［J］．高等教育研究，1995（4）：37-41.

④ 张晓琴．从英国的中介拨款看大学自治与政府干预［J］．建材高教理论与实践，1998（4）：58-60.

⑤ VERNON K. Universities and the state in England, 1850-1939［M］. London: Routledge Falmer, 2004.

的态度变化及其原因。① 由于作者担任过英国大学拨款委员会的秘书等多项教育职务，从而亲自见证了诸多教育政策的颁布，因而该著作中的观点较为权威，可以说是一部经典的著作。

有学者从政党的角度看待英国高等教育大众化与政府的关系。丹尼斯·劳顿（Denis Lawton）所著的《1900—2001 年及以后的教育与工党意识形态》（*Education and Labour Party Ideologies 1900-2001 and Beyond*）一书以二战以来两党政治的更迭为线，重点阐述了不同政党对高等教育大众化所持有的观点、态度与采取的行动。② 著名教育政治学家科根在其所著的《教育变革的政治学》（*The Politics of Educational Change*）一书中重点分析了二战后教育发展与政治的关系，深入探讨了两党在教育上的差异、大学面临的困局及其对政府的影响等。③ 科根的观点较为权威，有助于笔者从政治学的角度把握教育的本质。

国外学者也对协调英国大学与政府之间关系的中介机构进行了较为丰富的研究。托尼·比彻所著的《英国高等教育》一书在论述 20 世纪 60—80 年代英国高等教育所面临的政治形势的同时，还探讨了英国的大学拨款委员会、大学校长委员会、学院院长委员会以及全国咨询委员会等重要机构的活动及其作用。④ 该著作对于分析当时英国高等教育大众化与政府之间的关系起到了重要的作用。泰德·塔珀在《英国高等教育治理：政策控制的斗争》（*The Governance of British Higher Education: The Struggle for Policy Control*）一书中指出，英国大学

---

① CARSWELL J. Government and the universities in Britain: programme and performance 1960-1980[M]. Cambridge: Cambridge University Press, 1986.

② LAWTON D. Education and Labour Party ideologies 1900-2001 and beyond[M]. London: Routledge Falmer, 2004.

③ KOGAN M. The politics of educational change[M]. London: Croom Helm, 1981.

④ BECHER T. British higher education[M]. London: Allen & Unwin, 1987.

拨款委员会与大学校长委员会的成立代表着大学与政府密切关系的肇始。[①] 此外，关于协调英国大学与政府之间关系的中介机构的研究还有E. 阿什比（E. Ashby）发表的《政府、大学拨款委员会和大学：不要干涉大学？》（"Government, University Grants Committee and the Universities: Hands off the Universities?"）[②]、夏托克所著的《大学拨款委员会与英国大学的管理》（*The UGC and the Management of British Universities*）[③]、夏托克与罗伯特·贝达尔（Robert Berdahl）合作发表的《1919—1983 年的英国大学拨款委员会：政府与大学关系的变革》（"The British University Grants Committee 1919-83: Changing Relationships with Government and the Universities"）[④] 等。由此可见，英国创设和发展的中介机构是协调大学与政府之间关系的一个较为成功的范例。从某种程度上说，大学与政府之间的关系是一对永恒的矛盾。如何有效地处理这对矛盾，是各国在高等教育发展进程中所面临的共同难题。

总的来说，尽管这些文献的关注点有所不同，但它们都涵盖了英国高等教育大众化与政府关系的一些重大问题。国内外学者不仅普遍关注英国高等教育由精英化向大众化的转变，而且纷纷将研究视角转向贯穿于英国高等教育大众化进程中的一条主线——英国大学与政府关系的变化。从这一意义上说，只有把握并处理好大学与政府之间的

---

① TAPPER T. The governance of British higher education: the struggle for policy control[M]. Berlin: Springer, 2007.

② ASHBY E. Government, University Grants Committee and the universities: hands off the universities? [J]. A review of science, 1968, 6(2): 244-256.

③ SHATTOCK M. The UGC and the management of British universities [M]. Buckingham: Open University Press, 1994.

④ SHATTOCK M, BERDAHL R. The British University Grants Committee 1919-83: changing relationships with government and the universities[J]. Higher education, 1984, 13(5): 471-499.

关系问题，才能真正探索出英国高等教育大众化发展的特点及规律。

3. 关于英国高等教育大众化质量保障的研究

英国高等教育大众化的质量保障指的是英国大众化进程中的高等教育质量保障。如何保障高等教育的质量一直是困扰英国的一件大事，尤其是在英国高等教育规模与质量、结构与效益等矛盾日益明显的大众化时期。同时，关于英国高等教育大众化质量保障的研究也是学界的热点问题与重要课题之一。通过系统梳理相关文献，笔者发现关于英国高等教育大众化质量保障的研究主要集中在如下方面。

第一，以英国大众化进程中面临的问题为出发点论述高等教育质量保障的研究。段丽、肖晓春与肖贻杰在《英国大众高等教育面临的问题及其对策分析》一文中以英国大众化时期所面临的教育质量问题为切入点，论述了英国高等教育的质量保障：一是外部保障，包括大学基金委员会、国家学位委员会以及高等教育质量保证署等；二是内部保障，包括大学校长委员会、学术审计处以及高校的内部监督与评估等；三是新闻媒介的监督与评估等。[①] 对此，学者刘晖也持有相同的观点。[②] 同样，庞辉在《大众化条件下英国高等教育可持续发展问题研究》中论述了大众化条件下英国高等教育可持续发展所面临的问题，并指出以完善的高等教育评估体系保障教育的可持续发展。作者认为完善的高等教育评估体系应包括以高等教育基金委员会为代表的政府层面的评估、以高等教育质量委员会为代表的学校层面的评估、以《泰晤士报》刊登的大学排名为代表的社会层面的评估等。[③] 另外，柳

① 段丽，肖晓春，肖贻杰. 英国大众高等教育面临的问题及其对策分析 [J]. 高等建筑教育，2003 (2)：26-29.

② 刘晖. 高等教育大众化进程中的教育质量评估问题：兼论英国高等教育质量监督与评估的经验和启示 [J]. 外国教育研究，2001 (3)：42-46.

③ 庞辉. 大众化条件下英国高等教育可持续发展问题研究 [J]. 煤炭高等教育，2006 (4)：92-94.

清秀与付光槐在《英国高等教育大众化对我国的启示》中论述了英国高等教育在大众化历程中的质量保障问题及所采取的措施：一是建立有效的质量管理制度，二是设立学校和院系两级质量保障机构，三是聘请校外人员进行专业评估。[①]

第二，以相关机构为切入点来论述英国高等教育大众化质量保障的研究。易红郡与缪学超在《扩招·公平·质量：英国高等教育大众化政策取向》一文中指出，英国高等教育大众化的质量保障主要包括三方面内容：一是高校的教学质量监控，由教学质量保障委员会（Quality Assurance Committee）负责；二是高校学术标准和质量管理的评估，由高等教育质量委员会（Higher Education Quality Council）负责；三是英国高等教育质量的保障事宜，由高等教育质量保障署（Quality Assurance Agency for Higher Education）全面负责。[②] 王刚在《英国私立高等教育机构类型及其质量保障体系探析》一文中主要探讨了英国私立高等教育机构的质量保障。[③] 作者将英国私立高等教育的质量保障机构分为两大类：一类是负责对具有学位授予权的私立高等教育机构进行质量评估的保障机构——英国质量保障署（Quality Assurance Agency）；另一类是负责对不具有学位授予权的私立高等教育机构进行质量评估的保障机构，如英国认证委员会（British Accreditation Council）、威尔士大学（University of Wales）等。

第三，从英国高等教育质量保障体系全局性出发进行论述的研究。唐霞的《英国高等教育质量保证体系》是我国学者较早专门针对英国

---

① 柳清秀，付光槐．英国高等教育大众化对我国的启示［J］．教育学术月刊，2011（3）：93-95.

② 易红郡，缪学超．扩招·公平·质量：英国高等教育大众化政策取向［J］．中国地质大学学报（社会科学版），2012（1）：114-119.

③ 王刚．英国私立高等教育机构类型及其质量保障体系探析［J］．中国高教研究，2010（7）：55-57.

高等教育质量保证体系完成的专题性研究著作。该著作按照时间顺序将 20 世纪后半期的英国高等教育质量保证体系的演进进程进行了详细阐述，并对英国高等教育质量保证体系的内涵、主要模式与运行机制等进行了分析。[①] 可以说，这本著作的一手资料丰富且翔实。杨继霞的学位论文《英国高等教育质量保障体系发展研究》按照时间顺序将英国高等教育的质量保障体系划分为确立阶段、发展阶段与进一步完善阶段，并阐述了在这些阶段成立的高等教育质量保障机构。[②] 王健、刘东敏的《英国高等教育大众化进程中的质量保障及启示》将英国高等教育的质量保障体系分为三个层面：一是国家的外部质量审核，主要包括科研水平评估（RAE）、教学质量评估（TQA）、学术质量审核（AQR）与院校审查（Institutional Audit）等；二是学校的内部质量控制，主要包括建立有效的质量管理体系、设立两级质量保障机构等；三是社会的监督与评估，主要包括一些新闻机构和民间组织的监督与评估等。[③] 曹尚丽的学位论文《英国高校教育质量保障体系研究》论述了 20 世纪 40 年代以来英国高校为保障教育质量体系而开展的一系列活动；在此基础上，作者归纳了英国高校教育质量保障体系的特色、不足及对我国的启示。[④]

第四，将英国的高等教育质量保障体系与其他国家的结合起来进行论述的研究。许明的《高等教育质量保障体系的国际比较》第三章按照时间顺序对 20 世纪 60—90 年代的英国高等教育质量保障体系进行了系统梳理。基于此，作者将英国高等教育的质量保障体系分为发端、形成、建立与确立四个阶段，并归纳了英国高等教育质量保障体系的

---

① 唐霞．英国高等教育质量保证体系［M］．北京：北京师范大学出版社，2012.

② 杨继霞．英国高等教育质量保障体系发展研究［D］．保定：河北大学，2006.

③ 王健，刘东敏．英国高等教育大众化进程中的质量保障及启示［J］．湖南文理学院学报（社会科学版），2006（3）：115-118.

④ 曹尚丽．英国高校教育质量保障体系研究［D］．哈尔滨：黑龙江大学，2018.

特点与存在的问题。[①] 但由于作者的写作角度偏重宏观，对各国的高等教育质量保障体系都有所涉及，因此针对英国的部分不够丰富。韦洪涛在《高等教育质量评价与保证体系研究》一书中不仅论述了英国高等教育质量评估的历史发展与基本框架，而且探讨了英国高等教育质量保障体系的现状。[②] 同样，由于作者的写作角度较为宏观，因而对英国高等教育质量保障体系的论述不够深入。

第五，从其他视角论述英国高等教育大众化质量保障的研究。夏天阳主编的《各国高等教育评估》一书对英国国家学位授予委员会成立的目的、宗旨、权力与课程范围等进行了详细论述。[③] 霍利生在《英国高等教育大众化及标准探析》一文中不仅阐述了英国高等教育大众化的改革进程与英国在保障高等教育质量上所做的努力，而且探讨了英国在高等教育大众化趋势下的学术标准。[④] 吴雪在其所著的《英国高等教育质量管理制度变迁研究》一书中运用了大量关于英国高等教育质量的权威资料与一手文本。[⑤] 这得益于作者的留学经历，这种经历使其能够对保障英国高等教育质量的相关管理者与利益相关者进行深入访谈。

同样，国外关于英国高等教育大众化质量保障的研究成果也颇为丰富，角度较为多元。由罗伯特·考恩（Robert Cowen）编著的《高等教育体系的评估》（*The Evaluation of Higher Education Systems*）

---

① 许明. 高等教育质量保障体系的国际比较［M］. 大连：辽宁师范大学出版社，2004.

② 韦洪涛. 高等教育质量评价与保证体系研究［M］. 长春：吉林人民出版社，2006.

③ 夏天阳. 各国高等教育评估［M］. 上海：上海科学技术文献出版社，1997.

④ 霍利生. 英国高等教育大众化及标准探析［J］. 中国冶金教育，2014（5）：89-92.

⑤ 吴雪. 英国高等教育质量管理制度变迁研究［M］. 福州：福建教育出版社，2013.

是极具代表性的著作。该著作的第十二章由罗纳德·巴奈特（Ronald Barnett）主笔，侧重从历史的角度论述英国高等教育质量保障体系的发展。同时，作者还对英国高等教育的质量保障体系进行了分析与评价。① 约翰·坎宁（John Canning）的《纪律性：质量保障的障碍？英国的区域研究经验》（“Disciplinarity: A Barrier to Quality Assurance? The UK Experience of Area Studies”）则从学科的角度探讨了英国高等教育质量保障的相关问题。② 作者认为英国高等教育的质量保障一直保持着非常强的学科偏见，因而不仅需要对学科拥有一定程度的敏感性，而且应从反映学生多学科经验的角度来评估英国高等教育的质量。巴奈特在《英国高等教育公共部门的质量保障》（“The Maintenance of Quality in the Public Sector of UK Higher Education”）中以建构的视角论述了英国高等教育的质量保障体系。③ 作者指出，自 20 世纪 60 年代英国的二元制建立之后，全国学位授予委员会与多科技术学院等公共部分的高等教育机构共同建构了一个独特的高等教育质量保障体系。

此外，亦有学者对英国大众化时期的某个高等教育质量保障机构进行研究。斯沃尔主编的《高等教育：全国学位授予委员会与英国高等教育，1964—1989》（*A Higher Education: The Council for National Academic Awards and British Higher Education, 1964-1989*）从史学视角论述了全国学位授予委员会（The Council for National Academic Awards，简称 CNAA）的成立背景、历史使命、运行机制与未来发展

---

① COWEN R. The evaluation of higher education systems[M]. London: Kogan Page, 1996.

② CANNING J. Disciplinarity: a barrier to quality assurance? The UK experience of area studies[J]. Quality in higher education, 2005, 11(1): 37-46.

③ BARNETT R A. The maintenance of quality in the public sector of UK higher education[J]. Higher education, 1987, 16(3): 279-301.

等，并在此基础上深入反思了其不足之处。① 可以说，这本著作具有很强的时代感与现实意义。约翰·布伦南（John Brennan）与菲利普·麦格韦（Philip Mcgeevor）于1988年出版了《在职毕业生：学位课程和劳动力市场》（*Graduates at Work：Degree Courses and the Labour Market*）一书。② 该书不仅包含一个英国项目的调查结果——由全国学位授予委员会鉴定的合格毕业生就业经验，而且对这些毕业生就业中一些较为热门的领域进行了分析。克里斯·J. 博伊斯（Chris J. Boys）主编的《高等教育与职业规划》（*Higher Education and the Preparation for Work*）从市场需求的角度既讨论了英国公共部分的高等教育，又描述了政治和经济环境的变化是如何影响那些由全国学位授予委员会颁发学位的教育机构内部生活的。③ 罗杰·金（Roger King）的《英国的高等教育：对CNAA作用的批判性考察》（“Higher Education in the UK：A Critical Examination of the Role of the CNAA”）主要针对CNAA存在的问题及局限性进行了评析。④

综上所述，国内外学者对英国高等教育大众化的研究较为多元。不仅有关于教育政策、政府与高校关系、教育机构、高等教育质量保障等宏观研究，也存在具体教育政策文件、局部教育关系、个别高等教育质量保障机构和中介机构等微观研究。

（三）关于英国新大学的研究

通过梳理相关文献可以发现，我国学者针对英国新大学的研究并

---

① SILVER H. A higher education：the Council for National Academic Awards and British higher education，1964-1989[M]. London：The Falmer Press，1990.

② BRENNAN J，MCGEEVOR P. Graduates at work：degree courses and the labour market[M]. London：Jessica Kingsley Publishers，1988.

③ BOYS C J. Higher education and the preparation for work[M]. London：The Falmer Press，1988.

④ KING R. Higher education in the UK：a critical examination of the role of the CNAA[J]. Higher education，1991，22(2)：189-194.

不多。目前只有1986年徐辉的《英国新大学教学体制和课程设置的革新》这一篇文献；而更多关于英国新大学的研究散见于其他研究中，如对英国高等教育机构或大众化等进行研究时会涉及英国新大学的相关内容。相比之下，国外的研究成果则更为全面与多元。笔者将英国新大学的研究分为两类：一是关于英国新大学特点的研究，二是关于英国新大学其他方面的研究。

1. 关于英国新大学特点的研究

国内针对英国新大学的研究主要集中在特点层面。一是直接论述英国新大学特点的研究。例如易红郡在《英国近现代大学精神的创新》一文中指出，英国新大学在物质、组织与学术三方面颇具特色：它们位于乡村的绿地之上，自创办之初即由国家财政拨款，并且强调更广泛的学科群与跨学科学习等。[①] 这篇文章对英国新大学特点的论述较为全面与具体。冉旭在《从英国高等教育发展看英国教育政策的演变》一文中认为二战后英国出现了一批新型大学，人们将这些新型大学称为“新大学”或“平板玻璃大学”（Plate Glass University），这是由它们本身所具有的特点决定的，如建筑物的现代化特征以及地理位置的特征等。[②] 田洪芳在《英国高等教育制度评介》中指出，新大学之所以是新的就在于，从一开始它们便具有学位授予权，并设立了新的学科等。[③] 胡建华的《19世纪以来英国大学制度改革的基本特征及其分析》阐明了英国新大学的主要特点：由国家设立，具有学位授予权，在教育方面注意克服过度专门化倾向等。[④]

---

① 易红郡. 英国近现代大学精神的创新［J］. 清华大学教育研究，2015（5）：31-40.

② 冉旭. 从英国高等教育发展看英国教育政策的演变［D］. 重庆：重庆师范大学，2012.

③ 田洪芳. 英国高等教育制度评介［D］. 苏州：苏州大学，2003.

④ 胡建华. 19世纪以来英国大学制度改革的基本特征及其分析［J］. 现代大学教育，2004（2）：58-62.

二是通过新老大学的对比来论述英国新大学特点的研究。例如曾鸣的《英国大学治理机构发展研究》一文论述了 20 世纪 60 年代新大学与原有大学的不同之处：第一，新大学是在英国政府批准与财政资助下直接建立的，所以这些大学实际上都是公立大学而非私立大学；第二，新大学自创建伊始就获得了大学地位，而非经历一个从学院逐渐发展到大学的过程；第三，新大学主要面向的是中产阶级或工人阶级等平民子弟而非贵族。① 万湘在《英国大学制度演变的研究》一文中指出，英国新大学引人注目的原因是它们具有与老大学不同的特点：一是新大学由国家创办，经费也来自政府，从而打破了老大学由民间团体或个人办学的传统；二是新大学从一开始就具有学位授予权，从而打破了老大学的“学徒期”传统；三是新大学采用了全新的“寄宿制”，从而打破了老大学以“走读制”为主的传统。② 胡钦晓在《英国“新大学”的演变及其特征分析》一文中，通过对比指出了 20 世纪 60 年代创建的新大学的特点：其一，这些新大学坐落在拥有广阔“绿地”之上的城市边缘，而不像老大学那样坐落于城市中心；其二，这些新大学的建筑广泛采用了平板玻璃，这与老大学的建筑风格明显不同；其三，这些新大学都是公立大学，从而打破了老大学由民间或者个人办学的传统。③

三是以个案的视角来论述英国新大学特点的研究。例如杨春梅在《英国新大学课程改革与发展——苏塞克斯大学个案分析》一文中论述了苏塞克斯大学专业和课程设置的特点：理科生需要修习“文理计划”；大学开设了大量双科专业；大学将学科与管理、欧洲研究或北美研究等课程结合起来；大学在生物、化学和生物技术学等学科中设置

---

① 曾鸣. 英国大学治理机构发展研究［D］. 福州：福建师范大学，2015.

② 万湘. 英国大学制度演变的研究［D］. 长沙：湖南师范大学，2006.

③ 胡钦晓. 英国“新大学”的演变及其特征分析［J］. 苏州大学学报（教育科学版），2014（3）：86-95.

了“三明治”课程。①

国外只从英国新大学特点的视角进行论述的研究并不常见。例如基思·弗农在《订婚、疏远还是离婚？1960 年代的新大学及其社区》（“Engagement，Estrangement or Divorce? The New Universities and their Communities in the 1960s”）一文中指出，从 20 世纪 50 年代末开始，英国大学拨款委员会就放弃了惯常的谨慎态度，主张建立新大学。在大学拨款委员会的努力下，英国开始了一场史无前例的学术创新；这场学术创新见证了英国新大学的形成。新大学拥有“过早的”学术自主权，并在校园形式、课程、建筑和学术抱负等方面都具有创新性，这种创新性既代表了大学与所在地区之间的创新关系，也标志着大学与公民之间的新颖联系方式。可以说，新大学不仅是以满足当地需求为前提的地方组织，而且是以满足国家需求为宗旨的国家机构，这种矛盾性促成了新大学的“孤立感”。同时，作者也指出新大学的课程创新与过早的学术自主权是二战后英国高等教育得以扩张的重要因素。②

此外，斯图尔特的《战后英国的高等教育》（*Higher Education in Postwar Britain*）对英国新大学的成立时间、特点等基本情况进行了阐述。③ 彼得·斯科特在《21 世纪的大学理念：英国的视角》（“The Idea of the University in the 21st Century：A British Perspective”）一文中的第六部分对英国新大学的课程特点即绘制新的“学习地图”进

① 杨春梅. 英国新大学课程改革与发展：苏塞克斯大学个案分析［J］. 黑龙江高教研究，2006（12）：53-55.

② VERNON K. Engagement，estrangement or divorce? The new universities and their communities in the 1960s[J]. Contemporary British history，2017，31(4)：501-523.

③ STEWART W A C. Higher education in postwar Britain[M]. London：The Macmillan Press，1989.

行了论述。[①] 另外，D. 戴希斯（D. Daiches）的《新大学的想法：苏塞克斯的一个实验》（*The Idea of a New University：An Experiment in Sussex*）[②]、彼得·高斯登（Peter Gosden）的《1944 年以来的教育体系》（*The Education System Since 1944*）[③] 等，均在一定程度上论述了英国新大学的特点。

2. 关于英国新大学其他方面的研究

国内对英国新大学其他方面进行的研究并不多见。例如徐辉在《英国新大学教学体制和课程设置的革新》中认为，英国新大学是指在 20 世纪 60 年代创办起来的 10 所新型大学。[④] 作者指出，新大学的出现主要有两个原因：一是时代发展的需要，二是为了解决英国教育中存在的过早与过度专门化等问题。同时，作者还从教学体制与课程设置两方面探究了英国新大学的革新过程及成功经验。易红郡所著《战后英国高等教育政策研究》的第三章第一节专门论述了 20 世纪 60 年代英国新大学的相关内容。[⑤] 殷企平在其著作《英国高等科技教育》的第三章第四节中论述了英国的三次体制大扩张，其中包括英国新大学的兴起以及新大学造成的影响等。[⑥]

国外学者对于英国新大学其他方面的研究较为全面，视角较为多元。有学者从政策的角度论述了英国新大学的相关内容。例如泰德·

---

① SCOTT P. The idea of the university in the 21st century：a British perspective[J]. British journal of educational studies，1993，41(1)：4-25.

② DAICHES D. The idea of a new university：an experiment in Sussex[M]. London：Andre Deutsch，1964.

③ GOSDEN P. The education system since 1944[M]. Oxford：Martin Robertson & Company Ltd.，1983.

④ 徐辉. 英国新大学教学体制和课程设置的革新［J］. 高等教育研究，1986（3）：105-110.

⑤ 易红郡. 战后英国高等教育政策研究［M］. 长沙：湖南师范大学出版社，2016.

⑥ 殷企平. 英国高等科技教育［M］. 杭州：杭州大学出版社，1995.

塔珀在《高等教育变革的决策与权术：20世纪60年代的英国新大学，当时和现在》（“Policymaking and the Politics of Change in Higher Education：The New 1960s Universities in the UK，Then and Now”）一文中对英国新大学的政治基础进行了分析，解释了二战后英国高等教育的变化过程，并认为英国新大学提供了一种不同的“学习地图”以作为组织知识的新方式。① 作者的中心论点为，虽然变革是由经济和社会力量驱动的，但正是由于这些力量的政治解释才引导了变革的过程。也就是说，大学拨款委员会作为主要的政治参与者，决定着如何将变革的压力转化为具体的行动。从这一层面上说，正是由于大学拨款委员会对变革压力的解释才创造了英国新大学。同时，作者将影响变革过程的国家和准国家机构与作为高等教育变革重要力量的市场进行了对比。总的来说，这篇文章的分析主要涉及三个层面：一是审查新大学的政治基础及其所承受的压力；二是剖析这些压力是如何转化为运作机构的；三是对“新大学代表着英国大学的一种全新模式”这一论点进行了评析。

另外，彼得·斯科特在《1968—1978年的英国大学》（“British Universities 1968-1978”）一文中认为，1968—1978年是英国大学的保守主义时期，经济学主导了这一时期英国大学的发展；而真正的激进时期则在1958—1968年，也就是创办英国新大学的阶段。同时，作者认为二元政策对英国新大学的发展产生了根本性影响；这种影响是矛盾的——既有保守性，也有激进性。因此，关键的问题是二元政策是否导致了推动大学扩张和改革希望的破灭。② 大卫·史密斯（David

---

① TAPPER T. Policymaking and the politics of change in higher education: the new 1960s universities in the UK, then and now[J]. London review of education, 2016, 14(1): 11-22.

② SCOTT P. British universities 1968-1978[J]. European journal of education, 1978, 13(2): 29-43.

Smith）在《埃里克·詹姆斯和“乌托邦”校园：20世纪60年代新大学的传记、政策与建设》（“Eric James and the ‘Utopianist’ Campus: Biography, Policy and the Building of a New University During the 1960s”）一文中认为，20世纪60年代新大学的建设代表了英国高等教育有获得解放的可能性，因为英国新大学的创立试图挑战当时学术精英主义与保守主义的权威性。同时，作者以传记的方式审视了政策、意识形态、制度与历史的融合，并考察了约克大学首任校长埃里克·詹姆斯（Eric James）对新大学建设这一复杂过程的影响。①

也有学者从理念或学科的视角阐述英国新大学的相关内容。例如托马斯·威廉·海克在《英国大学的理念：1870—1970》一文中指出，英国大学理念的最主要特征之一就是大学的统一性。基于此，作者探索了1870—1970年英国大学理念的演变，并通过英国大学不断变化的观念发现智力因素不仅塑造着大学，而且能使大学理念更好地融入知识活动的制度设置之中。② 卡尔·马顿（Karl Maton）的《高等教育领域：一个关于文化研究的生产、转化、变革和出现条件的社会学》（“The Field of Higher Education: A Sociology of Reproduction, Transformation, Change and the Conditions of Emergence for Cultural Studies”）通过对高等教育再生产、转化和变革进行研究，为高等教育关系的社会学奠定了基础。同时，在此基础上作者分析了学生对英国新大学“学习地图”的看法，以及“人文危机”和“两种文化”对其“学习地图”的影响与作用。③ 罗恩·约翰斯顿（Ron Johnston）的

---

① SMITH D. Eric James and the “Utopianist” campus: biography, policy and the building of a new university during the 1960s[J]. History of education, 2008, 37(1): 23-42.

② HEYCK T W. The idea of a university in Britain: 1870-1970[J]. History of European ideas, 1987, 8(2): 205-219.

③ MATON K. The field of higher education: a sociology of reproduction, transformation, change and the conditions of emergence for cultural studies[D]. Cambridge: University of Cambridge, 2004.

《机构和学科财富：20 世纪 60 年代英国地理史上的两个时刻（一）："平板玻璃大学"中的地理》（"Institutions and Disciplinary Fortunes: Two Moments in the History of UK Geography in the 1960s-I: Geography in the 'Plateglass Universities'"）以学科的视角论述了 20 世纪 50—60 年代英国大学地理学科发展迅速的原因。同时，作者分析了一系列关键问题：为什么地理学科被排除在 20 世纪 60 年代的英国新大学之外？为什么这种"表面"成功的地理学科却没有被纳入这些新大学的计划中？英国新大学的课程设置究竟是怎样的？①

除此之外，约翰·劳勒（John Lawlor）在其编辑的《新大学》（*The New University*）中认为，大学的创新发生在一个不断变化的世界里。也就是说，外界环境的变化导致了大学的改革，英国新大学的诞生就是如此。同时，作者还分析了英国新大学存在的问题及针对《罗宾斯报告》的一些想法，以便能够对后来的教育有所启迪。② H. J. 珀金（H. J. Perkin）的《英国新大学》（*New Universities in the United Kingdom*）全面论述了英国新大学的"新"意味着什么、英国新大学创建的背景与原因以及英国新大学革新的相关问题等。作者认为新大学的出现是英国高等教育领域中的一次彻底革新，甚至可以说是一场有趣的实验，并且这种革新实验只能发生在英国的新大学。③ 同样，彼得·斯科特在《高等教育大众化的意义》（*The Meanings of Mass Higher Education*）中的第二章也论述了英国新大学的相关内容。④

---

① JOHNSTON R. Institutions and disciplinary fortunes: two moments in the history of UK geography in the 1960s-I: geography in the "plateglass universities" [J]. Progress in human geography, 2004, 28(1): 57-77.

② LAWLOR J. The new university [M]. London: Routledge & Kegan Paul Ltd., 1968.

③ PERKIN H J. New universities in the United Kingdom [M]. Paris: Organization for Economic Cooperation & Development Publications, 1969.

④ SCOTT P. The meanings of mass higher education [M]. Buckingham: SRHE and Open University Press, 1995.

综上所述，国内关于英国新大学的研究主要聚焦于特点层面，较少涉及其他方面的研究；国外关于英国新大学的研究则更为丰富，视角也较为多元，但也存在研究不够系统等问题。

（四）研究述评

教育史研究从本质上说是一门依据史料还原过去并对过去进行解释的艺术，因此史料的搜集及运用在教育史研究中占有重要地位。[①] 从总体上看，无论是关于英国高等教育机构的研究，还是涉及英国高等教育大众化的研究，国内外均存在较为丰富的研究成果，这些成果能够为英国新大学研究的开展提供重要的历史资源。然而，通过系统梳理发现，目前我国关于英国新大学的系统研究还有待进一步展开。

新大学作为英国历史上首次全面提倡跨学科教育的一类大学，在维护英国高等教育质量与促进英国高等教育发展等方面做出了巨大贡献。研究发现，目前关于英国新大学的文献还不够完善，具体表现为：第一，关于英国新大学的零散研究相对较多，缺乏整体分析基础上的系统研究。虽然我国学者在英国新大学的特点层面已有较为丰富的研究，但只立足于这一角度并不能完全展示英国新大学的全貌，而国外关于英国新大学的研究也不够系统。第二，对英国新大学进行描述性研究的相对较多，缺乏深层次或基于问题的批判性研究。从已有文献看，国内外关于英国新大学的研究多集中于描述层面。第三，对英国新大学进行静态研究的相对较多，缺乏动态与过程性的研究。从已有文献看，国内外缺乏对英国新大学进行整体与动态的全景式研究。

基于此，笔者意识到：目前国内外对于英国新大学的研究，无论是从研究视角看还是就研究内容而言都存在可探索的空间，并且在研究思路与研究深度层面也有待进一步挖掘。另外，笔者在了解英国新

---

① 姜远谋. 19 世纪下半叶英国古典大学自由教育传统的变革［D］. 长沙：湖南师范大学，2019：17.

大学相关研究现状的基础上，收集了大量关于英国新大学的资料，尤其是外文文献，因而该研究具有一定的可行性。这些资料不仅为本研究提供了重要的文献基础，有助于笔者更深入地研究英国新大学的相关内容，而且可以为本研究探明出发点，以启发笔者进一步思考。

鉴于已有研究的不足，本书试图从问题逻辑出发，全方位探究英国新大学的诞生、建筑设计、管理、职能及其影响，以便尽可能地对英国新大学何以为“新”这一核心问题进行系统与深层次的考察。这不仅可以弥补已有研究的不足，深化我们对英国新大学的认识，还能够进一步丰富我国关于世界大学尤其是英国大学的理论研究，并为我国“新文科”建设提供有益借鉴。可以说，这也是本研究的贡献与创新之处。总之，英国新大学这一研究主题仍值得我们进一步探索。

六、研究方法

根据研究主题的需要，本书主要采用了文献研究法、历史研究法与比较研究法。希望在对英国新大学的诞生进行分析的基础上，探寻英国新大学的建筑设计、管理、职能及其影响，以期对我国高等教育的发展有所借鉴。

（一）文献研究法

文献研究法是指对相关文献进行查阅、分析与整理，以发现事物本质属性的一种研究方法。① 这种研究方法能够超越时空的局限性，使研究者较为全面地掌握一定领域的研究成果，以科学地开展研究。在本书中，笔者搜集了大量关于英国新大学的文献，力求保障文献搜集的全面性。具体而言，这些文献主要来自中英文著作、国内外学术刊物、国际互联网等。在此基础上，笔者对英国新大学的相关文献进行

① 徐志明．社会科学研究方法论［M］．北京：当代中国出版社，1995：471．

分析与整理，进而确定了本书的研究理路及具体内容，力求达到“论从史出”的宗旨，以便对所研究的问题有更加深入与客观的认识。

（二）历史研究法

历史研究法是指以历史的研究视角为基础，对与研究对象相关的史料进行分析和整理，从而客观地探求研究对象的发展过程，辩证地揭示相关现象的本质与规律的一种研究方法。[①] 这种研究方法不仅对于再现历史事实、客观认识事物的本质与发展规律具有重要作用，而且能使我们突破现有的狭隘与偏颇，深入历史的原点之中，体察事物发展的历史过程。本书通过历史的追溯与审视，重点考察 1949—1969 年的英国新大学，分析其诞生过程，探究其建筑设计、管理、职能与影响等，从而再现了英国新大学的本来面貌，以期对我国现阶段高等教育的发展起到一定的借鉴作用。

（三）比较研究法

比较是指对具有相同点的事物进行对比与分析，寻找同一维度下它们的异同之处，从而揭示出事物的根本特质或本质属性的一种方法。[②] 比较研究法是指依据一定的比较维度或标准，对某类彼此间具有一定联系的研究对象进行比较，找出它们的普遍规律与本质属性，最终力求得出符合客观事实的结论的一种研究方法。[③] 这种研究方法不仅有利于我们正确认识客观事物，而且对我们的逻辑思维方式具有重要作用。比较研究法按照不同维度可分为横向比较与纵向比较：横向比较指的是在同一历史时期下对两个或两个以上的事物进行的比较，纵向比较是将某个事物放在不同历史时期下进行的自身比较。本书主要运用横向比较的研究方法，将英国 10 所新大学的建筑、管理、职能等

---

① 维尔斯马，于尔斯．教育研究方法导论［M］．袁振国，等译．北京：教育科学出版社，2010：257.

② 裴娣娜．教育研究方法导论［M］．合肥：安徽教育出版社，1995：223.

③ 李秉德．教育科学研究方法［M］．北京：人民教育出版社，1996：105.

方面进行对比，找出它们的共性，进而揭示出它们所带来的重要影响，最终对英国新大学何以为“新”这一核心问题进行解答，以期为我国“新文科”建设提供一定的理论依据与有益经验。

七、研究思路

英国新大学的创立是为了解决特定历史时期存在的问题，客观上也反映了时代的需要。因此，本研究以历史的视角为基础，将英国新大学放在其产生的特定历史时期进行考察；同时，在历史考察的过程中紧紧抓住英国新大学的重要特征——“新”，并带着问题意识对英国新大学进行探析。基于此，本研究首先阐述了英国新大学诞生的背景及原因，并在此基础上以动态的方式呈现英国新大学诞生的全过程。这样不仅能从源头上动态地掌握英国新大学的历史沿革，还能为英国新大学的进一步论述奠定基础。

其次，论述英国新大学的建筑设计。从某种意义上说，建筑是大学的物质和精神载体，能够体现大学的理念与追求。“阅读”一所大学，首先便是从建筑及其组成的空间入手。然而，目前以教育学视角为主要出发点，并整合建筑学等其他学科视角的大学建筑研究，仍是一个经常被忽视的领域，而现实又对这一领域有着强烈的需求；同时，大学建筑本身所具有的教育意蕴，亦是教育学界较少关注的对象。可以说，当提到大学建筑设计时，人们首先想到的便是“建筑”和“设计”，而非“大学”。开展大学建筑的相关理论研究，也是教育学者的责任。因此，大学建筑设计不仅应注重相关建筑学知识与原理的运用，也要重视大学建筑的教育意蕴。以教育学立场为根本出发点的大学建筑研究，能够厘清大学建筑与教育之间的复杂关系，并使大学建筑的空间营造回归教育的本真状态。本书通过探讨英国新大学建筑设计的理念、实施及其所蕴含的教育功能，能够为大学职能的发挥提供重要的外部保障。

再次，阐述英国新大学的管理。主要包括大学经费管理、大学组织管理、教师招聘管理以及学生生活管理等。由于大学也是一种组织形式，必然不能脱离管理的影响而独立存在。管理作为保障大学健康运行的重要前提与基础，为大学职能的发挥提供了必要的内部保障。然后，在内外保障的基础上，重点探讨英国新大学的人才培养、科学研究与社会服务等三方面职能。这是英国新大学谓之“新”的最重要体现，也是将它们同其他高等教育机构区别开来的最主要特征，亦是大学之为大学的核心所在。

最后，总结英国新大学的影响。可以说，新大学的创办不仅在一定程度上克服了英国大学教育过于专门化的弊端，加强了英国大学文理科之间的交流，而且促进了英国高等教育的大众化进程。但是，我们需辩证与客观地看待问题，意即英国新大学在产生积极影响的同时也迫使传统大学出现了“职业漂移”的现象，并损害了新大学管理人员的研究权利。总的来说，本书以“英国新大学（1949—1969）”为研究对象，试图在动态展现英国新大学诞生过程的基础上，重点对“英国新大学何以为‘新’”这一核心问题进行深入探讨。

第一章　英国新大学的诞生

20 世纪 50 年代是英国教育改革，特别是英国高等教育改革规划、准备和初见成效的 10 年；20 世纪 60 年代则是英国高等教育发生巨大变化的 10 年。① 20 世纪 60 年代诞生的英国新大学在地理和文化等方面都与老大学相去甚远。新大学既不同于牛津大学、剑桥大学、达勒姆大学等传统大学的教会文化，也有异于英国维多利亚时代“红砖大学”的宏伟建筑和价值观等，而是代表着英国高等教育拥有一个崭新的开始。②

第一节　新大学诞生的背景

英国的巴洛委员会（Barlow Committee）曾指出：“战后英国的大学数量并没有什么神圣不可侵犯的，我们被至少建立一所新大学的想法所吸引，这将有助于为当代人提供将文化丰碑留给后人的机会。”③英国新大学虽然在 20 世纪 60 年代才得以建立，但它们背后的思想和规

---

① STEWART W A C. Higher education in postwar Britain[M]. London: The Macmillan Press, 1989: 95.

② PELLEW J, TAYLOR M. Utopian universities[M]. London: Bloomsbury Publishing, 2020: 45.

③ Barlow Committee. Scientific manpower: report of a committee appointed by the Lord President of the Council[R]. London: HMSO, 1946: 17.

划从20世纪40年代末至50年代就已然诞生了。可见，任何一所新大学都不是凭空出现的，它们的诞生无疑会受到社会大背景的影响。福利国家的建设、战后教育的重建与“两种文化”之争等因素共同孕育了新大学。

一、福利国家的建设

第二次世界大战结束后，英国遭受重创，疮痍满目。“虽然战争已经结束，但战争的环境在某些方面依旧存在。”[①] 为迅速结束战后内忧外患的局面，尽快重建国家以发展经济，英国政府实施了涵盖广泛范围的福利制度，以建设福利国家。福利国家是当时英国社会的一个典型标志，这种福利制度不仅是救助穷人的重要途径，更是资本主义制度的安全网。[②]

在英国正式建立福利国家之前，其救助力量是多元化的，已经形成了以教会、慈善和政府为核心的救助体系。宗教改革前，教会作为英国最主要的社会救助力量，不仅为穷人提供物质帮助，还为他们提供一定的生活指导；宗教改革后，由于大量教会被遣散，财产被没收，因此教会的社会救助力量极为有限，这导致教会原有的诸多救助任务被转移到私人慈善和政府的手中。英国的慈善事业有着十分悠久的历史。早在盎格鲁-撒克逊时代，英国上层家庭就有专门的管家负责定期对穷人进行救济，一些富有的商人也会对穷苦者进行施舍。到19世纪时，慈善活动已成为英国主要的社会救助力量，并由个人或家庭活动逐渐发展为有组织的集体活动。19世纪中叶后，英国开始涌现大量慈

---

① LOWE R. Education in the post-war years:a social history[M]. London:Routledge, 1988:3.

② 陈晓律，于文杰，陈日华. 英国发展的历史轨迹［M］. 南京：南京大学出版社，2009：290.

善机构，1861 年伦敦已有 640 个慈善机构；值得一提的是，伦敦于 1869 年还成立了一个具有全国性的救助指导机构——慈善组织协会（Charity Organisation Society）。[①] 直至 19 世纪末，在英国社会问题日趋严重，并且仅仅依靠慈善力量无法解决的背景下，人们才逐渐意识到国家干预的重要性与必要性。20 世纪之后，英国政府成为社会救助的主要力量，福利国家开始形成。

福利国家（Welfare State）是指通过国家立法建立了较为完善的社会保障制度的国家。它的理论基础是凯恩斯主义，即“国家干预”思想的延伸。威廉·贝弗里奇（William Beveridge）于 1941 年 12 月发表了一份《社会保险及有关服务的报告》，即《贝弗里奇报告》。它的全文共分为 6 个部分，长达 300 多页。贝弗里奇在该报告中详细阐述了充分就业与社会保障之间的关系，并认为不能维持充分就业的社会保障计划是失败的。《贝弗里奇报告》有着十分重要的影响，它是福利思想由理论到现实的中间环节，为英国政府提供了一个可行的政策框架；同时，它也是“现代工业社会中提出的新的人权宣言，它以通俗易懂、生动有力的语言，说明了英国政治生活中争议最大的一些问题”[②]。根据《贝弗里奇报告》，当时的英国联合政府宣布在二战后将建立一套从“摇篮到坟墓”的福利制度。但值得注意的是，战后福利国家的建设并非开始于保守党而是工党。在 1945 年 7 月的大选中，以克莱门特·理查德·艾德礼（Clement Richard Attlee）为首的工党在竞选中承诺除了要实行国有化之外，还要建立福利国家。结果工党赢得多数选票并上台执政。

工党政府上台后的目标主要有两个：一是实行国有化，二是建立

---

① 陈晓律，于文杰，陈日华. 英国发展的历史轨迹［M］. 南京：南京大学出版社，2009：279.

② 斯克德，库克. 战后英国政治史［M］. 王子珍，秦新民，译. 北京：世界知识出版社，1985：7.

福利国家。第一，实行国有化。国有化是指政府并不直接负责企业管理，而是以政府代理人的身份负责经营。国有化可以保证原企业主获得稳定的收入，即国家以证券的形式给予原企业主赎买金，这些赎买金甚至超过其企业的价值。国有化并未改变英国以私营企业为主导的经济基础，但通过国有化措施，英国政府对经济的控制能力得到了提高。总的来说，这种国有化政策使英国在战后初期就摆脱了经济困难的局面。

第二，建立福利国家。前文已述，英国工党政府以《贝弗里奇报告》的建议为蓝图，在广泛的社会福利体系基础上，建立起福利国家的初步框架，开启了英国的福利新时代。① 随后，工党政府相继出台了一系列法律与政策，福利制度基本确立起来。1946 年工党政府通过了两项最重要的法律——《国民保险法》和《国民医疗保险法》，它们为英国福利国家的建设奠定了关键性基础。前者旨在建立广泛的国民保险制度；后者旨在将全国所有医院收归国有，并将这些医院交由卫生部及所属地区医院理事会、地方执行委员会等机构管理。② 另外，1946 年的《住房法》和《房租管理法》也是英国建设福利国家的重要内容。民意调查表明，住房问题是 1945 年英国人反映最强烈的问题。据统计，二战时轰炸摧毁的住宅有 20.8 万所，轻度损坏的有 25 万所，重度损坏的有 25 万所。③ 因此，二战后人们最期待的便是能拥有自己的住宅。同时，充分就业和社会生活方式的改变，也使人们对住宅的需求大大增加。为了解决住房问题，英国工党政府设立了住房修建执行委员会，

---

① Webb P D. Encyclopaedia britannica：Labour Party[EB/OL]. (2020-04-07)[2021-10-08]. https：//www. britannica. com/topic/Labour-Party-political-party.

② 易红郡. 从冲突到融合：20 世纪英国中等教育政策研究 [M]. 长沙：湖南教育出版社，2005：238-239.

③ 罗伯兹. 英国史：1688 年至今 [M]. 鲁光桓，译. 广州：中山大学出版社，1990：466.

并于1946年建成住宅55 400套，1947年建成139 690套，1948年建成227 616套。[①]

可以说，英国工党政府通过国家保险、公共援助、医疗服务、住房和税收改革等措施，在建立福利国家的过程中贯彻了《贝弗里奇报告》的相关原则。同时，工党在银行和公共服务方面引入了部分国有化政策，并转向了一种带有利润控制的工资政策。[②] 保守党上台之后，审时度势，顺应历史潮流，在经济上同工党一样采用了凯恩斯主义的政策主张，并基本接受了艾德礼政府的其他改革措施，致使英国历史上出现了少有的"举国一致"现象。在福利国家建设的推动下，英国经济稳步发展，人民生活水平得到极大提升。20世纪30年代，国内有一半人生活在食物不足的境地中，而到20世纪60年代的时候，这种状况已不复存在。另外，1951年英国只有5%的家庭拥有电视机，到1961年，90%以上的儿童都可以在家看电视。[③] 这些信息充分说明了英国福利国家的建设已取得一定成效。

总的来说，福利国家的建设使英国的经济水平和社会状况得以恢复甚至赶超战前水平。[④] 正如1957年出任英国首相的莫里斯·哈罗德·麦克米伦（Maurice Harold Macmillan）所说："我们中的绝大多数人从未生活得如此幸福。倘若到全国各地，到工业城镇、农场走走，你们就会发现繁荣的景象，这不仅是我的生活时代所没有的，甚至在

---

① 斯克德，库克. 战后英国政治史［M］. 王子珍，秦新民，译. 北京：世界知识出版社，1985：33.

② STEWART W A C. Higher education in postwar Britain[M]. London: The Macmillan Press, 1989: 95.

③ 金. 别国的学校和我们的学校：今日比较教育［M］. 王承绪，邵珊，李克兴，等译. 北京：人民教育出版社，2001：204.

④ LAWTON D. Education and Labour Party ideologies 1900-2001 and beyond[M]. London: Routledge Falmer, 2004: 54.

这个国家的历史上也从未有过。”① 必须指出的是，建立英国新大学的想法源于20世纪40年代中期，最初被视为战后福利国家建设的一部分；后来新大学经历了一个漫长的孕育期，直至20世纪60年代初社会背景发生变化时它们才得以正式招生。因此，新大学的诞生在一定程度上是福利国家建设的产物，或者至少是在福利国家建设的大背景下进行的。

二、战后教育的重建

战后教育的重建任务既是广大英国民众的期许，也是英国工党在竞选时所做出的重要承诺。“所有社会，在民族危机和重大事变时期之后都尝试过重大教育改组。”② 因此，教育重建同样是二战后英国所面临的艰巨任务。在二战前的几年里，全日制大学生人数相对稳定在50 000人左右，但二战的爆发不可避免地导致大学生人数下降至37 000人左右。同时，由于大量大学生被招募到军队中，致使战时大学中的学生平均年龄更小，女性比例更高。另外，1944年提交给大学拨款委员会的一份报告表明，大学中的教师人数只有战前水平的70%。③ 但是，战争对大学最明显的影响表现在大学物质层面的混乱：许多大学建筑物被政府征用；几乎没有大学能幸免于德国的炸弹袭击，伦敦大学、布里斯托大学（University of Bristol）和利物浦大学受到的影响尤为严重。例如伦敦大学里的人员被疏散，他们历经搬迁并试图在完全不同的环境中维持大学的身份。二战后，英国工党率先执政，

① CHILDS D. Britain since 1945: a political history[M]. London: Routledge, 1979: 106.

② 卡扎米亚斯，马西亚拉斯．教育的传统与变革［M］．福建师范大学教育系，等译．北京：文化教育出版社，1981：231.

③ STEWART W A C. Higher education in postwar Britain[M]. London: The Macmillan Press, 1989: 267.

不负众望，大刀阔斧地开展了一系列改革，并加强对教育的重视与监管，使得教育逐渐成为英国社会发展中尤为重要的一部分。就教育领域而言，英国不仅扩大和重组了教师培训，普遍实施中等义务教育，全面改革技术教育，还审查了一系列专科及大学专业教育。

另外，一份由大学校长委员会提交给英国财政大臣（Chancellor of the Exchequer）的报告中，预测了战后发展的相关问题："在战后接下来的 5 年中，我们将缺少建筑、设备，尤其是许多领域都缺少训练有素的人员……因此，很明显，在不久的将来，大学即将迎来一个'即兴创作'的时期。"[①] 就教育领域而言，当第二次世界大战处于高潮时，英国就在广泛讨论大学将要在战后扮演什么样的角色等问题。但直至 1945 年的《珀西报告》（*The Percy Report*）和 1946 年巴洛委员会发表的报告才为这一讨论指引了方向。前者明确区分了大学与技术学院所应扮演的角色，即"必须依靠大学来培养科学家，……主要依靠技术学院来培养技术助手和工匠"[②]。后者的主要结论是：为了国家利益，大学应将理工科毕业生的数量提高一倍。[③] 结果是，巴洛委员会的建议转化为：在战后第一个 10 年结束时全日制大学生人数应为 9 万的规划目标。[④] 虽然巴洛委员会主要关心的是科学领域的发展，但它也指出应大幅度扩张人文学科，以便使整个大学教育的价值都得到承认。

由此可见，当时教育领域讨论的重点主要是科学、技术和专业知

---

① STEWART W A C. Higher education in postwar Britain[M]. London: The Macmillan Press, 1989: 270.

② LOWE R. Education in the post-war years: a social history[M]. London: Routledge, 1988: 58.

③ SANDERSON M. The universities and British industry, 1850-1970[M]. London: Routledge and Kegan Paul, 1972: 351.

④ STEWART W A C. Higher education in postwar Britain[M]. London: The Macmillan Press, 1989: 267.

识，以此来满足英国经济发展、军事准备和福利国家的需要。① 这是由于“第二次世界大战的经验教训开创了信仰科学和技术的新时代。在人民心目中，科学和技术已成为解决重大问题和完成重大使命的魔杖”②。更重要的是，1944 年大学拨款委员会通过对英国在校大学生进行统计后发现：学习基础科学与应用科学的少之又少，而战后重建的许多工作都离不开科技人才，必须要求大学生尤其是理工科人数有一个持久的增加。③ 后来的调查也表明，1950 年在英国大学学习的 64 000 名学生中，只有 20％的人学习纯科学（1939 年这个比例为 15％），11％的人学习应用科学。④ 因而，英国人意识到亟须扩大科学家和技术人员的供应。同时，二战期间的科学实践也进一步彰显了科技人员的重要性，并通过战争揭示了科学与技术的新潜力。⑤ 于是，英国政府及人民普遍认为，只有大力发展科技教育，培养出更多的科技人才，国家才能立于不败之地。为此，在政府的指导和支持下，英国走上了战后教育的重建之路，其高等教育也得到了极大的发展。

前文已述，创建英国新大学的想法最早是于 20 世纪 40 年代中期提出的。由于当时英国的老大学同意扩招，从而导致创建多所新大学的计划失败了。后来，尽管英国老大学的规模明显增加，理工科大学生的比例也得到明显提升，却仍然跟不上工业的发展。也就是说，在英

---

① VERNON K. Engagement, estrangement or divorce? The new universities and their communities in the 1960s[J]. Contemporary British history, 2017, 31(4): 501-523.

② 桑普森. 最新英国剖析［M］. 唐雪葆，等译. 北京：中国社会科学出版社，1988：259.

③ LOWE R. Education in the post-war years: a social history[M]. London: Routledge, 1988: 57.

④ LOWE R. Education in the post-war years: a social history[M]. London: Routledge, 1988: 60-61.

⑤ SANDERSON M. The universities and British industry, 1850-1970[M]. London: Routledge and Kegan Paul, 1972: 359.

国发起的教育重建热潮中，虽然现有大学在诸多举措下得以显著扩张，但大部分的扩张实际上是发生在现有的大学等机构之外的。① 新大学的形成正值战后英国高等教育重建的最后阶段，因而这些新大学直至 20 世纪 60 年代才得以招收第一批学生。②

三、"两种文化"之争

第二次世界大战后，英国高等教育界发生了一场著名的思想争论——"两种文化"之争。③ 这场争论既涉及了英国高等教育的基本思想，又对英国新大学的教育革新实验产生了深刻影响。"两种文化"之争源于著名小说家兼科学家查尔斯·珀西·斯诺（Charles Percy Snow），他于 1959 年在剑桥大学发表了题为《两种文化》（"Two Cultures"）的长篇演说。斯诺指出："整个西方社会的精神生活已经日益分裂成两个极端——学文科的知识分子为一个极端，而科学家则为另一个极端……这两种人互相缺乏了解，形成了一个鸿沟——有时候（尤其是在年轻人中间）还互相抱有敌意和厌恶情绪，但最多的是相互缺少了解。"④ 他进一步指出："这种文化的鸿沟不仅仅是英国独有的现象，它存在于整个西方世界，但是它似乎在英国最为明显。其原因有二：一是我们狂热地相信教育专门化——无论是在西方还是在东

① VERNON K. Engagement, estrangement or divorce? The new universities and their communities in the 1960s[J]. Contemporary British history, 2017, 31(4): 501-523.

② SCOTT P. The meanings of mass higher education[M]. Buckingham: SRHE and Open University Press, 1995: 53.

③ 由于查尔斯·珀西·斯诺的主要论敌是 F. R. 利维斯（F. R. Leavis），因此这场争论又叫作"斯诺—利维斯之争"（Snow-Leavis Controversy），或是"斯诺之争"（Snow Conflict）。

④ SNOW C P. The two cultures and the scientific revolution[M]. Cambridge: Cambridge University Press, 1959: 3.

方，没有一个国家比我们更对此深信不疑了；二是我们倾向于让社会形式固定化……一旦任何像文化鸿沟之类的东西得以产生，所有社会力量都会作用起来使它更加僵化，而不是使它具有一些可塑性。”①

在斯诺看来，文理之间日趋扩大的鸿沟似乎正代表了“两种文化”，如果英国再不采取必要的措施，这种现象将会导致极其严重的后果。那么，英国应该如何克服这种文化鸿沟？他认为，解决这一问题的出路在于重新思考英国的教育，并向美国的一些大学学习。“在美国的耶鲁大学、普林斯顿大学、密歇根大学和加利福尼亚大学，由世界级的科学家向文科生授课；在麻省理工学院和加州理工学院，理科生正在认真学习人文学科。”②

斯诺强调文理之间日趋扩大的鸿沟会带来严重危害，但同时他还流露出对科学家与理科的偏爱，因此他的演说遭到英国文学评论家 F. R. 利维斯的强烈反驳并引发为一场论战。利维斯说：“和斯诺一样，我也关心大学的情况。但跟他不同的是，我想使它成为一所名副其实的大学；这种大学不仅仅是一些不同专业系科的搭配——它也应该成为人类意识的中心。”③ 他认为跨越文化鸿沟的最好办法就是在大学建立一个中心，这一中心应该设在富有生命力的英文学院；因为英文学院最有助于人类情感与智力等基本活动的发展。“没有这种基本活动，科学大厦的巍峨耸立是不可能的。”④

随后，利维斯对“英文学院”进行了详细阐述。他说：“英文学院

---

① SNOW C P. The two cultures and the scientific revolution[M]. Cambridge：Cambridge University Press，1959：4.

② SNOW C P. The two cultures：and a second look[M]. Cambridge：Cambridge University Press，1963：69.

③ LEAVIS F R. Two cultures? The significance of C. P. Snow[M]. London：Chatto and Windus，1962：11.

④ LEAVIS F R. Two cultures? The significance of C. P. Snow[M]. London：Chatto and Windus，1962：27.

的基本学科应该是文学和文学批评……它以其他任何学科都无法具备的方法同时训练智力和情感，培养人的敏感性、对事物反应的精确性以及智力的灵敏性和完整性——这种智力不仅能够分析事物，而且能够综合事物……”① 利维斯的演说发表后，立刻在英国高等教育界掀起一场轩然大波。许多支持斯诺的人纷纷驳斥利维斯的观点，但支持利维斯的人也不在少数。由此，以斯诺和利维斯为代表的双方展开了一场英国高等教育史上旷日持久的文化大辩论。

以上观点都有一定的道理，但也都带有片面性。利维斯及其拥护者所提倡的“英文学院”固然能够训练个体的智力、培养人的情感，但是其他学科的学习只要得法，似乎也能取得同样的效果。同样，斯诺等人提倡的“科学”固然代表着未来，但如果理科专业的人能够学一些文科知识，那么他们无疑会更具有想象力与创造力；也就是说，适当的文科训练有助于培养出更好的科学家，并有利于“代表将来科学”的发展。文理理应相通，何必将它们对立起来？

在很大程度上，“两种文化”之争即为19世纪“文实之争”的延续。19世纪时，以约翰·纽曼（John Newman）和马修·阿诺德（Mathew Arnold）等人为一方、以托马斯·亨利·赫胥黎（Thomas Henry Huxley）等人为另一方的英国高等教育界就曾针对文科和理科孰轻孰重的问题发生过激烈争论。从思想源流上看，斯诺与赫胥黎等人有着诸多相通之处，而利维斯的思想则与纽曼等人的一脉相承。前者的共通之处在于：他们都将科学作为文化的主要部分。后者的共通之处在于：他们都十分强调“智力的训练”，并对“哲学”一词有着特殊的偏爱——纽曼将他的“自由知识”说成是“哲理性知识”（提倡这种知识是纽曼自由教育思想的核心），而利维斯则主张“从哲学的角

① LEAVIS F R. Education and the university[M]. London:Chatto and Windus,1948:34.

度”整合知识。①

作为“两种文化”的续音，英国高等教育界在20世纪60年代围绕“高等教育的核心问题是什么”这一话题展开了激烈的争论。这一话题实际上牵涉三个问题：第一，高等教育的根本理想是什么？第二，高等教育怎样为社会服务？第三，科技社会中人类面临的最大问题是什么？尽管关于这些问题的争论至今仍在进行，但人们在两个方面基本上达成了共识。其一，科学教育和职业教育肯定要加强；其二，高等教育的最终目标是培养能够适应科技社会的公民，而不仅仅是满足科技及职业培训方面的需求。

可以说，“两种文化”之争不仅涉及了英国高等教育的基本思想，促使人们对英国大学教育进行了深刻反思，而且对英国新大学的教育革新实验产生了重大影响——许多新大学创办之初就将消除“文理鸿沟”作为它们进行教学体制和课程设置等革新实验的价值旨归。从这一层面上说，所谓“新大学”：一是为了解决英国大学教育过于专门化的问题，并努力寻求一种新的、更好的大学组织形式；二是为了促进大学文理科之间的交流与合作，以顺应科学发展的潮流。②

第二节　新大学诞生的原因

英国新大学的创建主要有两个原因：一是大学教育变革的需要，二是学生人数的不断增加。值得注意的是，基尔大学③的创建时间和其他9所新大学的创建时间相距十几年，这是因为两者创建原因的相对差异性，即基尔大学的创建更多地归因于大学教育革新实验的需要，而

---

① 殷企平．两种文化和英国高等教育：上［J］．高等教育研究，1994（2）：91-94.

② 易红郡．战后英国高等教育政策研究［M］．长沙：湖南师范大学出版社，2016：78.

③ 准确地说是基尔大学的前身——北斯塔福德郡大学学院，也称基尔大学学院。

其他新大学则更多地归因于扩张的需要。

一、大学教育变革的需要

二战后，英国大学拨款委员会主席基思·默里勋爵（Lord Keith Murray）和他的同事们坚信，英国的大学教育需要一次真正的变革，以摆脱其自满的、过于专门化的单一学科荣誉课程（Single-Subject Honours Course）[①] 及孤立的学系（Department）。它们不仅会阻碍学者在学科边界上开展富有成效的研究，而且缺乏对学生需求的认识，尤其是那些不以学术为职业的学生。因为在一个新的、复杂的和瞬息万变的世界中，大部分高层职位将由最优秀的大学毕业生担任，他们中的大多数人在其工作生涯中需要不止一次改变职业。1950 年，大学拨款委员会指出："总的来说，大学课程应该基于更广泛与更高的基础科学标准，同时减少与工业领域直接或特殊工作相关的培训。"[②] 大学拨款委员会希望以这种方式应对英国大学教育过度专门化的威胁。

20 世纪 60 年代，英国大学的本科生只攻读单一学科荣誉课程的比例非常高，在一年级学生（1961 年）中占 56%，至毕业年级[③]时（1963 年）这一比例已高达 68%。许多迹象表明，当时英国大学普遍存在的过度专门化倾向是有害的，而且可能会影响毕业生的后续表现。在 1963 年的罗宾斯委员会（Robbins Committee）上，许多人都对英国

① 一般来说，英格兰和威尔士的第一级学位课程分两类：一类是荣誉课程。这类课程最早于 19 世纪上半叶在牛津大学和剑桥大学开设，后来也被许多大学效仿。这些大学的学系大多开设只供学生攻读一门主要学科的荣誉课程，教师的主要兴趣也集中于这一课程和攻读这一课程的学生身上。另一类是普通课程（或共同课程），它比前一类课程的专门化程度低，而且攻读这类课程的学生也比较少。

② LOWE R. Education in the post-war years: a social history[M]. London: Routledge, 1988: 159.

③ 英国新大学普遍采用三年制本科课程（只有基尔大学为四年制）的做法。

大学教育的过度专门化提出了严厉批评。他们主要基于三点理由：第一，大学的学位课程虽然越来越多，但这些课程不仅过于专门化，而且主要讲授的也是信息而非处理信息的能力，因此它们不适合时代发展的需要；第二，大学的学位课程不适合学生的需求，因为他们需要的是更广泛的教育，以适应日益复杂的生活世界；第三，学生在专业选择方面需要享有更大的灵活性，因为大多数学生来大学时几乎不知道他们所选择的专业涉及什么，或者他们适合从事何种职业。① 据此，罗宾斯委员会指出：“英国大学的学位课程需要拓宽，更多的学生应该广泛涉猎各种课程，而不是只攻读单一学科的荣誉学位。”② 同时，该委员会还建议，至少将学生对专业的最终选择推迟到大学一年级结束后，这对他们来说只有好处。

同样，大学拨款委员会在 1964 年的报告中也强调了英国进行大学教育革新的必要性，并指出在现有机构中进行教育变革的困难——在当今瞬息万变的世界中，科学知识的增长给教育者带来了愈来愈多的难题，因此有必要在大学的教学组织与课程设计等方面不断进行实验；由于新机构在成立初期并没有创新者必须接受的传统，所以它们可能比已建立的老大学更适合进行此类实验。③ 同时，有学者认为，英国这种高度的专门化很不合理，因为技术变革使学生在大学获得的专业知识迅速过时；另一方面，技术变革使更多的职业被创造出来，这些职业并非局限于那些学习单一学科的大学生，而应该由具有不同专业背

① Robbins Committee. Report of the Robbins Committee on higher education[R]. London：HMSO，1963：89-90.

② STEWART W A C. Higher education in postwar Britain[M]. London：The Macmillan Press，1989：98.

③ University Grants Committee. University development：report on the years 1957-62[R]. London：HMSO，1964：74.

景的人员从事。[①] 也就是说，英国的大学教育需要一次真正的革新，以摆脱过于专门化的单一学科荣誉课程与孤立的学科组织体系。

值得注意的是，英国大学学科的过度专门化并非一个古老的现象，而是发端于一战后的单一学科荣誉课程，二战后这种荣誉课程更受欢迎。该现象如果不加以改变，会使英国大学教育的过度专门化进一步加强。这将导致大学倾向于选择那些在特定学科表现出色的学生，从而使大学的选拔功能逐渐成为单一学科的"选拔"，最终加剧学科之间的不平等。因此，英国大学需要在组织形式、学位课程结构、课程内容和教学方法等方面开展更多的革新实验。以上对大学教育进行革新的内在诉求，深刻地影响了英国新大学的诞生及其开展的教育革新实验。

另外，关于新大学的讨论与研究中，英国学者斯特凡·穆特休斯（Stefan Muthesius）反复提到了"实验"这一关键词，它在新大学中占有重要地位。[②] 例如英国的《每日邮报》（*Daily Mail*）称苏塞克斯大学为"伟大的实验"[③]。《罗宾斯报告》也指出，新的高等教育机构必须能够自由地进行实验而不受任何限制，但为保障其基本职能所必需的限制除外。如果经验表明这种实验是可取的，那么就必须推广到其他高等教育机构。[④] 从某种程度上说，"实验"可以传达新奇感，预示着向未知的迈进，因而它往往意味着变革。

有学者曾言："新机构在过去一直是'自卑的受害者'……它们在

---

① SANDERSON M. The universities and British industry, 1850-1970[M]. London: Routledge and Kegan Paul, 1972: 369.

② MUTHESIUS S. The postwar university: Utopianist campus and college[M]. New Haven: Yale University Press, 2000: 101.

③ GRAY F. Making the future: a history of the University of Sussex[M]. Falmer: University of Sussex, 2011: 11.

④ Robbins Committee. Report of the Robbins Committee on higher education[R]. London: HMSO, 1963: 9.

一开始便吓跑了拥有最高能力的员工，它们不敢提供服务，通常要过近半个世纪才能摆脱这一开始所带来的后果。”① 换言之，英国新大学的“好运”在于：第一，它们是由国家建立的，并从一开始就得到了国家的全力支持；国家不仅为其运行提供经常性拨款，而且为它们提供建筑和设备等。第二，它们从创建伊始就获得了大学地位，并且享有独立的学位授予权，而不必经过漫长的“学徒期”，这致使它们能在很大程度上决定其自身的发展，包括有权决定课程设置、教学方法与评价方式等。以上优势不仅使新大学自创办起就享有在大学教育的各方面进行革新的自由，同时也使它们成为当时英国高等教育创新的“实验田”。

二、学生人数的不断增加

二战后，英国的重要计划之一是使高等教育迅速扩张。这一扩张的近期目标是容纳成千上万名复员军人，长期目的是扩大经济和技术进步所需的科学和其他专业的人力供应。为了使大量退役者继续深造，英国教育部颁发了培训补助金，致使 1949—1950 年的大学生总数达到了 85 421 人，而 1938—1939 年这一总数仅为 50 246 人。② 为了满足扩张的长期目标，英国一些政府委员会如 1946 年的科学人力委员会（Committee on Scientific Manpower）建议在 10 年内将科学家的供应量增加一倍，并指出英国当时大多数的城市大学规模都比较小，因而可以继续扩张。当时英国政府和人们达成的共识是，不需要立即创建多所新大学，因而只建立了基尔大学学院。正如前文所述：“战后英国的

---

① ROSS M G. New universities in the modern world[M]. London: Macmillan, 1966: 20-21.

② University Grants Committee. University development: report on the years 1947-52 [R]. London: HMSO, 1953: 11, 17.

大学数量并没有什么神圣不可侵犯的，我们被至少建立一所新大学的想法所吸引。”[1]

关于英国进行高等教育扩张的必要性，即使是其大学成员及最早响应的大学教师协会（Association of University Teachers）也普遍认为，大学拨款委员会没有预见到 20 世纪 60 年代大学对场所需求的增加。但这并不准确，因为大学拨款委员会在 1953 年的报告中就曾指出：“若要维持各年龄组别升入大学的学生比例，则约从 1960 年起，在读大学生的人数须显著增加。”[2] 准确来说，大学拨款委员会当时没有也不能预见的是，出生率的上升也增加了人们对高等教育的需求。

到了 1956 年，大学拨款委员会迫切要求人们对英国高等教育的扩招范围做出决定。当时英国的财政大臣麦克米伦十分赞同财政部的观点，指出关键问题是要培养多少科学家和工程师。英国财政部的计划是，大学生必须由 1956 年的 84 000 人增至 1964 年的 106 000 人，其中三分之二应为科学家和工程师。但后来，大学拨款委员会表示，预计到 1968 年英国将增加 16.8 万名大学生，并迫切希望科学和技术方面的大学生人数增加比例能提高到三分之二以上。[3] 这是由于在一定程度上，人们预计到工业增长必然依赖特定领域的人才，这也体现了英国财政部对未来的美好愿景。也就是说，在原子发展和自动化的时代，英国必须提供更多受过高等教育的科学和技术方面的毕业生。因此，当时人们达成的共识是，预计到 20 世纪 60 年代后期，科学家和技术人

---

① Barlow Committee. Scientific manpower: report of a committee appointed by the Lord President of the Council[R]. London: HMSO, 1946: 17.

② PERKIN H J. New universities in the United Kingdom[M]. Paris: Organization for Economic Cooperation & Development Publications, 1969: 61.

③ PELLEW J, TAYLOR M. Utopian universities[M]. London: Bloomsbury Publishing, 2020: 170.

员的供应应该增加近一倍。[①]

随后，英国首席科学顾问索利·朱克曼（Solly Zuckerman）进一步指出，科学技术的扩张必须在大学进行，而不仅仅是在技术学院；同时，大学如果不扩展基础科学，那么工程系规模的扩大也是不可能的，忽视这一事实就相当于增加飞机的功率，而不对燃料供应或机身进行任何相应的调整。总的来说，朱克曼对英国新大学科学领域的发展起到了重要作用。

据统计，英国 18 岁的大学适龄人口将从 1959 年的 53.3 万增至 1965 年的 81.2 万，1964—1967 年将是大学适龄人口增长最快的时期。[②] 换言之，英国的人口出生率自 1942 年开始上升，人口激增预示着到 20 世纪 60 年代中期 18 岁的大学适龄人口将达到峰值。[③] 另一方面，越来越多的学生希望继续攻读大学学位，从而导致大学的申请者不断增加（参见表 1-1）。

表 1-1 英国大学本科生人数表[④]

年份	本科生
1938—1939	46908
1946—1947	64960
1949—1950	78064

---

① PELLEW J，TAYLOR M. Utopian universities[M]. London：Bloomsbury Publishing，2020：170.

② SANDERSON M. The universities and British industry，1850-1970[M]. London：Routledge and Kegan Paul，1972：361.

③ 梁淑红. 利益的博弈：英国高等教育大众化政策的制定过程研究［D］. 武汉：华中师范大学，2008：34.

④ SANDERSON M. The universities and British industry，1850-1970[M]. London：Routledge and Kegan Paul，1972：351.

续表

年份	本科生
1954—1955	69493
1960—1961	89863

选择继续攻读大学学位的学生比例由1950—1952年的6.6%上升至1954年的7.9%；到1962年，这一比例相比于1954年几乎翻了一番；预计到1967—1968年，大学将缺少2.5万个学生名额。[①] 在1966—1967年，英国高等教育的全日制学生总数原计划为29.2万人，根据《罗宾斯报告》的建议修改为31.2万人，而实际上则为33.91万人。[②]

以上信息充分说明了当时英国大学的扩张计划并不充分，它难以满足适龄学生对大学学位的需求，也不能满足经济发展对人力资源的需要。如果不改革位于大型“处女地”（Virgin Site）上的新大学，那么就无法容纳如此多的学生，也难以满足社会发展的需求。

总之，无论是从长远来说，还是从更紧迫的现实而言，英国新大学的建立都势在必行。其目的不仅是解决学生人数不断增长所带来的问题，更是革新英国大学的教育，即避免大学教育的过度专门化，并加强大学文理科之间的交流。虽然大学拨款委员会相当重视新大学对“国家需求”的贡献，但它也有力地激发了新大学的新理念。正如基思·默里指出，新大学的教育革新实验是缘于三分之一的数字和三分

① PERKIN H. University planning in Britain in the 1960's[J]. Higher education, 1972, 1(1): 111-120.

② MACARTHUR B. Still more expansion needed in higher education[N]. The times, 1967-09-13(1).

之二的新想法。[①] 可以说，20 世纪 60 年代的新大学在一定程度上改变了英国高等教育体系的特征。[②]

第三节 新大学诞生的过程

任何一所大学的诞生都并非一蹴而就，而是有一个漫长的发展过程，英国新大学也不例外。虽然 10 所新大学先后出现仅在短短 10 年内，但其诞生都经历了一个漫长的孕育过程。新大学选址的一个既定标准是，每所大学都应该是其所在社区的一部分，因此必须获得当地的支持。[③] 但是，关于新大学选址的决定是在国家一级做出的。可见，新大学的地址选择既是对当地投标做出的回应，同时也是为了满足国家的需要。[④]

一、北斯塔福德郡大学学院的诞生

北斯塔福德郡大学学院即基尔大学学院（未获得大学资质的基尔大学）的创立背景可以追溯至第二次世界大战胜利在望时席卷全国的社会重建热情，但其诞生的最主要原因是高等教育革新实验的需要。基尔大学学院所倡导的教职工和学生在同一个地点“并肩生活”的原

---

① SMITH D. Eric James and the “Utopianist” campus: biography, policy and the building of a new university during the 1960s[J]. History of education, 2008, 37(1): 23-42.

② TAPPER T. Policymaking and the politics of change in higher education: the new 1960s universities in the UK, then and now[J]. London review of education, 2016, 14(1): 11-22.

③ University Grants Committee. University development: report on the years 1957-62 [R]. London: HMSO, 1964: 280.

④ CARSWELL J. Government and the universities in Britain: programme and performance 1960-1980[M]. Cambridge: Cambridge University Press, 1986: 14.

则，是其他任何地方都不具备的。1956 年，一名记者将这里的学校氛围比作以色列的集体农场。①

（一）特伦特河畔斯托克的历史渊源

英国财政大臣休·道尔顿博士（Dr. Hugh Dalton）在 1945 年秋天宣布将为大学扩建提供资金，其中包括可能建立一到两所新的大学学院。这一消息激励了许多有兴趣建立大学学院的人，尤其是当时牛津大学贝利奥尔学院（Balliol College）的院长林赛勋爵（Lord Lindsay）。特伦特河畔斯托克（Stoke-on-Trent）是当时英格兰没有设立大学的城市之一。这是令人惊讶的，因为特伦特河畔斯托克通常被人们称为北斯塔福德郡陶器城（North Staffordshire Potteries），而且它对成人和继续教育有着浓厚的兴趣。特伦特河畔斯托克缺乏大学的原因主要体现在当地的社会、经济和政治特征上。特伦特河畔斯托克拥有大量相对较小的家族企业，这些企业的负责人大多住在城市外，除了韦奇伍德（Wedgwoods）等少数家族住在城市内，但住在城市内的家族因其经济原因或个人兴趣，无法促进当地教育；而一些非常聪明但收入低、地位低下的工人阶级底层人们对教育有着强烈的兴趣，他们不仅多次组织工会和政治运动，而且通过当地工党赢得了三个英国议会席位和市议会中几乎永久的多数席位。②

特伦特河畔斯托克曾是 1903 年英国工人教育协会（Workers' Educational Association）的原址之一。实际上，它还是英国大学辅导班第一个家的所在地。该辅导班是为普通体力劳动者开设的为期 3 年的大学标准夜校，它于 1907 年在工人教育协会和牛津大学的帮助与指导下建立。于是，特伦特河畔斯托克的工人阶级、成人教育运动和牛津

---

① PELLEW J, TAYLOR M. Utopian universities[M]. London: Bloomsbury Publishing, 2020:68.

② PERKIN H J. New universities in the United Kingdom[M]. Paris: Organization for Economic Cooperation & Development Publications, 1969:56.

大学之间便建立了紧密的联系。因而，当工党政府在1945年考虑扩建大学并可能建立一所新的大学学院时，特伦特河畔斯托克便处于十分有利的位置。另外，休·道尔顿是当时英国的财政大臣，负责向各大学分配资金，他也曾是工人教育协会的导师，并对这一协会的做法表示赞同。林赛勋爵不仅是牛津大学贝利奥尔学院的院长，也是上议院的工党成员，他对牛津大学和政府都有着深刻的影响。林赛勋爵在给大学拨款委员会主席沃尔特·莫伯利爵士（Sir Walter Moberly）的信中写道："如果在'陶器城'中建立一所大学学院，极有可能会让这一新机构产生特别的兴趣。"①

（二）林赛勋爵的创新性与实验性计划

英国大学拨款委员会最初强调，新的大学学院选址应更注重当地的需求，如能否为当地提供充足的医疗服务与学校教师，能否为当地提供必要的工业与科学设施等。事实上，英国的其他几个地区也受到战后有利因素的刺激，并以同样的理由向大学拨款委员会提出了申请，其中主要包括布莱顿（Brighton）、约克（York）、诺里奇（Norwich）、肯特（Kent）、考文垂（Coventry）和兰开斯特（Lancaster）等地。最终促使北斯塔福德郡计划得以领先甚至通过的原因不仅是更有影响力的人的敦促，更是这一计划的创新性和实验性，这主要归功于林赛勋爵。当时作为一名在两战期间牛津大学任教的哲学老师，林赛勋爵对英国大学教学中日益增长的本位主义（Departmentalism）② 感到深深不安。因此，他帮助牛津大学引入了"现代伟人"（Modern Great）课

---

① PERKIN H J. New universities in the United Kingdom[M]. Paris: Organization for Economic Cooperation & Development Publications, 1969: 56-57.

② 本位主义的本意是一种放大了的个人主义，指专为自己所在的单位、部门的利益打算而不顾整体利益。本书中的本位主义是指英国大学教职工只为他们自己的学科考虑，而忽视其他学科利益的现象。

程，该课程作为现代哲学、政治学和经济学的联合荣誉学位课程[①]，对许多20世纪的政治家、公务员和其他行政人员来说就像维多利亚时代的经典“伟人”。可以说，林赛勋爵的创新性与实验性计划的核心就是减少甚至消除英国大学教育中的本位主义与过度专门化。

首先，林赛勋爵的创新性与实验性计划深受奥尔特加·加塞特（Ortega y Gasset）[②] 和雅克·玛丽坦（Jacques Maritain）[③] 等欧洲教育哲学家的影响。这些哲学家普遍认为大学应该向学生说明人类知识的统一性，并履行它们对更广泛社区的责任。事实上，作为牛津大学贝利奥尔学院的“产物”，林赛勋爵可以说是继承了这样一种信念，即大学应服务于更广泛的社区。同时，林赛勋爵给新的大学学院带来了苏格兰荣誉制度的价值观和结构，并主张本科生应从通识教育进入更专业的学习阶段，因为英国的学校和大学都过于强调教育的专门化。此外，林赛勋爵还在大学里宣扬团体精神和公共生活的优势。他坚信，除非新的大学学院能够摆脱乏味的指导，否则任何教育革新实验都是不可能取得成功的。因此，为了使北斯塔福德郡计划得以实现，林赛勋爵在给大学拨款委员会的第一封信中指出，由于牛津大学可以帮助新的大学学院进行考试，因此希望能够取消新大学学院的伦敦大学外部学位。[④]

其次，林赛勋爵的创新性与实验性计划借鉴了阿道夫·洛韦（Adolf Löwe）的研究，尤其是其《转型中的大学》（*Universities in Transformation*）。此外，汤姆·斯蒂尔（Tom Steele）认为，林赛勋

---

① 攻读此类课程的学生必须同时学习两门主要学科。

② GASSET O Y. Mission of the university[M]. London: Routledge, 1946.

③ MARITAIN J. Education at the crossroads[M]. New Haven: Yale University Press, 1943.

④ PERKIN H J. New universities in the United Kingdom[M]. Paris: Organization for Economic Cooperation & Development Publications, 1969: 58.

爵还受到了德国社会学家卡尔·曼海姆（Karl Mannheim）的影响。曼海姆的《意识形态与乌托邦》（*Ideology and Utopia*）几乎是对德国纳粹主义的变相攻击。[①]

再次，林赛勋爵的创新性与实验性计划也来自他在德国的经历。1948 年，林赛勋爵担任德国高等教育体系改革联合委员会（Allied Commission）的特别顾问，并与查特豪斯公学（Charterhouse）的前校长罗伯特·伯利（Robert Birley）一起工作。[②] 从某种程度上说，林赛勋爵对英国大学教育过度专门化的抱怨源于他对德国大学纳粹化的观察。林赛勋爵对在专门的技术机构中培养科学家的制度持批评态度。当时德国的大学完全被用来教育学生，使学生了解第三帝国的政治意识形态。对林赛勋爵来说，这就造成了一种局面：科学家对于他们所创造的新技术的社会影响视而不见，而非科学家对最新的科学发展的影响一无所知。可以说，在 1948 年，林赛勋爵以顾问的身份在德国工作时，完全有机会将自己的想法付诸实践。因此，当林赛勋爵在新成立的北斯塔福德郡大学学院安顿下来时可以发现，他的德国经历潜移默化地融入了他的许多文章和公开声明中。例如，他在其中一份声明中阐述了对基尔大学学院的雄心壮志：该学院将创造一门将科学和非科学研究结合在一起的课程。[③]

最后，林赛勋爵的创新性与实验性计划还为新成立的北斯塔福德郡大学学院带来了一个美国人的视角。林赛勋爵是哈佛大学（Harvard University）通识课程的崇拜者。该课程主要基于 1933—1953 年哈佛大

---

① PELLEW J，TAYLOR M. Utopian universities[M]. London：Bloomsbury Publishing，2020：71.

② PHILLIPS D. Investigating education in Germany：historical studies from a British perspective[M]. Abingdon：Routledge，2016：8.

③ PAULUS S. The Americanization of Europe after 1945? The case of the German universities[J]. European review of history，2002，9(2)：241-253.

学校长詹姆斯·科南特（James Conant）的教育方法。林赛勋爵反复强调，与哈佛大学毗邻的麻省理工学院（Massachusetts Institute of Technology）是一所专注于科学的高等教育机构，但它也开设了一些涉及艺术等人文学科的本科生入门课程。林赛勋爵去世前不久，还访问了宾夕法尼亚州（Pennsylvania）的斯沃斯莫尔学院（Swarthmore College），在那里他对本科生的课程结构进行了评估。斯沃斯莫尔学院的学生前两年学习的都是从学校全部课程（不分文理）中所选取的一些课程。值得一提的是，林赛勋爵还利用这次访问机会与斯沃斯莫尔学院建立了一个交流项目。该项目的早期受益者是扫罗·斯腾伯格（Saul Sternberg），他后来成为杰出的社会心理学家。斯腾伯格在基尔大学学院时曾为《卡姆·格拉诺》（*Cum Grano*）杂志写过一篇有洞察力的文章，内容是关于基尔大学学院具有创新性的"基础年"课程以及这一课程对于培养本科生公民意识和政治意识的重要性。[①]

在林赛勋爵等人的努力下，北斯塔福德郡计划的大纲最终于1946年7月成功地提交给了大学拨款委员会。根据北斯塔福德郡计划，新成立的大学学院将有两个主要目标：一是成为北斯塔福德郡地区高等教育的重点和中心，二是至少能在高等教育中的一个领域提供一门其他大学所没有的特色且有质量的学位课程。因此，这所新的大学学院从一开始就不仅会吸引本地的兴趣，而且会吸引全国的兴趣；如果可能的话，它还会吸引国际的兴趣。[②] 此外，这所新的大学学院最初会提供社会研究学位，随后会提供与本地产业直接相关的自然科学学位，并且这所大学学院在很大程度上是提供住宿的。更重要的是，为了享受教育革新实验的自由，这所新的大学学院从建校伊始就被赋予了独立

① PELLEW J, TAYLOR M. Utopian universities[M]. London: Bloomsbury Publishing, 2020: 72.

② PERKIN H J. New universities in the United Kingdom[M]. Paris: Organization for Economic Cooperation & Development Publications, 1969: 58.

的学位授予权。

（三）北斯塔福德郡计划的艰难通过

1946年11月，林赛勋爵等人在与大学拨款委员会的会议上，提交了一份较为具体的“向大学拨款委员会提交关于在北斯塔福德郡建立一所大学学院的计划书”。但是，该计划书遭到了大学拨款委员会多数成员的强烈反对，他们认为它所涉及的学科范围太窄。幸运的是，该计划书由于沃尔特·莫伯利爵士和大学拨款委员会的重要人员R. H. 托尼（R. H. Tawney）的强烈支持才得以挽救，因为他们特别欢迎科学家以跨学科的形式参加社会研究课程，同时也鼓励非科学家采用跨学科的形式学习科学课程。大学拨款委员会表示，在下个月的会议上，它将在满足两个条件的情况下酌情考虑该项申请：一是新大学学院的理科和文科研究的基础必须得到充分拓宽；二是对于新大学学院的学位授予工作来说，必须得到几所老牌大学的监督与保证，并且这一工作应与整个国家的大学政策相一致。因此，林赛勋爵面临的最主要困难是需要找到愿意帮助的大学，并使它们相信新大学学院的课程符合英国大学的一般政策，这使新的大学学院的开放与招生推迟了两年之久。①

随后，林赛勋爵开始联系牛津大学、伯明翰大学和曼彻斯特大学，希望它们可以作为新的大学学院的赞助者，负责监督该学院的考试并努力保证其学位。结果是牛津大学同意了，但其他两所大学非常不情愿，以至于林赛勋爵差点放弃它们，并想在大学拨款委员会的许可下单独与牛津大学合作。为了征得伯明翰大学和曼彻斯特大学的同意，林赛勋爵非常不情愿地将英语和历史纳入自然科学（化学和物理）和社会科学（经济和政治）中，并同意为每名学生开设两年的普通课程，

---

① PERKIN H J. New universities in the United Kingdom[M]. Paris: Organization for Economic Cooperation & Development Publications, 1969: 58.

然后在此基础上开设一年的荣誉课程。

1949 年 2 月 5 日，林赛勋爵等人在与三所大学代表举行的会议上，危机达到顶点。林赛勋爵很幸运地选择了伯明翰大学的罗伊·帕斯卡教授（Professor Roy Pascal）作为主席。两年前，帕斯卡教授参与了伯明翰大学引进文科联合荣誉学位的工作，并大力支持大学改革。他建议，新的大学学院应该提供一个普通学位；在这个学位中，荣誉和及格应该作为表现的衡量标准，而不是专属课程。林赛勋爵欣然地接受了这一提议，并接受了提议发起者对课程进行修改的权利。1949 年 6 月，三所大学同意采取行动，北斯塔福德郡大学学院正式创立。这所新大学学院被誉为“山上的克里姆林宫”（Kremlin on the Hill），第一批参观它的是来自中华人民共和国和苏联的代表团。[①]

不幸的是，林赛勋爵的任期十分短暂。他于 1952 年便去世了，而他的继承人约翰·莱纳德-琼斯（John Lennard-Jones）也在任职仅一年后就过早去世，但他是遵循林赛勋爵思想的，即他更倾向于培养具有人文主义的科学家。幸运的是，林赛勋爵去世前，给基尔大学学院带来了一群人数不多但十分聪明的学者，他们同样遵循着林赛勋爵的教育思想。可以说，由这些人组成的团队为“基尔大学学院的教育革新实验”提供了鲜活的生命力，并为“基础年”的学习及师生的住宿模式奠定了基础。这一团队包括了各色各样的人，如活泼的政治学家萨米·范纳（Sammy Finer）、温和的植物学家艾伦·格默尔（Alan Gemmell）、中世纪专家约翰·劳勒等。此外，还有两个来自国防部的人：二战时在供应部工作，后来转到原子能研究所的物理学家亚瑟·维克（Arthur Vick）；二战时负责土地勘测，后来在海军情报部门工作

① PELLEW J，TAYLOR M. Utopian universities[M]. London：Bloomsbury Publishing，2020：72.

的地理学家斯坦利·比弗（Stanley Beaver）。[①]

正是林赛勋爵的决心和足智多谋，才使这项具有创新性和实验性的北斯塔福德郡计划能够成功回应大学拨款委员会和其他大学提出的质疑，从而使基尔大学学院从建校伊始就能作为一个有权授予学位的独立机构。在这种情况下，林赛勋爵毫无疑问就是一位伟大的创新者与实验家。

（四）基尔大学学院的特点及影响

基尔大学学院具有创新性与实验性。首先，基尔大学学院彰显了林赛勋爵独具匠心的教育理念。它的公开目标是为学生提供一种新型的课程，以摆脱英国传统大学教育的过度专门化，并且这种新课程对于伦敦大学外部学位的学生来说是完全不可能的。其次，基尔大学学院在牛津大学、伯明翰大学和曼彻斯特大学的帮助下，有权授予自己的学位。最后，基尔大学学院的建立本身就是具有创新性与实验性的。因为英国大学的创始人从来没有能力放弃捐赠，并在国家财政的支持下实施他们的计划，但这在基尔大学学院实现了。[②] 值得一提的是，20世纪50年代，外界对英国大学的捐款金额有了惊人的增长，1952—1957年为1200万英镑，1957—1963年增加为2400万英镑。[③] 基于这种现象，大学拨款委员会指出，这说明基金会、企业和个人对英国大学有着相当大的信心。[④]

基尔大学学院的核心任务不仅是培养世俗的公民，更是培养教师

---

① PELLEW J，TAYLOR M. Utopian universities[M]. London：Bloomsbury Publishing，2020：73.

② University Grants Committee. University development：report on the years 1947-52 [R]. London：HMSO，1953：10.

③ SANDERSON M. The universities and British industry，1850-1970[M]. London：Routledge and Kegan Paul，1972：358.

④ University Grants Committee. University development：report on the years 1957-62 [R]. London：HMSO，1964：54.

和社会工作者。其教育的一个重要特点是职业课程与四年制本科课程同时实行。基尔大学学院认为，这样做可以为学生提供更广泛的教育，并能使他们从中受益。同时，基尔大学学院的学生还需要从他们的研究领域中选择一些辅修课程。基尔大学学院共提供两种文凭：一种是教育文凭，另一种是社会工作文凭。教育在基尔大学学院中占据重要地位。

基尔大学学院可以说是其他所有新大学的先驱。随着先驱者们的不断努力，“基尔实验”开始广泛传播开来。布鲁斯·罗达·威廉姆斯（Bruce Rodda Williams）是基尔大学学院经济学领域的首位教授，他于1959年离开基尔大学学院去了曼彻斯特大学，后来成为悉尼大学（University of Sydney）的校长。受“基尔实验”的影响，他参与了20世纪60年代中期兰开斯特大学的建立工作。同样，基尔大学学院历史学领域的教授约翰·布莱克（John Blake）于1963年离职，成为新成立的斯威士兰大学（University of Swaziland）的首任校长，并“带走”了基尔大学学院“基础年”的相关理念。[①] 他后来又加入了另一所新大学——阿尔斯特大学。值得一提的是，除了最著名的“基础年”之外，基尔大学学院还存在一些其他“实验成果”。例如，它拥有时髦的新学科。它是英国第一个开展美国研究项目的学校。1953年，它成为著名期刊《社会学评论》（*Sociological Review*）的编辑总部；1958—1965年，它是期刊《大学诗歌》（*Universities Poetry*）的所在地。1961年，在格拉纳达电视台（Granada Television）的资助下，基尔大学学院新增了一个通信部门。[②]

总之，基尔大学学院打破了新机构学位授予必须由伦敦大学认证

---

① AMBROSE D. The history of education in Lesotho: six brief subsectoral studies [M]. Roma: House 9 Publications, 2007: 61.

② PELLEW J, TAYLOR M. Utopian universities[M]. London: Bloomsbury Publishing, 2020: 68-69.

的传统模式，即基尔大学学院拥有独立的学位授予权，而不需由伦敦大学认证。基尔大学学院最独特之处在于它采用了四年制本科课程结构，其中第一年为“基础年”——所有本科生（不分文理）都必须学习一些科学课程和非科学课程。基尔大学学院的建立以及在那里实施的许多理念都明显带有首任校长林赛勋爵的印记。林赛勋爵的影响通过约翰·富尔顿（John Fulton）延伸到苏塞克斯大学。约翰·富尔顿是林赛勋爵在牛津大学贝利奥尔学院的同事，同时也是苏塞克斯大学的首任校长。必须指出的是，其他新大学并没有效仿基尔大学学院四年制本科课程的做法，也没有像基尔大学学院所寻求的那样，为教职工和学生提供完全的住宿。①

二、苏塞克斯大学的创办

苏塞克斯大学的创办是继基尔大学学院诞生后的又一项十分重要的探索实验。受基尔大学学院的影响，苏塞克斯大学也将教育革新实验作为其重要目标，由此深刻地影响了其他新大学的创建及办学理念。

（一）国内大学会议的召开

1955 年 12 月，在英国伦敦大学举行的国内大学会议（Home Universities Conference）上，伦敦政治经济学院（The London School of Economics and Political Science）的 R. G. D. 艾伦（R. G. D. Allen）教授认为，可以通过临时扩大师生比例、共享大学设施、重新安排军队服兵役等措施来分散高峰期前后几年的大学申请者，并通过临时提高入学要求等手段来阻止一些额外而绝非全部的大学申请者。② 曼彻斯

① LAWLOR J. The new university[M]. London: Routledge & Kegan Paul Ltd., 1968: 66.

② Home Universities Conference. Reports of proceedings, 1955[R]. London: Association of Universities of the British Commonwealth, 1955: 81.

特大学的西蒙勋爵（Lord Simon）指出，英国的科学家和技术人员极度短缺，中学生继续读大学的趋势以每年 5%的速度增长，这意味着 15 年内大学生的人数将翻一番；倘若考虑到人口出生率激增的影响，预计到 1965 年，大学生的总数将是现有的两倍多。因此，英国老大学所面临的形势将会越来越严峻。西蒙勋爵的最终结论是：立即着手制订一项伟大的大学建设计划，并实现大学生总数尤其是技术人员的稳步快速增长。[①] 西蒙勋爵发言后，其他人纷纷响应，并要求英国采取行动以扩大现有大学规模。

在国内大学会议上的讨论引发了人们诸多思考。例如，大学教师协会在 1956 年 5 月的理事会会议上成立了一个工作小组，目的是考虑大学扩张的政策。该工作小组经过长时间的讨论，最终形成了关于大学扩张政策的报告。该报告在 1957 年 12 月大学教师协会的理事会会议上获得批准，并于 1958 年 5 月正式发布。该报告预计从 1965 年起，现有入学标准将导致申请者对大学名额的需求上升至 145 000 人。[②] 因此，大学教师协会建议至少建立 5 所新大学，这些大学也应抓住实验课程和教学方法的机会，并效仿基尔大学学院的做法——授予自己的学位。更重要的是，1955 年 12 月在伦敦大学举行的国内大学会议深深地影响了布莱顿地区教育当局领导人 W. G. 斯通先生（Mr. W. G. Stone），并引起布莱顿市议会的广泛关注。布莱顿是著名的海滨度假胜地，乔治四世（George Ⅳ）曾在这里建造了他的东方娱乐宫殿。长期以来，布莱顿一直希望建立一所大学来丰富其文化和商业。

（二）布莱顿与大学拨款委员会的漫长谈判

受 1955 年 12 月在伦敦大学举行的国内大学会议影响，斯通先生于

---

① Home Universities Conference. Reports of proceedings, 1955[R]. London: Association of Universities of the British Commonwealth, 1955: 104.

② PERKIN H J. New universities in the United Kingdom[M]. Paris: Organizaticn for Economic Cooperation & Development Publications, 1969: 63.

1956 年 2 月起草了布莱顿计划书。大学拨款委员会在 1957—1962 年大学发展报告中高度赞扬了这一"在布莱顿设立一所大学学院的全面而合理的计划书"。这一计划书指出，建立新大学应考虑四个紧迫的问题：一是究竟需要几所新大学？二是需要什么样的机构来满足这些新大学未来的需求？三是这些新大学应该设在哪里？四是应遵循哪些程序来确保新大学拥有充足的基金？① 因此，大学拨款委员会认为该计划书非常有价值。但是，在实践中布莱顿与大学拨款委员会的谈判持续了很长一段时间——从 1956 年 4 月一直到 1958 年 2 月。

布莱顿市议会为了使该计划书得以通过，不仅努力赢得邻近当局、东苏塞克斯和西苏塞克斯郡议会以及伊斯特本和黑斯廷斯自治市议会的支持，提供斯坦默公园（Stanmer Park）作为新大学学院的场地，而且保证每年捐赠 12 000 英镑作为新大学学院的发展基金，同时还召集有影响力的支持者举行公众会议。1956 年夏天，布莱顿市议会组织了一次公众会议，该会议由诺福克公爵（Duke of Norfolk）主持，其中当地的一些著名人士发表了重要讲话。1957 年 2 月，英国政府授权大学拨款委员会支持该计划。1958 年 2 月，英国财政大臣宣布，1960—1963 年用于大学建设的 6000 万英镑中，有 100 万英镑被暂时保留下来，专门用于建造布莱顿地区的苏塞克斯大学学院（University College of Sussex），并为其提供财政支持。随后，大学拨款委员会于 1958 年 7 月 1 日正式批准该计划，苏塞克斯大学学院正式成立（未获得皇家特许状，也没有对外开放）。②

另外，大学拨款委员会认为，英国人对大学教育需求的增加给伦敦大学带来了前所未有的压力。一方面，由于伦敦的场地十分紧张，

---

① University Grants Committee. University development: report on the years 1957-62 [R]. London: HMSO, 1964: 92.

② DAICHES D. The idea of a new university: an experiment in Sussex [M]. London: Andre Deutsch, 1964: 168-192.

因此在伦敦扩建大学特别困难和昂贵。另一方面，由于难以找到合适的住宿地点，致使伦敦大学的大多数学院都缺乏住宿设施，学生不得不住在相当远的地方。基于上述原因，英国政府一直急于寻找缓解伦敦大学压力的方法，而在布莱顿创办一所苏塞克斯大学学院的计划则提供了一个非常好的缓解机会。因为泰晤士河（Thames）以南，雷丁（Reading）和南安普顿（Southampton）以东的人口密集地区还没有大学。因此，“在布莱顿建立一所新大学学院将有助于为目前主要依赖伦敦大学的地区提供服务”①。

（三）苏塞克斯大学的皇家特许状得到批准

苏塞克斯大学的皇家特许状于1961年8月16日正式获得批准。随后，苏塞克斯大学于同年10月打开了大门，成为英国20世纪60年代的第一所新大学。② 当时的苏塞克斯大学位于伦敦路的几栋维多利亚时代的排屋里，总共有5名教授、6名非教授学术人员和52名学生（17名男性和35名女性），他们都是从事人文和社会研究的，这只是一个象征性的“开端”。苏塞克斯大学真正的“开端”在1962年10月法尔默（Falmer）的斯坦默场地，当时有434名学生（216名男性和218名女性）。③ 此后，苏塞克斯大学便成为规模最大的新大学。各大报纸争先恐后地对苏塞克斯大学进行“大肆吹捧”。1965年2月，《听众》杂志将苏塞克斯大学描述为“一流大学”“21世纪大学”和“时尚的大学”等；《泰晤士报》的教育记者也总结道，苏塞克斯大学在成立5年后取

---

① University Grants Committee. University development: report on the years 1952-57 [R]. London: HMSO, 1958: 13.

② 张建新. 高等教育体制变迁研究：英国高等教育从二元制向一元制转变探析[M]. 北京：教育科学出版社，2006：64.

③ PERKIN H J. New universities in the United Kingdom[M]. Paris: Organization for Economic Cooperation & Development Publications, 1969: 68.

得了“显著的成功”①。

另外，苏塞克斯大学的首任校长约翰·富尔顿和同时担任苏塞克斯大学社会科学学院院长与副校长的阿萨·布里格斯（Asa Briggs）都引起了媒体的广泛关注。富尔顿在《泰晤士报》中写道：“自中世纪西欧大学建立以来，人们对高等教育的兴趣还从未像现在这样高涨……各种肤色、种族和信仰的人都把高等教育看作是一把钥匙，它将为个人打开自我实现之门，为国家或群体打开真正独立之门，为分裂的人类打开和平共处之门；最重要的是，高等教育将影响后代的知识分子领袖。”②

总的来说，苏塞克斯大学是第一所在向学生开放之前就被授予大学头衔的大学。它凭借宜人的气候、迷人的环境、靠近伦敦学术和社会设施的地理位置以及日益增长的美学价值和学术声誉，吸引了众多教职工和学生。苏塞克斯大学的成功以及它所引起的社会关注，创造了公众心目中新大学的积极形象，并为其他新大学树立了一个很好的典范。正如东英吉利大学的校长弗兰克·西斯尔思韦特（Frank Thistlethwaite）所言：“作为一名历史学家，如果没有基尔和苏塞克斯的先例，我很难想象诺里奇的‘实验’。”③ 苏塞克斯大学的创办既明确了新大学的规模、增长速度、建立方式和保证学术标准的方法，也有力地表明了新大学完全有对课程、教学和评价方式等进行实验的自由。苏塞克斯大学作为第一所新大学，充分体现了时代创新与变革精神。

---

① PELLEW J，TAYLOR M. Utopian universities[M]. London：Bloomsbury Publishing，2020：95.

② PELLEW J，TAYLOR M. Utopian universities[M]. London：Bloomsbury Publishing，2020：97.

③ ROSS M G. New universities in the modern world[M]. London：Macmillan，1966：57.

三、基尔大学地位的获得

基尔大学起源于1949年的北斯塔福德郡大学学院，并于1962年获得皇家特许状。1962年，当基尔大学学院成为一所真正的大学时，它拥有许多20世纪60年代的校园装饰，甚至还存在一些由现代主义建筑师设计的标志性建筑。其中最为著名的是带有“包豪斯建筑学派”（Bauhaus）风格的“新学生俱乐部”（New Student Union）和“校长大楼”（Chancellors' Building）。从这一层面上说，基尔大学学院似乎和其他新大学一样同属于“60年代”，这一点在当时一些较为著名校友的回忆中被反复提及。[①] 20世纪60年代，从事教学工作的毕业生在基尔大学所有毕业生中占比最大：1954年为17%，1963年相比1954年增长了近三分之一。[②] 但基尔大学地位的获得并非一蹴而就，而是经历了一个深思熟虑的过程。

（一）坎贝尔·斯图尔特的努力

前文已述，培养教师和社会工作者是“基尔实验”的重要旨趣。在围绕基尔大学学院的早期讨论中，还计划设立一所教育学院，但由于当时大学拨款委员会认为，这样做将会分散基尔大学学院的其他重要工作，因此推迟了这一计划。然而，在20世纪50年代，培养好的教育工作者成为基尔大学学院的一个非常重要的目标。基尔大学学院的教师培养工作是由坎贝尔·斯图尔特（Campbell Stewart）策划的，他于1950年在加的夫（Cardiff）的威尔士大学学院（University College of Wales）接受了基尔大学学院的任命。

---

① MANSFIELD M. Memoirs of a radical lawyer[M]. London: Bloomsbury Publishing, 2010: 10-13.

② PELLEW J, TAYLOR M. Utopian universities[M]. London: Bloomsbury Publishing, 2020: 75.

斯图尔特曾在伦敦政治经济学院跟随卡尔·曼海姆学习，并在中学和大学任教过。他是曼海姆最坚定的解释者，不仅撰写了关于曼海姆工作主要原则的调查报告，而且提出要将曼海姆的教育方法应用到本科的教学计划中。斯图尔特与 1958 年基尔大学学院任命的心理学讲师——匈牙利人约翰·埃罗斯（John Eros）共同编辑了 20 世纪 30 年代曼海姆讲座的注释版，以此作为基尔大学学院所有本科生的入门教材。① 斯图尔特认为社会学的主要任务是为“社会重建和自由规划”做准备，教师在实现这一目的中发挥了至关重要的作用。这些教师被斯图尔特称为“社会流动的助产士”。

斯图尔特将基尔大学学院的教育学引向了一个不同的发展方向，这与最初由托尼等人主张的古典成人教育理念有所不同。从某种程度上说，斯图尔特的教育理念代表着一个“后工业”的愿景——将基尔大学学院打造成一所专注于培养国家公务员的大学，尽管该大学学院植根于战后重建的理念。1967 年，斯图尔特曾经的教育部同事，后来担任艺术委员会（Arts Council）主席的罗伊·肖（Roy Shaw）在基尔大学建立了校外研究部，这使得成人教育得到回归，但在某种程度上，它只存在于“基尔实验”的边缘。②

斯图尔特对英国大学本科课程所采取的方法，或多或少是在林赛勋爵的基础上进行的。和林赛勋爵一样，斯图尔特也反对英国本科学习中实行过早与过度的专门化。相比于研究，斯图尔特更重视教学，他遵循了哈佛大学科南特的通识教育模式。事实上，斯图尔特还结识了一些有影响力的人物，比如美国著名心理学家与教育家内维特·桑福德（Nevitt Sanford）、美国巴尔的摩（Baltimore）一所进步学校的校

---

① STEWART C. Philosophy, psychology and sociology in the training of teachers[J]. Sociological review, 1950, 42(1): 1-35.

② PELLEW J, TAYLOR M. Utopian universities[M]. London: Bloomsbury Publishing, 2020: 76.

长汉斯·弗雷利彻（Hans Froelicher）等。1958 年夏天，斯图尔特在访问美国时曾与桑福德和弗雷利彻一起工作。这次“廉价之旅”肯定让基尔大学学院的财务部高兴不已，因为斯图尔特仅花费了两天半的时间就到达了美国纽约。[①]

斯图尔特不仅将教师和社会工作者的培养与林赛勋爵的教育理念结合起来，同时还监督基尔大学学院于 1953 年接管了《社会学评论》期刊的相关工作。从表面上看，这似乎是一件很奇怪的事情。因为当时的基尔大学学院并没有成立社会学部门。后来，基尔大学于 1963 年成立了社会统计学研究单位（Statistical Research Unit in Sociology），该单位是由纳菲尔德基金会（Nuffield Foundation）资助的。但是直到 1965 年，基尔大学才拥有涉及社会学领域的教师职位，并且直到 1969 年，基尔大学才拥有社会学领域的首位教授罗尼·弗兰肯伯格（Ronnie Frankenberg）。[②] 可以说，斯图尔特的理念与行动深深地影响着基尔大学学院的教育革新实验，并为基尔大学学院的升格起到了促进作用。

（二）《社会学评论》的推动

基尔大学学院在接管《社会学评论》之后，便将这一刊物纳入基尔大学学院 7 位教授的联合编辑之下。这 7 位教授所从事的研究工作与《社会学评论》的主题关系密切，因而促使该刊物得以陆续出版且影响力不断增大。随着时间的推移，基尔大学学院的编辑团队使该刊物具有了应用社会学的味道，并使它与伦敦政治经济学院所代表的更多理论层面的社会学区别开来。《社会学评论》以英国地区的实地工作研究为基础，开发了一系列主题文章。在它的影响下，人们开始注意到全

---

① STAKEM K A. Hans Froelicher, Jr.: civic educator[J]. Maryland historical magazine, 1982, 77(2): 193-201.

② PELLEW J, TAYLOR M. Utopian universities[M]. London: Bloomsbury Publishing, 2020: 77.

国各地的调查性社会学部门。

另外，《社会学评论》编辑部推出的另一项创新是1958年开始的专著系列。在之后的15年里，这项工作由基尔大学学院的一位中欧移民保罗·哈尔莫斯（Paul Halmos）担任编辑，他在1957年被基尔大学学院任命为心理学和教育学的联合讲师。哈尔莫斯的专长是社会心理学。他于1952年发表了一些关于“社会孤立”的论文，后来又发表了几篇关于“社会工作中的咨询和治疗”的论文。哈尔莫斯提出了一个十分有趣的“后工业”论点：“个人服务于社会”，即教师、社会工作者与顾问（为解决个人的社会与心理等问题提供帮助的人员），是如何与战后世界中的“专业服务于社会”（律师、会计师与公务员）同等重要的。在斯图尔特的督促下，哈尔莫斯专注于研究教育学、社会学和心理学之间的关系，尤其是研究教师如何处理儿童和青少年的个性发展问题。最初，该系列专著的内容主要来源于教师和社会工作者的年度会议。①

总之，《社会学评论》对基尔大学学院社会学学科的形成做出了重要的贡献，它也有效地提升了基尔大学学院的影响力与吸引力。在基尔大学学院的管理下，英国社会学中一项重要的本土传统——田野工作和社会调查得以延续。此外，《社会学评论》还孕育了一些具有创新性的应用社会学学科，如教育心理学等。从某种程度上说，只有在基尔大学学院这种独特的体制中，教育学、心理学和社会学才能和谐地融合在一起，并被纳入《社会学评论》这一期刊的覆盖范围。同时，关于社会学的理论和实践探索也只有在基尔大学学院才能顺利推进，因为基尔大学学院本身就在进行社会工程方面的革新实验。可见，《社会学评论》大大提高了基尔大学学院的吸引力，并为基尔大学学院的

---

① PELLEW J，TAYLOR M. Utopian universities[M]. London：Bloomsbury Publishing，2020：78.

升格起到了积极的推动作用。

（三）学生人数压力的促进

据统计，英格兰和威尔士17岁学生选择继续读大学的比例从1957年的9.2%上升至1960年的11.1%；拥有大学入学所需资格的中学毕业生比例从1957年的4.9%上升至1960年的6.2%。[①] 因此，英国大学所面临的学生人数不断增长的压力比1955年国内大学会议所预测的更为紧迫。于是，大学拨款委员会成功说服政府接受至20世纪60年代末英国大学的学生人数将达到170 000—175 000人的目标。同时，通过与老大学进行沟通，确定了它们的扩张程度。但是，仅仅依靠老大学根本无法实现这一巨额的增长目标，无疑需要创建更多新大学，这样才能解决英国大学所面临的学生人数不断增长的压力。

正是在斯图尔特的努力、《社会学评论》的推动、学生人数压力的促进以及苏塞克斯大学成立所提供的范本等多种因素影响下，基尔大学学院才于1962年1月被授予皇家特许状，并开始正式采用基尔大学的命名。在获得大学资质后，基尔大学成为继苏塞克斯大学后的第二所新大学。尽管基尔大学学院诞生的时代与其他新大学存在十几年的差距，但它总是出现在关于20世纪60年代新大学的讨论中。

1962年，当基尔大学学院升格为大学时，哈罗德·泰勒（Harold Taylor）作为该大学的首任校长，尽其所能吸引媒体的关注。由于斯图尔特为基尔大学做出了杰出贡献，因此在1967年泰勒退休时，斯图尔特在他的职业生涯中第二次被安排负责该大学。这次不是作为代理校长，而是作为正式的校长，他的任期一直持续到他1979年退休。[②] 1968年3月，也就是斯图尔特担任校长一年后，他回顾了基尔大学近

---

① Robbins Committee. Report of the Robbins Committee on higher education[R]. London: HMSO, 1963: 107.

② PELLEW J, TAYLOR M. Utopian universities[M]. London: Bloomsbury Publishing, 2020: 80.

年来的发展。[①] 在一些演讲与讲座中，斯图尔特还重申了林赛勋爵为基尔大学所制定的原则，并指出其中一些原则已被新大学采纳。虽然基尔大学是属于新大学这一行列的，但斯图尔特也声称，基尔大学仍然有与众不同的一面：一是它具有“基础年”，二是它具有四年制学位，三是它坚持每一个体都应同时学习科学和非科学课程，四是它为每个人都提供了住宿。

值得注意的是，基尔大学尤为关注学生的心理健康。1962 年，奥黛丽·纽瑟姆（Audrey Newsome）来到基尔大学，创办了英国首个校园咨询服务机构。当时基尔大学的校长哈罗德·泰勒“亲眼看见”了自己孩子在牛津大学读书时的负面经历，因此希望大学能为在校学生的心理健康提供更好的保障，于是他求助曾在美国接受过专门培训的奥黛丽·纽瑟姆，让她负责开发基尔大学的咨询服务项目。对于当时的美国而言，为大学生和教职工提供咨询服务是很常见的事情，但在当时的英国却十分新奇。[②]

概言之，基尔大学的成立可以追溯至 1949 年，当时是北斯塔福德郡大学学院，后来它于 1962 年被授予完整的大学地位，从而为 20 世纪 60 年代新大学的发展铺平了道路。正如苏塞克斯大学的首任校长约翰·富尔顿所说：“基尔之战绝非一蹴而就，它的胜利为苏塞克斯大学和其他新大学的建立扫清了障碍。”[③] 可以说，基尔大学是新大学的“先驱”，苏塞克斯大学是新大学的“领跑者”。基尔大学在英国众多大学中脱颖而出，它以独特的教育理念为基础。从某种程度上说，当时

---

① STEWART C. British universities: dilemmas and opportunities[R]. Keele: University of Keele, 1968: 36.

② PELLEW J, TAYLOR M. Utopian universities[M]. London: Bloomsbury Publishing, 2020: 79.

③ FULTON B. Address by Baron Fulton of Falmer[R]. Keele: University of Keele, 1972: 5.

没有任何一所英国大学能拥有像基尔大学那样乌托邦式的学术社区愿景，它被视为 20 世纪 60 年代英国高等教育现代化的先驱。[①]

四、其他新大学的创立

苏塞克斯大学的成功创办刺激了许多“雄心勃勃”的申请者。在 1958 年苏塞克斯大学宣布成立后的 3 年里，大学拨款委员会陆续收到来自 28 个英国不同地区的询问和申请——20 个在英格兰，8 个在苏格兰。其中大部分地区都成立了地方促进委员会（Local Promotion Committee）[②]，该委员会为当地新大学的建设做出了不可磨灭的贡献。[③]

（一）约克大学的诞生

英国人在创办大学的成功背后往往有着悠久的历史。早在 1641 年，约克市就曾向英国议会请愿建立一所大学，但没有成功。后来，约克大学的成功建立同样是地方努力的结果。

1. 1945 年后的大学促进运动

在战后重建的热潮中，约克市民群体发起了一场大学促进运动，并主张对整个历史名城进行更新和现代化改造。在该运动的影响下，奥利弗·谢尔顿（Oliver Sheldon）于 1946 年创立了约克公民信托基金

---

① PELLEW J, TAYLOR M. Utopian universities[M]. London: Bloomsbury Publishing, 2020: 68.

② 地方促进委员会通常由当地有声望的人物领衔，它对于国家层面支持的获得是非常重要的。

③ University Grants Committee. University development: report on the years 1957-62 [R]. London: HMSO, 1964: 95-96.

会（York Civic Trust）①，以促进大学的建立与发展。与此同时，约克格鲁吉亚协会（York Georgian Society）得到了扩大，约克保护信托基金会（York Conservation Trust）得以建立。

约克市代表团于1947年向大学拨款委员会提出建立大学的申请被拒后并没有气馁，而是受到大学拨款委员会的鼓舞，成立了一个大学规划委员会。同时，根据大学拨款委员会的建议，约克公民信托基金会还尝试在本市开展一些大学级别的活动，并建立了约克学术信托基金会（York Academic Trust）。该信托基金会由埃里克·米尔纳-怀特（Eric Milner-White）担任主席。怀特于1941年来到约克，之前是剑桥大学国王学院的院长，他曾珍视地将国王学院称为“受祝福的地方”。②

在怀特来到约克之后，主要关心的便是如何实现大学拨款委员会的建议。怀特十分希望能有一位捐赠者主动在约克建立一所学院，就像纳菲尔德勋爵（Lord Nuffield）在牛津时做的那样。因为越来越多的英联邦学生参加了高级建筑研究所的短期课程，他们对英国历史和文化遗产特别感兴趣。但是，这样的捐赠者始终没有出现。必须指出的是，约克在招募到年轻的剑桥大学毕业生约翰·韦斯特-泰勒（John West-Taylor）之后，博思威克历史研究所和高级建筑研究所便相继成立。博思威克历史研究所实际上是约克教区的档案室及其研究中心，高级建筑研究所则为建筑业高级专业发展的重点。

1958年之前，约克学术信托基金会并没有为创建大学制订任何规划。这是十分明智的，因为当时英国并没有建立新大学的国家计划，

---

① 约克公民信托基金会是一个致力于保护和改善古老北方首都（即约克市）的民间团体。它还成立了博思威克历史研究所和高级建筑研究所，这两个研究所后来都被并入约克大学。

② WATSON N. White，Eric Milner（1884-1963），dean of York[EB/OL].[2021-10-08]. http://www.oxforddnb.com.libproxy.york.ac.uk/view/10.1093/ref:odnb/9780198614128.001.0001/odnb-9780198614128-e-47849.

当然也不可能在约克这样的地方建立。20 世纪 50 年代初，大学拨款委员会认为任何数量增长的学生都会被现有机构或升格的地方大学学院所"吸收"，因此根本无须建立新大学。大约从 1955 年开始，大学拨款委员会才意识到希望在 18 岁以后继续接受高等教育的符合条件的学生人数增长速度远比预期要快得多。[①] 但是，这一事实并不能帮助约克学术信托基金会在本地建立新的大学，因为当时英国并没有要建立许多新大学的想法。事实上，到 1958 年秋天，怀特对约克市建立新大学的前景还感到悲观。但这一切都随着英国财政部和大学拨款委员会在 1958 年底提出要增加多所新大学的想法而改变。因此，约克市的竞选小组不得不迅速开展新大学的竞标工作。

在约克市竞选小组的努力下，1959 年 6 月，大学拨款委员会的主席默里勋爵对约克市进行了一次非正式访问，并在毕晓普索普宫（Bishopthorpe Palace）同约克学术信托基金会的代表会面。这一切都在约克大主教迈克尔·拉姆齐（Michael Ramsey）的密切监督下进行。拉姆齐本人不仅是一位非常杰出的学术教士，同时也是大学促进委员会的主席。[②] 随后，默里勋爵从水塔的高地上观看了约克市为新大学选择的地点——赫斯灵顿（Heslington）。该校址给人留下了深刻且亲切的印象，这是约克市成功竞选新大学的一个非常重要的因素。[③]

泰勒负责撰写默里勋爵访问约克市时提交给他的所有文件以及后来在约克市官邸举行的公民会议上用于扩大支持者讨论的文件，这些文件最终于 1959 年 12 月在伦敦正式提交给大学拨款委员会。翻阅这些

---

① PELLEW J，TAYLOR M. Utopian universities[M]. London：Bloomsbury Publishing，2020：112.

② 1949 年，约克公民信托基金会接管了大学规划委员会。后来，大学规划委员会脱离了约克公民信托基金会，并受到苏塞克斯大学的激励，于 1959 年与大学拨款委员会取得了非正式的联系，成立了大学促进委员会。

③ PELLEW J，TAYLOR M. Utopian universities[M]. London：Bloomsbury Publishing，2020：113.

文件，读者会被其中的实用主义所吸引。很明显，这无疑会让像约克这样的城市更有可能受到青睐。

默里勋爵建议泰勒不要将提案写得过于详细。就学科范围和方法而言，提案只确定了一些常规学科，并指出大学的学术基础将主要建立在这些学科上——建筑学、历史学、英语、哲学、政治学、经济学、社会学、数学、物理学、化学和生物学。其中包括心理学在内的其他社会科学都是有待解决的，并需要与朗特里信托基金会（Rowntree Trusts）进行合作，而得到这一信托基金会的支持是尤为重要的；关于外语仍有一些不确定性，音乐和教育可能会在之后建立，而古典文学、神学、地理、美术和应用艺术则不包括在内；应用或重型工程、医学和法律也不会得到人们的支持。提案最后还表明了一个愿景——大学可能会按照“牛桥”的“学院制”进行组织。这份最终于 1959 年 12 月提交给大学拨款委员会的提案，被默里勋爵称为“杰作”。也就是说，约克市的大学促进委员会于 1959 年 12 月向大学拨款委员会提出了正式申请，随后该申请于 1960 年 4 月 19 日获得批准，并于同年 9 月成立了学术规划理事会（Academic Planning Board），由伦敦大学经济学教授罗宾斯勋爵（Lord Robbins）担任主席。

这所新大学最初从伦敦市租用了临时住所——古老的国王庄园，并于 1963 年 10 月对外开放，当时仅有 229 名学生。[①] 同年，学生代表在他们的全国会议上将约克大学称为“穷人的牛津剑桥”[②]。1965 年 10 月，约克大学迁至位于伦敦市外的赫斯灵顿。

2. 首任校长对大学的影响

约克大学的首任校长埃里克·詹姆斯在英国享有很高的公众知名

---

① ROSS M G. New universities in the modern world[M]. London：Macmillan，1966：32.

② PELLEW J，TAYLOR M. Utopian universities[M]. London：Bloomsbury Publishing，2020：111.

度，他与 1944 年的教育法案，特别是与英国文法学校（Grammar School）的地位密切相关。那么，他究竟对新大学的形态、风格和理念等方面做出了多大的贡献？詹姆斯是罗宾斯和他的同事们所提交的 33 名校长候选人之一（名单上没有女性）。在这 33 名校长候选人之中，只有 4 个人还没有在大学系统内就业，詹姆斯就是其中之一，剩余 3 个分别是伊顿公学（Eton）的校长罗伯特·伯利博士、国家煤炭委员会职员学院（Staff College of the National Coal Board）的院长诺曼·费舍尔（Norman Fisher）和联合国托管理事会（United Nations Trusteeship Council）的英国代表安德鲁·科恩爵士（Sir Andrew Cohen）。在其他 29 人中，有 13 人是牛津大学或剑桥大学的正式研究员，11 人在英国其他大学担任高级职务，5 人在南非或澳大利亚担任过或正在担任大学职务。被推荐的人没有来自美国或欧洲大陆大学的。①

詹姆斯自 1945 年以来就一直是英国曼彻斯特文法学校的校长，直到他担任约克大学的校长。此前他还在温彻斯特学院（Winchester College）担任过 13 年的助理校长。在曼彻斯特文法学校的那段时间里，詹姆斯成为英国中等教育的主要公共知识分子（Public Intellectual）②。他还是一位多产的作家、演讲者和广播员，曾就教育和社会问题进行过多次演讲。1949—1958 年，他一直是大学拨款委员会的成员（唯一的中学校长）。他还被选为 1953—1954 年校长会议的主席，在该会议上代表主要学校的校长发言。他于 1956 年被封为爵士，1958 年被封为终身贵族。因此，在这 33 名校长候选人之中，詹姆斯的

① PELLEW J，TAYLOR M. Utopian universities[M]. London：Bloomsbury Publishing，2020：114.

② 这里主要指狭义的公共知识分子。狭义的公共知识分子通常具有五个基本特点：具备学术背景和专业知识、拥有普遍价值的基本底线、保持个人独立和正义立场、具有强烈的批判精神、能够对重要公共事务发表真实意见。广义的公共知识分子仅指对公共事务发表意见的专业知识分子。

名字对受过普通教育的公众来说是最为熟悉的。

从个人生平来看，詹姆斯是一位受人尊敬的行商的儿子，他的父母都是虔诚的公理宗（Congregationalists）成员。幸运的是，他曾就读于南安普敦一所权威的文法学校，这所学校最初成立于18世纪。后来一次偶然的机会，他获得了牛津大学女王学院下放的两个定向奖学金。于是，詹姆斯十分幸运地进入牛津大学。1945年后，詹姆斯已具有相当大的影响力，能够倡导与选择中学文法学校制度的价值观，并将入学的机会扩展到所有有能力的孩子身上。詹姆斯认为，这样将有助于他们进入大学。

1940年初，在一次题为《教育与科学人文主义》（“Education and Scientific Humanism”）的演讲中，詹姆斯提出了他的愿景——战后的“新耶路撒冷”（New Jerusalem）。其核心是相信中等教育入学选拔和专业纳入科学要素的必要性，以作为国家未来繁荣和道德福利的重要基础。[①] 此外，学生和未来教师的培养也是创造美好世界的必要组成部分。詹姆斯还阐述了战后中学教育的可能模式。

詹姆斯是一位非常有能力的年轻化学家。当他还是一名研究生时，就与导师在《英国皇家学会学报》（*Proceedings of the Royal Society*）上联合发表了一篇论文。詹姆斯涉猎广泛，精通哲学、历史、文学和艺术等。另外，詹姆斯曾是一名登山者，后来成为一名知识丰富的业余高山植物学家。尽管他对宗教事务持怀疑态度，但也在温彻斯特学院教过一些关于神学和希腊哲学的课程。

詹姆斯受到维多利亚时期圣公会教徒（Anglicans）自由派关于需要为工业时代重塑精英的辩论的强烈影响。在教育课程的广泛性方面，詹姆斯受到了 J. D. 贝尔纳（J. D. Bernal）和兰斯洛特·霍格本

---

① PELLEW J，TAYLOR M. Utopian universities[M]. London：Bloomsbury Publishing，2020：115.

(Lancelot Hogben）等杰出科学家的影响，这些科学家对扩大公众理解科学的必要性进行了“大肆宣扬”。对詹姆斯来说，在战后更强调民主、科学与技术的新世界中，迫切需要培养新的精英来取代早期的贵族和基督教权威。这意味着必须要任命一批有能力、有资格、有教养的领导者，这些领导者既要有人道精神，又要有科学素养。

詹姆斯所任命的高级行政人员和主要学术负责人必须得到罗宾斯及其学术规划理事会的审查与批准。约翰·韦斯特-泰勒被任命为教务长。任命主要学术负责人是至关重要的，因为人们担心知名学者，尤其是科学界的学者，会不愿意冒险。罗宾斯在首位经济学领域负责人的任命中发挥了积极作用。罗宾斯推荐并任命了他在伦敦政治经济学院的前同事——爱丁堡大学的艾伦·皮科克（Alan Peacock）教授。[①]就更广泛的社会科学而言，伦敦政治经济学院和一些苏格兰的大学（而非牛津大学或剑桥大学）在任命主要学术负责人、其他学术人员，以及制订本科生和研究生课程方面起着主导作用。

但在人文科学领域，情况则有所不同。在英语领域，詹姆斯家族的朋友 L. C. 奈茨（L. C. Knights）教授在 20 世纪 30 年代是剑桥大学利维斯家族（Leavises）的亲密盟友，他为菲利普·布罗克班克(Philip Brockbank）的任命提供了建议。[②] 作为校长，詹姆斯为自己有能力挑选优秀的教职工而感到自豪，这也是他最重要的职责。在约克大学，詹姆斯担任了几乎所有与面试相关的学术委员会的主席，直到退休。后来，由于学院发展到一定规模，大约 40％的学术人员都拥有

---

① RIZZO I，TOWSE R. In Memoriam Alan Peacock：a pioneer in cultural economics [J]. Journal of cultural economics，2015，39(3)：225-238.

② WOOLF J. English at York：anything but traditional[EB/OL]. [2021-10-08]. https：//yumagazine. co. uk/english-at-york-anything-but-traditional.

牛津大学或剑桥大学的一个乃至多个学位。[①]

在邀请曼彻斯特大学的杰拉尔德·艾尔默（Gerald Aylmer）担任约克大学历史学领域的首位负责人时，詹姆斯被视为做出了最传统的任命。作为温彻斯特学院和牛津大学贝利奥尔学院的毕业生，艾尔默在学校里就曾由詹姆斯亲自教授过化学。1952 年，艾尔默在曼彻斯特大学获得助理讲师职位之前，是牛津大学贝利奥尔学院的一名初级研究员。

在 20 世纪 50 年代，曼彻斯特大学的历史系十分著名且受人尊敬。当时曼彻斯特大学的历史系不仅由刘易斯·内米尔爵士（Sir Lewis Namier）担任系主任，而且汇聚了一批能干、有实力的年轻教师——杰拉尔德·艾尔默、布莱恩·普兰（Brian Pullan）、彭里·威廉姆斯（Penry Williams）、阿拉斯泰尔·帕克（Alastair Parker）、戈登·莱夫（Gordon Leff）和哈罗德·珀金（Harold Perkin）。但是，外表美好的事物有时候却具有欺骗性。因为这些教师发现曼彻斯特大学历史系的学术氛围令人窒息。因此，他们热切地抓住了这次大学扩张的机会，要么回到牛津大学（如威廉姆斯和帕克），要么来到新大学（如艾尔默、莱夫和珀金）。

1964 年，詹姆斯呼吁通过举办研讨会来提高教学的多样性，并加强对导师教学质量的监督，改革录取程序，减少对 A 级成绩的依赖，但最重要的是摒弃所有与精英特权的联系。[②] 可以说，从宣布任命开始，詹姆斯便将他在多年校长生涯中形成的教育原则与理论带到了约克这所新大学中。

---

① PELLEW J，TAYLOR M. Utopian universities[M]. London：Bloomsbury Publishing，2020：119.

② PELLEW J，TAYLOR M. Utopian universities[M]. London：Bloomsbury Publishing，2020：116.

（二）东英吉利大学的诞生

诺里奇是一个类似大教堂的城市，它有着十分悠久的文化传统，被誉为“东安格里亚的雅典”。诺里奇在1910年、1919年和1947年都曾提议建立一所大学。但是，直到20世纪50年代后期，当英国政府表现出对高等教育大规模投资的兴趣时，建立新大学的想法似乎才成为现实。

20世纪五六十年代，在苏塞克斯大学成功建立这一消息的刺激下，加之诺里奇商会主席的演讲和市议员、官员的午餐会议，致使大学促进委员会得以成立，其中的领导人物是富有的糖果制造商——麦金托什勋爵（Lord Mackintosh），他后来成为东英吉利大学的首任名誉校长。1959年，诺里奇赢得了东安格里亚地区主要郡和自治市议会的支持，并于同年12月向大学拨款委员会正式提出申请建立一所新大学。该申请于1960年4月19日与约克市的提案同一天得到了大学拨款委员会的批准。值得一提的是，这两个提案各有优势，“诺里奇计划”被视为在愿景、建筑和课程方面更具创新性，而“约克计划”则拥有相对传统的大学体系和熟悉的学科。东英吉利大学最初由于建造了一个预制的“大学村”（University Village），致使其开放时间从1965年提前到1963年10月，当时有113名学生被录取。[①]

（三）《罗宾斯报告》的颁布与建议

斯诺的论点对罗宾斯的幕后活动产生了重要影响。因为斯诺曾被邀请担任罗宾斯委员会的成员，但他拒绝了这个正式的角色；尽管如此，他还是提供了相当多的“非正式指导”[②]。罗宾斯在很大程度上重申了英国高等教育的机制，并强调技能和实用的重要性。他指出，大

---

① ROSS M G. New universities in the modern world[M]. London: Macmillan, 1966: 53.

② ORTOLANO G. The two cultures controversy: science, literature and cultural politics in postwar Britain[M]. Cambridge: Cambridge University Press, 2009: 107.

学应支持小组教学，应以住宿为主；学生应是全职的，应充分利用假期学习；学位应更广泛；文理科应该联合起来；教学和研究之间应该保持平衡；大学应该假设员工的薪酬和标准在全国范围内保持一致；学生的生活津贴应该是常态的；等等。① 这些主张在很大程度上是与新大学的主张相符合的，并在一定程度上影响了后续新大学的理念与行动。

罗宾斯委员会建议对英国高等教育系统进行重大改革，以解决其精英主义、等级化与过度专门化等问题。同时，罗宾斯委员会还建议英国高等教育系统应能容纳数量不断增长的学生。据罗宾斯委员会预测，学生人数从1962—1963年的130 000人（大学）和216 000人（所有形式的高等教育），将会增加到1973—1974年的219 000人（大学）和392 000人（所有形式的高等教育）以及1980—1981年的346 000人（大学）和5 588 000人（所有形式的高等教育）。② 为了容纳数量不断增长的学生，罗宾斯委员会建议扩大除牛津大学和剑桥大学之外的几乎所有大学，并将高级技术学院和其他几所继续教育机构升格为大学，将师范学院（苏格兰的除外）并入大学系统；最重要的是，罗宾斯委员会建议再建立6所新大学，其中至少有一所要位于苏格兰地区。

此外，罗宾斯委员会还建议要进行大量的教育和行政改革，包括扩大大学课程、增加小组教学、增加实验考试和评估方法、加强师生之间的社会接触以及允许更多非专业人员参与到大学和学院的学术决策和一般管理中等。③ 对于这些建议，无论是否被不折不扣地执行，

---

① STEVENS R. University to uni: the politics of higher education in England since 1944[M]. London: Politicos, 2004: 23-24.

② Robbins Committee. Report of the Robbins Committee on higher education[R]. London: HMSO, 1963: 160.

③ Robbins Committee. Report of the Robbins Committee on higher education[R]. London: HMSO, 1963: 277.

《罗宾斯报告》都将被人们铭记为英国高等教育史上的一个重大转折点——从为特别需求提供零碎准备的时代到所谓的有计划、全面为高等教育服务的时代。《罗宾斯报告》也为后面6所新大学的诞生奠定了基础。

(四)埃塞克斯大学的诞生

埃塞克斯(Essex)是战后高等教育扩张期间没有提出申请的竞争者之一。20世纪40年代,拉布·巴特勒(Rab Butler)和温斯顿·丘吉尔(Winston Churchill)为埃塞克斯大学的创建奠定了基础。他们将高等教育和继续教育视为国家经济现代化计划的一个重要组成部分。他们认为英国整个教育系统需要扩大,不仅要培养现代化经济所需的大量受过教育的高素质工人,还要为战后"婴儿潮"的孩子们提供更多接受高等教育的机会。由巴特勒提出的《1944年教育法》则揭示了这一愿景。巴特勒在1929—1965年担任保守党教育部长和埃塞克斯郡萨夫伦沃尔登(Saffron Walden)的议员。1965年,巴特勒在埃塞克斯大学的一次演讲中指出,《1944年教育法》对英国整个教育系统的现代化和民主化发展至关重要,并为20世纪五六十年代高等教育和继续教育的改革与扩展奠定了基础。①

1924—1945年,丘吉尔一直是埃塞克斯郡埃平(Epping)的议员,后来于1945年至去世在邻近的伍德福德(Woodford)选区担任议员。在20世纪40年代,他开始确信需要一个英国版的"麻省理工学院"来与美苏的科学技术竞争。20世纪50年代,人们对英国版的"麻省理工学院"计划给予大力支持,这反映出他们对英国全球影响力下降的担忧日益加剧。到了20世纪50年代末,人们成功说服哈罗德·麦克米伦的保守党政府和大学拨款委员会来创建英国版的"麻省理工学

① PELLEW J, TAYLOR M. Utopian universities[M]. London: Bloomsbury Publishing, 2020:147.

院”——埃塞克斯大学。[①]

可以说，在埃塞克斯建立一所新大学的计划正始于1959年7月埃塞克斯郡议会的一项决议，该决议直接导致地方促进委员会的成立。该委员会由埃塞克斯郡郡长约翰·拉格尔斯-布莱斯爵士（Sir John Ruggles-Brise），即后来埃塞克斯大学的名誉副校长担任主席。1960年5月，埃塞克斯提交的申请于一年后得到了大学拨款委员会的批准。1961年，埃塞克斯郡议会获得了大学拨款委员会的许可，将这所新大学设在科尔切斯特（Colchester）附近。

拉布·巴特勒是埃塞克斯大学的首任名誉校长，他与埃塞克斯郡议会共同选择了剑桥大学国王学院的院长诺埃尔·安南（Noel Annan）担任埃塞克斯大学学术规划理事会的主席。安南主要为埃塞克斯大学的未来发展制订计划，并选择该大学的首任校长。可以说，安南是为埃塞克斯大学开创广阔学术视野的最有影响力的人物。作为历史学家、现代主义者和自由派领袖，安南受到了斯诺于1959年在剑桥大学发表的题为《两种文化》的里斯讲座（Reith Lecture）的影响。斯诺的主要观点是，科学与文学之间的鸿沟对双方甚至整个人类文明都是有害的。他认为，这是由英国教育体系的过度专门化造成的，而美国和俄罗斯的教育体系则为个体提供了更广泛的教育，从而造就了更好的工程师和科学家。他的解决方案是改革英国的教育，鼓励并开展更多的跨学科研究，以培养更多顶尖的科学家、工程师、技术人员和政府管理人员等。[②]

斯诺对埃塞克斯大学的影响可以从1962年2月安南撰写的学术规划理事会第一份报告看出。该报告指出，埃塞克斯大学的课程将专注

---

① PELLEW J，TAYLOR M. Utopian universities[M]. London：Bloomsbury Publishing，2020：147.

② RUPRECHT R. Forty years later：C. P. Snow's two cultures revisited[J]. European journal of engineering education，1999，24(3)：231-241.

于应用科学和社会科学，但第一年需要共同的、具有跨学科性的通识教育课程，以弥合“文理”鸿沟。同时，与其他新大学一样，埃塞克斯大学将努力招收更加多样化的学生群体，并尽量满足工业和国家经济的需求。① 安南领导的学术规划理事会还希望埃塞克斯大学能同其他新大学一起，更加注重具有创新性的高质量教学而非研究。为了打破传统院系对单一学科的过度关注，他们鼓励新大学以“跨学科学院”取代传统的学术院系。② 一旦为埃塞克斯大学制订好蓝图，安南领导的学术规划理事会就开始寻找符合其愿景的首任校长。

经过长达一年的寻找期，安南领导的学术规划理事会于 1962 年 6 月选择了 41 岁的艾伯特·斯洛曼（Albert Sloman）担任埃塞克斯大学的第一任校长，这也是英国有史以来最年轻的校长。斯洛曼在康沃尔（Cornwall）出生并长大，并于牛津大学获得了西班牙语博士学位。他在第二次世界大战期间加入英国皇家空军，并在加利福尼亚大学伯克利分校（University of California，Berkeley）和都柏林圣三一大学短暂任教过。1953 年，斯洛曼在利物浦大学开始了他杰出的职业生涯——担任西班牙语教授，后来成为文学院院长。在安南的指导下，学术规划理事会的第一份报告就指出，斯洛曼将在校长这一位置上主持埃塞克斯大学创建和发展的相关事宜，直到他 1987 年退休。据斯洛曼的回忆，学术规划理事会曾对他说：“……我们承认，第一任校长将是真正塑造大学的人。你已经得到了我们的通报，接下来就交给你了。”③

埃塞克斯大学为了筹集建设初期阶段的资金，于 1963 年底设立了

---

① LUBBOCK J. Building the new university：the architecture of Essex and its context［EB/OL］.［2022-03-08］. https://soundcloud. com/uniofessex/buildinguniversity.

② TRIBE K. Economic careers：economics and economists in Britain 1930-1970［M］. New York：Routledge，2002：22.

③ TRIBE K. Economic careers：economics and economists in Britain 1930-1970［M］. New York：Routledge，2002：227.

一项公众援助基金。丘吉尔是这项运动的创始人之一，他曾指出：“增加我们的高等教育资源是最重要的，特别是在科技领域。”[1] 凭借激动人心的建筑规划和招收超过 10 000 名学生的宏伟目标等，埃塞克斯大学的筹款活动激发了人们的热情，成功地筹集到超过 100 万的英镑。1963 年 10 月发表的《罗宾斯报告》也为这场公共援助基金运动的成功做出了重大贡献。因为该报告正式确定了未来 10 年英国高等教育和继续教育的扩展和改革的国家议程。这项国家议程的目的是满足行业和政府对劳动力的需求，同时也通过为愈来愈多的学生提供更多上升的机会来实现英国高等教育和继续教育的民主化。此外，该报告既支持创建更多新大学，也主张为现有学院和大学的设施增加提供资金，以允许更多的学生能够进入高等教育领域中。[2]

埃塞克斯大学预先得以广泛宣传，因为其校长斯洛曼应英国广播公司（BBC）的邀请，参与了“一所正在形成的大学”（A University in the Making）的系列里斯讲座。由于埃塞克斯大学计划招生 1 万甚至 2 万名学生，这在当时英国很不寻常，因此引起了相当大的轰动。埃塞克斯大学最终于 1964 年 10 月正式对外开放，当时共有 122 名学生。[3] 值得注意的是，1964 年，埃塞克斯大学的建筑规划才刚刚开始。由于缺乏大讲堂和住宿空间，导致埃塞克斯大学第一年只招收了 122 名学生，第二年只招收了 400 名学生。[4] 埃塞克斯大学的第一阶段建设包括图书馆、餐厅、大广场和两座住宅楼，直到 1966—1967 年才竣工。因

---

① PELLEW J，TAYLOR M. Utopian universities[M]. London：Bloomsbury Publishing，2020：151.

② SIMON B. Education and the social order，1940-1990[M]. London：Lawrence & Wishart Ltd.，1991：229.

③ PERKIN H J. New universities in the United Kingdom[M]. Paris：Organization for Economic Cooperation & Development Publications，1969：72.

④ PELLEW J，TAYLOR M. Utopian universities[M]. London：Bloomsbury Publishing，2020：153.

此，埃塞克斯大学在开放后的前几年里，学生和教职工都住在科尔切斯特附近，并在泥地里的临时小屋和透风的老建筑里上课。埃塞克斯大学独具匠心的建筑规划，使师生之间建立了密切的联系，并营造了一个充满意义感的学习和生活社区。

总的说来，人们对20世纪60年代新大学寄予厚望，从而催生了埃塞克斯大学，并在许多方面决定了它的命运。受现代化和自由主义话语的启发，埃塞克斯大学的创始人诺埃尔·安南和艾伯特·斯洛曼希望它能成为全球高等教育领域的新领导者。斯洛曼为埃塞克斯大学创造了一套极具创新性且极其成功的课程，并为更民主的管理结构奠定了基础，这让学生在生活与学习中拥有比老大学学生更多的自由。斯洛曼的里斯讲座和他对埃塞克斯大学的愿景也吸引了众多具有批判性思维的师生，他们对这所大学及其营造的社区抱有很高的期望。[①] 埃塞克斯大学将是一所不同类型的大学，其激进的课程和建筑设计将比以往任何大学都更加自由、民主与进步。

（五）兰开斯特大学的诞生

兰开斯特大学是1961年11月计划在英格兰开设的一所新大学，它是为争夺剩余新大学名额而进行激烈竞争的结果。由于当时除约克大学以外的所有新大学都分配给了英格兰南部，于是大学拨款委员会决定将在英格兰西北部建立一所新大学。该消息一经公布，便导致英格兰西北部多处地区的争夺。最初主要是兰开夏郡（Lancashire County）议会和柴郡（Cheshire County）议会之间的竞争，后来转变为兰开夏郡内部的布莱克浦（Blackpool）和兰开斯特之间的竞争。这是由于当时规模更大的兰开夏郡议会在向大学拨款委员会提出申请时便进行了必要的宣传与游说，并且它还同曼彻斯特大学一起为新机构的筹备提

---

① PELLEW J，TAYLOR M. Utopian universities[M]. London：Bloomsbury Publishing，2020：164.

供资源。此外，兰开夏郡的一些重要家族在为新机构筹集资金等方面也有很大的影响力。另一方面，布莱克浦和兰开斯特这两个地方在一年中的绝大部分时间内都有充足的海滨住宿供应。

但是，兰开斯特拥有更多的历史遗址和更美丽的乡村、湖区与山脉，这可能对学术人员更具有吸引力。同时，兰开斯特市议会在与郡议会接洽以及在为新机构提供绿地资源等方面所做出的努力也是至关重要的。最终，大学拨款委员会建议选择兰开斯特作为新大学的所在地。虽然兰开斯特大学的校址是最后一个确定的，但它绝不是最后一个开放的。1964 年 10 月，兰开斯特大学收购并改造了兰开斯特市的一家旧家具厂，致使其对外开放的时间比预期提前了两年，当时共有 338 名学生。①

根据苏塞克斯大学、约克大学、埃塞克斯大学和东英吉利大学确立的先例，兰开斯特大学在诞生之时就已具备完全的大学权利。兰开斯特大学的首任校长是查尔斯·卡特爵士（Sir Charles Carter）。卡特作为一名贵格会教徒，曾在拉格比公学（Rugby School）和剑桥大学圣约翰学院接受教育。1944 年，他以一级荣誉的资格毕业于剑桥大学经济学，在贝尔法斯特女王大学（Queen's University Belfast）工作一段时间后，成为曼彻斯特大学政治经济学的教授。那时，兰开斯特大学学术规划理事会的主席诺埃尔·霍尔爵士（Sir Noel Hall）就已经认识他了，因为他们曾在肯特大学的学术规划理事会上共事过，并对商业研究和经济学有着共同的兴趣。

卡特上任后，便任命了第一批学术与行政人员。这些人大多来自伦敦大学、牛津大学与剑桥大学，有些还来自英国的城市大学。由于战时的经验，他们往往是强硬与不好相处的，并且都对各自学科的教

① PERKIN H J. New universities in the United Kingdom[M]. Paris：Organization for Economic Cooperation & Development Publications，1969：73.

学和研究方向有着强烈的看法。他们主要被任命为各学科领域的首位负责人。例如气候学家戈登·曼利（Gordon Manley）从伦敦大学贝德福德学院（Bedford College）来到兰开斯特大学，领导新成立的环境研究部门；化学则由从伯明翰大学搬来的约翰·贝文顿（John Bevington）领导等。随后，这些学科负责人任命了一些更年轻与经验不足的新员工来推进并实施他们的创新性想法。因为他们中的大多数之所以选择来到兰开斯特这所新大学，是希望自己的角色是这所大学的塑造者，而非仅仅是这所大学的工作者。正如埃塞克斯大学首任校长斯洛曼所指出的那样："无论出于什么原因，任命一位教授并建立一门学科时，你就可能已经永远接受了这门学科。教授会离去，但他的学科可能会永远存在下去。"①

克里斯托弗·德莱弗（Christopher Driver）曾指出："兰开斯特大学的一切，从章程到颜色——兰开斯特红和贵格会灰，都有卡特的影子与味道。"② 可以说，卡特为兰开斯特大学的形成与发展注入了许多精力，这使得该所大学深受他的影响，并承载着他的价值观与理想。卡特曾这样总结道，第一，兰开斯特大学强调对现代文明社会的关注——这既包括对创造性艺术、物理和社会环境的关注，也包括对传统学术学科的关注；第二，兰开斯特大学愿意给予贫困者特别的帮助；第三，兰开斯特大学准备继续进行教育革新实验，并寻求对教育问题有一个更为深入的理解；第四，兰开斯特大学愿意为中小学校和其他高等教育机构持续提供服务。"因为我们所关心的不仅是我们自己的一小部分教育体系，而是整个教育系统。"③ 此外，卡特还支持将学生纳

① SLOMAN A E. A university in the making[M]. London:BBC,1964:23.

② DRIVER C. The exploding university[M]. London: Hodder and Stoughton,1971:179.

③ PELLEW J,TAYLOR M. Utopian universities[M]. London:Bloomsbury Publishing,2020:240.

入大学的管理机构中。当大学拨款委员会无法继续为兰开斯特大学提供资本资助时，他还发起了兰开斯特大学的商业赞助宿舍项目。[①]

兰开斯特大学既是第七所对外开放的新大学，也是最后一所宣布成立的新大学。但是，它的成立速度却是最快的。从兰开夏郡议会于1961年5月12日向大学拨款委员会提出的最初申请，到1964年10月6日第一批学生在市中心的“圣伦纳德之家”（St. Leonard's House）这个临时教学场所安顿下来，仅用了三年半的时间。然而，相比于英国其他新大学，兰开斯特大学是最不引人注目的。这一方面是由于它的成立是最后宣布的，另一方面是因为它相对隔绝的地理位置。有的评论者对此发表了自己的看法，认为约克大学是“勇敢的旧世界”的缩影，而兰开斯特大学看起来则像是一个“黯淡的新世界”。[②]

（六）肯特大学的诞生

1959年，肯特郡议会和当地赞助者恢复了战后建立大学的项目，并选择了古老的大教堂之城坎特伯雷（Canterbury）作为新大学的所在地。但是，这个选址绝不是没有争议的。位于东肯特郡的萨尼特岛（Isle of Thanet）当时是一个强有力的竞争者，其大型海滨城市马盖特（Margate）有许多度假屋，因此在提供学生宿舍方面，毫无疑问它要比坎特伯雷拥有更好的前景，至少在早期是这样的；而拉姆斯盖特（Ramsgate）则拥有一个废弃的大型机场，它是萨尼特岛主张的另一个大学选址点。早在1947年，坎特伯雷就曾被提议作为肯特郡新大学的校址。但是，该提议一直没有结果。然而，将坎特伯雷作为新大学选址地的想法却引起了肯特郡许多人的想象。一方面，萨尼特岛缺乏坎特伯雷的文化意义和丰富的历史联想；另一方面，“萨尼特大学”“马

① BIRKS T. Building the new universities[M]. Newton Abbot: David and Charles, 1972: 120-122.

② PELLEW J, TAYLOR M. Utopian universities[M]. London: Bloomsbury Publishing, 2020: 242.

盖特大学”或“拉姆斯盖特大学”等名字，都没有“肯特大学”或“坎特伯雷大学”那么响亮。以上两方面原因是促成这所新大学成立的肯特郡议会和肯特赞助者（肯特郡内知名人士团体）所指出的。①

坎特伯雷被确定为新大学的所在地之后，如何命名这个新大学也是一个比较棘手与紧迫的问题。新成立的苏塞克斯大学和埃塞克斯大学都采取了以“郡”的名称命名大学的方式，这得到了肯特郡一些代表人物的同意。但最具影响力的团体——肯特赞助者的主流观点是，这一新机构应该被命名为坎特伯雷大学。因为以大学所在的城市命名是欧洲悠久的历史传统，就像牛津大学和剑桥大学以及刚刚新成立的约克大学一样；而且，约克大学同样位于一个古老的大教堂之城。但是，有些新大学则没有以自己所在的城市命名，如苏塞克斯大学没有被命名为布莱顿大学，沃里克大学也没有被命名为考文垂大学。② 像苏塞克斯大学和埃塞克斯大学这样以“郡”命名的方式在某些地方可能能够接受，但在肯特郡，这种命名方式是没有必要的，因为以坎特伯雷命名是一个显而易见的选择。于是，坎特伯雷大学这一名称就这样诞生了。

但当新西兰的克莱斯特彻奇（Christchurch）的坎特伯雷大学传来消息说它对英国新的大学采用与它相同的名字持否定态度时，令人感到十分震惊。新西兰的坎特伯雷大学校长向大学拨款委员会提出，有两所坎特伯雷大学会在英联邦③的大学会议上造成混乱。事实上，已然存在一所英国新大学的名字与英联邦的大学名字相同的现象——英国

---

① WEST J. Debrett's people of Kent[M]. London: Debrett's Peerage Limited, 1990: 40.

② VERNON K. Engagement, estrangement or divorce? The new universities and their communities in the 1960s[J]. Contemporary British history, 2017, 31(4): 501-523.

③ 英联邦（Commonwealth of Nations）是一个国际组织，它由多个独立主权国家（包括附属国）组成，其中就包括英国、新西兰和加拿大等国。

的约克大学和加拿大的约克大学。但肯特的赞助者认为他们不应该坚持，尽管有些人因不满意而辞职了。于是，人们匆忙地想出了一个折中的名称——位于坎特伯雷的肯特大学，从而安抚了新西兰人，并保留了最受欢迎的坎特伯雷头衔。这是一个十分烦琐的命名，虽然在美国存在很多类似的表达，但在英国却没有先例。后来由于缩写 UKC（University of Kent at Canterbury）更方便，因此它很快成为人们熟悉的提及方式。

事实证明，UKC 这一命名方式是一个令人愉快的选择。它清楚地表明，这所大学代表了肯特郡，而不仅仅是坎特伯雷的人民。更重要的是，它象征着传统与现代的结合，而这正是这所新大学的重要标志。肯特郡靠近伦敦这个大都市，与它有着密切的联系，这代表了这所新大学的现代性与前瞻性；坎特伯雷这座城市则代表着对过去的追溯。在罗马时代，圣奥古斯丁（St. Augustine）在坎特伯雷建立了英国第一座基督教教堂，并使坎特伯雷成为当时英国教会的先锋城市；在辉煌的中世纪，坎特伯雷是当时最伟大的朝圣地之一，它在这方面的知名度排名第四，仅次于耶路撒冷、罗马和圣地亚哥-德孔波斯特拉。[①] 因此，对于大学来说，忽视这座城市的古老遗产是不可想象的。但由于某种原因，后来人们直接称这所新大学为“肯特大学”。

1961 年 5 月，坎特伯雷的肯特大学与埃塞克斯大学同时获得大学拨款委员会的批准。伯明翰大学的教务长杰弗里·坦普尔曼（Geoffrey Templeman）担任肯特大学的首任校长。这是首次任命专业的大学行政管理人员作为新大学的校长，这也许可以解释肯特大学校园里为何总是弥漫着某种专制的气氛。最终，肯特大学于 1965 年 10 月正式对外

---

① PELLEW J，TAYLOR M. Utopian universities[M]. London：Bloomsbury Publishing，2020：196.

开放，最初招收了458名学生。①

值得一提的是，新老交替的现象不仅出现在肯特大学的最初构想中，也出现在其最早的主要管理人员任命上。肯特大学的首任校长，也是任职时间最长的校长是杰弗里·坦普尔曼。他于1962—1980年任职，曾是伯明翰大学的教务长。坦普尔曼引进了伯明翰大学的助理教务长埃里克·福克斯（Eric Fox），并让他成为肯特大学的教务长。同样，来自伯明翰大学的丹尼斯·林富特（Dennis Linfoot），成为肯特大学的首任财务官，后来他接替福克斯成为教务长。这些人的任期都很长，每个人都有近20年的时间，这使得肯特大学具有了不同寻常的连续性。②

肯特大学的首任校长坦普尔曼一开始是一位研究中世纪的历史学家，他对古典大学“学院制”的优点有着深刻的信念。建筑测量师（Buildings Surveyor）大卫·爱德华兹（David Edwards）对旧建筑也有类似的情怀。爱德华兹负责肯特大学建筑的初始布局和场地的物理开发，他曾在牛津大学和伦敦金融城工作，对古学院建筑和城市旧建筑有着十分丰富的经验。德曼·克里斯托弗森爵士（Sir Derman Christopherson）当时是达勒姆大学的校长，他在肯特大学的设计中发挥了关键作用。1962—1971年，克里斯托弗森爵士就一直担任影响英国新大学的一些关键职位，如担任苏塞克斯大学与肯特大学学术规划理事会的重要成员等。这些不同寻常的长期任职意味着他有足够的机会与能力塑造肯特大学。

克里斯托弗森爵士曾在牛津大学读本科，并在剑桥大学担任讲师，后来又成为麦格达伦学院（Magdalene College）的院长，这些都为他思

---

① PERKIN H J. New universities in the United Kingdom[M]. Paris: Organization for Economic Cooperation & Development Publications, 1969: 72.

② PELLEW J, TAYLOR M. Utopian universities[M]. London: Bloomsbury Publishing, 2020: 196.

想的传统性增添了相当大的分量。然而，克里斯托弗森爵士绝不是一个彻头彻尾的传统主义者。一方面原因是，克里斯托弗森爵士一直是一个具有创新精神的机械工程师，在战争年代，他还与政府军事规划的首席科学顾问索利·朱克曼一起工作过；另一方面是由于，在达勒姆大学，克里斯托弗森爵士监督并实施了一项实质性的大学改革计划，同时他还对苏塞克斯大学发生的许多新变化都很感兴趣。① 因此，克里斯托弗森爵士是新旧融合的恰当支持者。

（七）沃里克大学的诞生

考文垂（Coventry）是希特勒（Hitler）“贝德克突袭”（Baedeker Raid）的目标。考文垂在战后就曾申请创建一所大学，但一直没有得到大学拨款委员会的批准。于是，该申请在 1959 年重新提出，随后获得了沃里克郡（Warwickshire）议会的支持，该议会赠予了新机构大量土地资源。同时，该申请也得到了当地工业，特别是汽车工业的大力支持。1961 年 5 月，位于考文垂的沃里克大学与埃塞克斯大学和肯特大学同时宣布成立。1964 年，沃里克大学在沃里克郡议会和考文垂市授予的 400 英亩林地和农田上开始了大学建设工作。同年，沃里克大学招收了少量研究生。沃里克大学真正对外开放的时间是 1965 年 10 月，当时招收了 436 名学生。②

沃里克大学的首任校长杰克·巴特沃斯（Jack Butterworth）阐述了学校的地理位置以及学校与威廉·鲁茨（William Rootes）的关系。鲁茨是考文垂的汽车制造商，他于 1961 年担任地方促进委员会的主席，该委员会成立的目的是在该市附近建立一所大学。按照原计划，他本应是沃里克大学的首任校长，但遗憾的是，他在 1964 年底便去世了。

① PELLEW J，TAYLOR M. Utopian universities[M]. London：Bloomsbury Publishing，2020：197.

② PERKIN H J. New universities in the United Kingdom[M]. Paris：Organization for Economic Cooperation & Development Publications，1969：72.

1965 年 11 月，巴特沃斯在向大学理事会提交的第一份报告中，赞扬了鲁茨。报告指出，鲁茨不仅精通沃里克郡和考文垂的路线和历史，而且十分熟悉考文垂的几乎所有知名人士，因此他几乎不可避免地将成为沃里克大学的领导人。[①] 在颂扬鲁茨的报告中，巴特沃斯也探讨了沃里克大学的课程设置。他确信人们会对历史学位感兴趣，因此尤为注重历史学科的建设工作。他指出，沃里克大学从 1961 年成立学术规划理事会到 1965 年被授予大学章程，大学的学术蓝图已经制订出来了。

沃里克大学的首批教授是于 1963 年夏天任命的，他们主要负责制订相关课程，以交由大学拨款委员会批准。约翰·黑尔（John Hale）是沃里克大学历史学领域的首位教授，他对本科课程的观点让巴特沃斯着迷——沃里克大学的历史将以“广度而非时间上的完整性”为特征。[②] 爱德华·汤普森（Edward Thompson）于 1964 年被任命，他在 1965—1966 学年开始时来到沃里克大学。1968 年 2 月，汤普森在给同事的一份长备忘录中写道：“我是 1964 年 6 月被任命的……校长……为比较劳动史的发展制订了宏伟的计划。”[③] 1966 年 6 月，汤普森被任命为社会历史研究中心（Centre for the Study of Social History）的主任。

1966 年底，当社会历史研究中心的新职位被提议时，汤普森提醒注册主任：社会历史研究中心的发展主要取决于所招募的研究生数量。同时，汤普森建议其中一个新职位应该是社会历史研究中心的管理者——负责监督研究生的课程。此外，汤普森还非常关注文学硕士课程的规划。他说：“我为这所大学付出的努力比我一生中为其他任何一

---

① PELLEW J，TAYLOR M. Utopian universities[M]. London：Bloomsbury Publishing，2020：222.

② PELLEW J，TAYLOR M. Utopian universities[M]. London：Bloomsbury Publishing，2020：223.

③ PELLEW J，TAYLOR M. Utopian universities[M]. London：Bloomsbury Publishing，2020：225.

所大学所付出的都要多。”[①] 值得注意的是，在宣布社会史独立的会议上，通过了“1867—1926 年劳工史”（Labour History，1867-1926）硕士课程。该课程主要包括比较劳动史、英美劳动以及国家与劳资关系等内容。该硕士课程于 1969 年起正式实施。

（八）斯特林大学的诞生

在斯特林（Stirling）建立一所大学的首次尝试并不是对罗宾斯委员会的回应，而是对 1946 年巴洛委员会所发表报告的回应。第二次世界大战结束后，苏格兰立即着手讨论建立第五所大学的相关事宜，以弥补阿伯丁大学、爱丁堡大学、圣安德鲁斯大学和格拉斯哥大学这四所“古老”大学的不足。其中包括斯特林在内的五个苏格兰地区都向大学拨款委员会提出了申请。大学拨款委员会当时得出的结论是，“目前的招生需求不能被视为进一步扩张的证据”[②]。后来，罗宾斯在 20 世纪 60 年代初提出的建议在政治上取得了成功，因为他关于扩张和平等的观点与另外一种截然不同的观点联系在了一起——在现代英国，需要更多科学家和技术专家，并且必须从注重人力规划的假设转向强调高等教育机会平等的民主含义上来。[③]

到了 20 世纪 60 年代初，预计读大学的学生人数会“激增”，苏格兰所受的影响将尤为严重。于是，苏格兰的斯特林等地区发起了建立第五所苏格兰大学的运动。在苏格兰创建一所新大学的具体论据仍然包含着一些与人力规划有关的假设，因此需要将这些假设与区域发展、工业复兴、独特的环境、当地遗产、民族主义和联合主义结合起来。

---

① PELLEW J，TAYLOR M. Utopian universities[M]. London：Bloomsbury Publishing，2020：228.

② PELLEW J，TAYLOR M. Utopian universities[M]. London：Bloomsbury Publishing，2020：261.

③ CARSWELL J. Government and the universities in Britain：programme and performance 1960-1980[M]. Cambridge：Cambridge University Press，1986：43.

受全国各地尤其是诺里奇和约克大学运动的启发，国家和地方政府官员协会（National and Local Government Officers Association）的地方分会开始游说负责苏格兰事务的国务大臣在福尔柯克（Falkirk）地区建立一所大学，理由是当时的苏格兰严重缺乏一所“居住型大学”。这一理由尤其值得注意，因为传统的苏格兰大学主要招收当地学生，因此它们并非“居住型大学”。

在等待罗宾斯委员会报告结果的同时，苏格兰教育部充分利用基层运动存在的机会，向英国政府提出了扩张的理由。它强调了两个不得不在苏格兰建立一所大学的重要因素：一是苏格兰对科学和技术的迫切需求；二是苏格兰学生在英国整个大学系统中处于相对劣势的境地。也就是说，苏格兰的学生在进入大学时要比英国其他地方的学生更难，因为他们被认为存在着“资格差距”——最终的中学毕业资格证书很难与英国整个中学系统相比较。因此，只有在苏格兰建立一所新大学才能解决这种不平衡与不公平的问题。

1963 年 9 月，政府公布了罗宾斯委员会报告的结果。报告中创建一所苏格兰大学的建议立即获得了广泛的支持。随后，大学拨款委员会于 1964 年初正式接受苏格兰地区的建立大学的意向书。1964 年春末，大学拨款委员会的代表团对苏格兰多地进行了访问，包括苏格兰南部的埃尔（Ayr）和邓弗里斯（Dumfries），苏格兰中部的坎伯诺尔德（Cumbernauld）、斯特林和福尔柯克，最后经珀斯（Perth）到达苏格兰北部的因弗内斯（Inverness）。①

斯特林大学的成立在很大程度上归功于《罗宾斯报告》，因为该报告建议应该再创建 6 所大学，其中一所位于苏格兰。在英国政府的鼓励下，大学拨款委员会开始在苏格兰 8 个提出大学申请的地方进行选择，

① CAMERON E A. University realities: the inverness campaign to establish Scotland's fifth university[J]. Transactions of the Gaelic Society of Inverness, 2017, 67(15): 9-50.

最终选择了斯特林。斯特林是古老的苏格兰政府所在地，曾于1946年提出大学申请，但一直都没有通过，最终该申请于1964年7月17日获得批准。值得注意的是，1964年7月中旬，基尔大学的校长哈罗德·泰勒主持了一场为期两天的会议。来自英国新大学的高级代表出席了本次会议。他们在会议上展望未来，讨论了新大学的发展计划、住所、课程和管理等问题。会议报告员在撰写报告时，英国政府刚好宣布同意再建一所新大学，即位于苏格兰的斯特林。① 这一决定最重要的因素是斯特林拥有大量的土地资源，这些土地资源原本归苏格兰政府办公室所有，但它于1965年正式捐赠给了即将在斯特林成立的新大学，这是中央政府第一次给予大学土地和建筑等资本。此外，斯特林大学的建立实际上也是苏格兰民族运动的产物。当然，这同样离不开斯特林资助委员会（Stirling Sponsoring Committee）的努力。

从某种程度上说，人们对斯特林的选择似乎又是一个妥协与折中的结果，尽管它是一致通过的。在1964年6月17日，当斯特林被宣布为苏格兰新大学的所在地时，苏格兰的媒体和斯特林的一些竞争对手都感到非常惊讶和失望；尤其是东斯特林郡竞选委员会（East Stirlingshire Campaign Committee），它一直在敦促相关部门重新考虑这一决定。东斯特林郡竞选委员会的主席亚历山大·邓肯（Alexander Duncan）将斯特林描述为“只是一个公认的势利小镇”②。一些批评人士也指出，选择斯特林违背了罗宾斯的原则。

1967年9月，斯特林大学在一幢单层、预制的建筑中诞生，该建筑被命名为“帕特福特”（Pathfoot），这主要得名于当时一个失落的村庄。斯特林大学是全英国唯一一所建立在王宫里的大学，当时共有188

---

① PELLEW J，TAYLOR M. Utopian universities[M]. London：Bloomsbury Publishing，2020：67-68.

② PELLEW J，TAYLOR M. Utopian universities[M]. London：Bloomsbury Publishing，2020：263.

名学生。[①]

1968 年 4 月初，罗宾斯勋爵被任命为斯特林大学的首任名誉校长。在他的就职演说中，罗宾斯勋爵承认自己对苏格兰大学的传统有着相当程度的钦佩，无论是对其成就还是对其所依据的原则。他认为，苏格兰大学的传统将专门化与“共同价值观”结合在了一起。同时，他也强调斯特林大学必须将科学与为社会服务的价值观结合起来教授。也就是说，罗宾斯勋爵希望教育革新实验、大学与当地社区的联系以及“普世观”能够成为斯特林大学的特征与理念。罗宾斯勋爵在作为斯特林大学名誉校长的最后一次讲话中，对这所新大学进行了总结。他认为，斯特林大学的任何地方都有着最迷人的环境；同时，他也指出，斯特林大学的重要性超出了纯粹的美学成就。因此，鉴于斯特林大学在高等教育改革领域所取得的成就，参观它是所有认真研究英国高等教育最新发展的学生所必需的。[②]

斯特林大学首批被任命的学术人员大多是有前途的年轻学者，其中许多人都与英联邦有着密切联系。他们中的大部分都是男性——在最初任命的三四十人中，只有 9 名女性（其中只有一名女教授）。另外，他们中有超过 50%的新员工来自苏格兰。令人惊讶的是，其中有 40%的人拥有英国以外的经历或学术背景。值得注意的是，斯特林大学决定抛弃经典的学科规范：英语研究避开了盎格鲁-撒克逊和中世纪英语，转而专注于现代和当代文学，包括英联邦文学；生物学则专注于人类生态学和整个有机体，并采用更具创新性的学科联合研究方法。

（九）阿尔斯特大学的诞生

1968 年秋，根据洛克伍德委员会（Lockwood Committee）3 年前

---

① PERKIN H J. New universities in the United Kingdom[M]. Paris: Organization for Economic Cooperation & Development Publications, 1969: 73.

② PELLEW J, TAYLOR M. Utopian universities[M]. London: Bloomsbury Publishing, 2020: 258.

的建议，新成立的阿尔斯特大学在科尔雷恩（Coleraine）校区迎来了第一批学生。同年10月25日，北爱尔兰总理特伦斯·奥尼尔（Terence O' Neill）在科尔雷恩举行了阿尔斯特大学的开学典礼。20世纪60年代对世界上许多地方来说，无论是在高等教育还是政治上，都是革命性的10年，北爱尔兰更是如此。这10年结束时，北爱尔兰的政治结构已经达到了几乎崩溃的地步。

1. 北爱尔兰：阿尔斯特大学诞生的政治和教育背景

由于1920年《爱尔兰政府法案》（*Government of Ireland Act*）的颁布，致使北爱尔兰拥有了一个基于威斯敏斯特模式（Westminster Model）的权力下放政府，俗称“斯托蒙特”（Stormont）。最初北爱尔兰的创建是为了给爱尔兰的新教和统一派少数民族提供一个英国境内的政治家园。伦敦德里（Londonderry）的情况则有所不同，它本来是新教的聚集地，但是到1851年，该地区的天主教人口已明显占据多数。[①] 因此，新教与天主教的矛盾注定导致伦敦德里是一个要“燃烧”的城市，并且这座城市的政治性质无疑会影响到它的大学。

20世纪60年代初，北爱尔兰的高等教育由贝尔法斯特女王大学主导，其学院和学科与英国的城市大学大致相同。[②] 然而，在北爱尔兰地区还存在一所提供大学水平教育的机构：伦敦德里的马吉大学学院（Magee University College）。马吉大学学院成立于1865年，是以爱尔兰首都都柏林的玛莎·马吉夫人（Mrs. Martha Magee）的名字命名的。1908年，马吉大学学院的学生被排除在爱尔兰国立大学之外，因此他们在都柏林大学圣三一学院完成学业。1963—1964年，都柏林大学圣三一学院共有27名教职工和245名本科生。无论如何，与英国或爱尔

---

① O'BRIEN G. Derry and Londonderry: history and society[M]. Dublin: Geography Publications, 1999: 379.

② Lockwood Committee. Report of Lockwood Committee on higher education in Northern Ireland[R]. Belfast: HMSO, 1965: 19.

兰的其他大学或学院相比，都柏林大学圣三一学院都是微不足道的。[①]

简言之，1963 年 3 月 25 日，特伦斯·奥尼尔就任北爱尔兰总理时，伦敦德里、北爱尔兰的高等教育和马吉大学学院的情况就是如此。从上台开始，奥尼尔就决心要推动北爱尔兰高等教育的发展。同年 4 月 5 日，奥尼尔就通知他所在政党的执政机构——阿尔斯特联合委员会(Ulster Unionist Council)，宣布政府的使命是建设阿尔斯特大学。[②]

2. 伦敦德里与科尔雷恩的竞争

伦敦德里的投标书既分析了当地能够容纳新大学的有利条件，也分析了马吉大学学院的重要性，同时还指出不能为了在其他地方重新建立一所大学而忽视马吉大学学院的发展。更重要的是，该投标书回应了关于马吉大学学院没有自己学位授予权的批评。文件指出，可以通过给予马吉大学学院完全的大学地位或使马吉大学学院成为一所新的伦敦德里大学，抑或使马吉大学学院成为阿尔斯特大学的其中一个学院来弥补这一点，后者显然是一个优先的选择。

人们指出，伦敦德里这座城市的丰富历史，以及它所拥有的 4 所文法学校、技术学院、工业基地、体育场所和两所医院，都有利于营造出一个良好的学习氛围。如果新大学选址于伦敦德里，那么阿尔斯特联合委员会就会为该地区新大学的第一个 10 年提供每年约 5000 英镑的资金支持。至于学生住宿的问题，阿尔斯特联合委员会声称满足新大学的住宿需求几乎没有任何困难。阿尔斯特联合委员会以大学拨款委员会建议新大学的选址应位于 200 英亩左右的单一场地这一观点为出发点，提出了自己的观点：单一场地并非唯一的选择。无论发生何种情况，阿尔斯特联合委员会都能保证这一新大学在当地能够拥有足够多

---

① Lockwood Committee. Report of Lockwood Committee on higher education in Northern Ireland[R]. Belfast：HMSO，1965：35.

② O'NEILL T. The autobiography of Terence O'Neill：prime minister of Northern Ireland 1963-1969[M]. London：Rupert Hart-Davis，1972：44-45.

的场地，这些场地加起来足以超过 200 英亩。

伦敦德里的主要竞争对手是科尔雷恩。1963 年，科尔雷恩联合波特拉什（Portrush）和斯图尔特港（Portstewart）这两个总人口为 20 000 人的海滨度假胜地，一起准备了一份竞标提案。科尔雷恩地区最主要的吸引力是能够为师生提供充足的住宿条件。当地酒店经营者协会（Hoteliers Association）声称，该地区拥有 2600 个符合旅游局批准的场所，这些场所均可供这一新大学使用。苏塞克斯大学在布莱顿找到了可供师生住宿的先例，进一步加强了这一新大学选址于科尔雷恩的说服力。①

3. 洛克伍德委员会对伦敦德里的访问

1963 年 12 月 6 日，洛克伍德和他的同事们举行了关于新大学的第一次会议，随后又举行了一系列会议，这些会议直至次年 9 月 27 日才结束。② 洛克伍德等人最初一致同意，不会为这一新大学推荐一个实际的地点，除非马吉大学学院的发展确实需要他们的推荐。这实际上意味着他们会选择推荐伦敦德里，该行动方案的选择似乎是为了避免他们将面临的各种压力。在 1964 年 1 月 31 日的会议上，洛克伍德等人决定于 2 月 21 日访问马吉大学学院。他们认为，马吉大学学院存在了如此长的时间，因此很难关闭，但其目前的管理模式确实阻碍了它的发展。

1964 年 2 月 21 日，洛克伍德委员会对伦敦德里进行了访问。在访问一开始，洛克伍德和他的同事们就在市政厅举行了一次与市民领袖的正式会议。但此次访问的实质部分是在马吉大学学院。洛克伍德等人参观了马吉大学学院的各种设施，并会见了该大学学院的理事、校

---

① PELLEW J，TAYLOR M. Utopian universities[M]. London：Bloomsbury Publishing，2020：283.

② PELLEW J，TAYLOR M. Utopian universities[M]. London：Bloomsbury Publishing，2020：283.

长、系主任和其他学术人员等。在双方的讨论中，他们明显都对该大学学院必须通过理事会进行管理的方式感到不满，但马吉大学学院与都柏林大学圣三一学院的关系是令人满意的。洛克伍德等人普遍认为，如果有可能的话，伦敦德里的新大学不能像马吉大学学院那样，而是必须建立在自治的基础上，同时还要拥有大学地位和独立的学位授予权，包括具有培养研究生的资质。更重要的是，伦敦德里的新大学还要实验广泛的学科。但是，马吉大学学院则认为，将来主要的教学重点应该是人文学科、社会科学和教师培训；除了化学外，其他科技都不应包括在内。当时马吉大学学院的化学教学已经开始了，但由于这一教学是临时决定的，因此马吉大学学院借用了技术学院和女子学校的实验室。

当洛克伍德委员会第二天开会回顾这次访问时，很明显，马吉大学学院并没有给他们留下深刻印象。洛克伍德等人的结论是，马吉大学学院的领导层缺乏活力，而其理事、教职工和学术人员等也未能对大学学院的未来发展或伦敦德里未来新大学的发展提出明确的愿景。这次访问给马吉大学学院造成了致命的打击。最终，洛克伍德委员会得出结论：由于马吉大学学院有限的精神面貌和狭窄的物理状况，不能被判定为进行高等教育大规模扩张的最佳选择。然而，对马吉大学学院的“罢免”似乎并没有排除伦敦德里作为新大学所在地的可能性，因为人们认为伦敦德里的提案显示出更大的远见。但这种想法并没有持续多久，因为洛克伍德委员会中的多数成员开始反对将伦敦德里作为新大学的地点。

洛克伍德委员会认为，新大学的创建应该面向未来，并能为几代年轻人提供摆脱过去的机会。[①] 这种想法与奥尼尔政府对现代化的主张相吻合。虽然人们普遍承认马吉大学学院存在的问题，但对伦敦德里

① HENDERSON B. Brum：a life in television[M]. Belfast：Appletree Press，2003：105.

的访问似乎使洛克伍德委员会甚至其他英国人确信，伦敦德里在政治上的深刻分裂性质及其持续的紧张局势。布鲁姆·亨德森（Brum Henderson）认为，正是这种政治观念导致科尔雷恩方案变得越来越具有吸引力，因为它没有过去遗留的问题，而且可以为新大学提供一个全新的场地。① 此外，科尔雷恩方案的优势还在于它能为师生提供充足的住宅设施，而且这些设施可能对师生极具吸引力。1964 年 3 月 4 日，洛克伍德委员会的秘书提出了一个关键问题：洛克伍德委员会是否应该在推荐新大学选址方面拥有更大的自由。② 1964 年 5 月 1 日，洛克伍德委员会不仅成功地解决了这一问题，而且确定将新大学的招生日期定为 1968 年。

4. 洛克伍德委员会与大学拨款委员会的会晤

由于关于新大学选址的决定不能拖延太久，因此洛克伍德委员会的相关负责人于 1964 年 6 月 4 日与大学拨款委员会的两名高级官员进行了会晤，以探讨新大学选址的标准。对于一所拥有 5000 名学生的新大学来说，附近人口应达到 75 000 人的建议对于贝尔法斯特以外的北爱尔兰其他任何地方来说都是困难的，这当然也远远超出了科尔雷恩地区的人口总数。但对于科尔雷恩来说，更积极有利的消息是，英国财政部的资金将全部用于教学楼，而非学生宿舍。因此，洛克伍德委员会被告知，这一新大学选址的关键标准是学生住宿的可得与可用性。同时，如果这所新大学要以不同于英国其他新大学的标准为基础，那么这些新标准就必须被证明是合理的。这其实就意味着政府已经对科尔雷恩的方案亮起了绿灯。

在接下来的两天里，洛克伍德委员会根据大学拨款委员会的建议

① HENDERSON B. Brum：a life in television[M]. Belfast：Appletree Press，2003：106-107.

② PELLEW J，TAYLOR M. Utopian universities[M]. London：Bloomsbury Publishing，2020：285.

与标准审查了新大学选址的相关问题。洛克伍德建议他的同事们为新大学选择的地点应具有以下特征：一是应能使新大学顺利发展；二是新大学应能反映该地区的需求；三是新大学应能吸引高质量的员工；四是新大学应能解决师生住宿问题；五是新大学所在的地区是否有可能获得国家财政或其他的支持以及是否存在工业和研究设施等。[①] 人们普遍认为，北爱尔兰没有一个地方能够符合所有这些标准。

无论是伦敦德里还是科尔雷恩的地方促进委员会，都没有给人留下深刻印象。对伦敦德里有利的是：一是它可以提供一个场地，二是它的位置有利于农业和生物学，三是它有相当多的人口，四是它有一些文化活动。但不利的是，伦敦德里的住房供应条件很差，这会使购置昂贵的宿舍成为必要，并且马吉大学学院的存在本身就是一个极其复杂的问题。同时，伦敦德里的工业发展也令人怀疑。更糟糕的是，如果将新大学设立在伦敦德里，其负责人可能不得不将精力花在解决该市的政治分歧上。虽然科尔雷恩缺乏文化设施，但人们认为它有足够的人口，并且也有足够的师生住宿设施，还得到了科尔雷恩自治市议会的大力支持。但关键的论点似乎是，科尔雷恩适合于农业、海洋学和生物学研究，这加强了学术上的论据；而且，科尔雷恩可以立即找到适合师生居住的场所。很显然，科尔雷恩的方案实际上已然取得了成功。正如洛克伍德委员会认为："科尔雷恩与伦敦德里的距离很近，它可以抚平人们受伤的感情，同时缓解马吉大学学院的消亡带给人们的失落心情。"[②]

5.《洛克伍德报告》的颁布与建议

1964 年 11 月 27 日，洛克伍德提交了其委员会的报告，即《洛克

① PELLEW J，TAYLOR M. Utopian universities[M]. London：Bloomsbury Publishing，2020：286.

② PELLEW J，TAYLOR M. Utopian universities[M]. London：Bloomsbury Publishing，2020：286.

伍德报告》。在《洛克伍德报告》中，重要的是洛克伍德关于新大学建立紧迫性的结论；更重要的是，他关于新大学选址的建议。此外，《洛克伍德报告》还建议新大学应为学科提供广泛的研究界限。例如生物科学将需要物理学、社会学和行为科学发挥辅助作用。① 首先，关于新大学建立紧迫性的核心结论是，应立即着手建立一所新大学，并将其视为一个紧急事项。因为预计到 1973—1974 年，北爱尔兰地区至少将迎来 8000—9000 名大学申请者，其中贝尔法斯特女王大学可以容纳约 6000 名大学申请者，而剩下的 2000—3000 名大学申请者就必须交由新大学。预计到 1980 年，这一新大学将有 5000—6000 名全日制本科生和研究生。②

其次，另一个主要的也是更具争议性的讨论是，关于新大学选址的建议。洛克伍德委员会在做出判断时，谨慎地参考了大学拨款委员会在英国其他地方已经使用过的标准。关于场地的问题，洛克伍德委员会认为，新大学的所在地应该至少有 300 英亩的土地；如果包括农学的话，则可能需要更多的土地。《洛克伍德报告》强调，这所新大学的所在地应能以低廉的价格为师生提供良好的住房条件和便利的生活设施，从而使大学的建设资金主要用于学术建筑。同时，这所新大学必须位于交通便利且距离贝尔法斯特足够远的地方。基于此，洛克伍德委员会指出，科尔雷恩最能满足这些标准，并且当地的资助委员会也愿意支持该大学的成立。虽然马吉大学学院的位置不容忽视，但它的提案最终还是被驳回了。官方的理由是，马吉大学学院现有的建筑和场地不能满足 5000—6000 名学生的需要。正如《洛克伍德报告》所指出的那样：“我们并不认为马吉大学学院提供了一个合适的扩张基础……

---

① Lockwood Committee. Report of Lockwood Committee on higher education in Northern Ireland[R]. Belfast：HMSO，1965：75.

② PELLEW J，TAYLOR M. Utopian universities[M]. London：Bloomsbury Publishing，2020：287.

除了中止它，没有其他选择。”[①]

最后《洛克伍德报告》的建议是，科尔雷恩应为新大学的所在地，马吉大学学院应该被关闭。但是，英国政府很快就发现了停办马吉大学学院可能会造成的政治影响。1964 年 12 月 21 日，英国内阁不得不考虑教育部长赫伯特·柯克（Herbert Kirk）的一份备忘录。在这份备忘录中，柯克建议政府接受科尔雷恩作为新大学所在地的这一决定，并主张政府可以勉强接受马吉大学学院不再作为大学一级机构的决定。然而，柯克警告道，如果政府故意扼杀马吉大学学院，将会带来严重的政治危险。因此，他主张发挥马吉大学学院的其他功能，如它也许可以成为一所教师培训学院。对此，北爱尔兰总理奥尼尔也持有同样的观点。与此同时，柯克也担心英国财政部不会批准建立新大学，反而继续资助他所认为的“相对荒废的机构”——马吉大学学院。

当 1965 年 1 月 6 日恢复对新大学相关问题的讨论时，很明显，英国内阁正在拖延时间，以寻找一个能用某种形式保留马吉大学学院的方案。最后出于某种“拯救马吉大学学院行动”的考虑，英国政府起草了一份白皮书作为报告的附件，以表明政府不愿接受马吉大学学院的停办，并提议“新大学的学术规划理事会是否可以考虑将马吉大学学院作为新大学的一部分”[②]。当该报告于 1965 年 2 月 10 日正式发表时，其中所附的白皮书表明：英国政府虽然接受了新大学选址于科尔雷恩的决定，但也明确表示不能批准停办马吉大学学院，同时提议审查该大学学院是否可以被并入这一新大学中。可以说，虽然科尔雷恩作为新大学所在地的决定获得了广泛的共识，但马吉大学学院的未来发展同样不容忽视。

---

① Lockwood Committee. Report of Lockwood Committee on higher education in Northern Ireland[R]. Belfast: HMSO, 1965: 76.

② PELLEW J, TAYLOR M. Utopian universities[M]. London: Bloomsbury Publishing, 2020: 288.

6. 科尔雷恩地区竞争成功的要素

前文已述，阿尔斯特大学的成立主要归功于北爱尔兰的洛克伍德高等教育委员会（Lockwood Committee on Higher Education），即洛克伍德委员会。该委员会成立于 1963 年，它起到了同罗宾斯委员会一样的作用。洛克伍德高等教育委员会发现，预计到 1980 年，北爱尔兰地区将会迎来 12 000—13 000 名大学申请者，而且由于贝尔法斯特女王大学在容纳约 7000 名学生时就会存在社会和经济等方面的劣势，因此北爱尔兰迫切需要一所新大学，以解决学生人数不断增长所带来的问题。①

由于北爱尔兰政府负责其高等教育的财政，因此它本身就能够履行接收和裁决来自阿马（Armagh）、伦敦德里和科尔雷恩地区大学申请的职能。关于新大学选址，北爱尔兰政府主要考虑的因素是：第一，有一个大而合适的场地；第二，有足够的师生宿舍供应；第三，有足够的财政和其他的支持；第四，有适当的工业；第五，必须与贝尔法斯特有充分的沟通，但要离它足够远，从而避免与英国最拥挤的城市之一，约占北爱尔兰三分之一人口的贝尔法斯特建立“寄生的通勤关系”。这就排除了旨在缓解贝尔法斯特地区交通拥堵的阿马。

当时人口约 55 000 人的北爱尔兰地区第二大城市伦敦德里似乎是一个显而易见的选择。因为它已经拥有成立于 1865 年的马吉大学学院，但该学院非常小，不仅没有独立的学位授予权，而且它 20 英亩的场地也不适合扩建。因而 1963—1964 年，马吉大学学院的 245 名学生大多准备在都柏林的圣三一学院完成学业。② 另外，伦敦德里位于爱尔兰共和国的南部，它的天主教人口太多，并且深受斯托蒙特政府的影响。

---

① PERKIN H J. New universities in the United Kingdom[M]. Paris：Organization for Economic Cooperation & Development Publications，1969：74.

② PERKIN H J. New universities in the United Kingdom[M]. Paris：Organization for Economic Cooperation & Development Publications，1969：74.

因此，洛克伍德高等教育委员会一致推荐了科尔雷恩地区。科尔雷恩位于距离贝尔法斯特55英里北部海岸的美丽地带。同时，它距离贝尔法斯特国际机场只有41英里，从那里到英国所有的主要机场都只有不超过一个小时的航程。这些因素也许从一所经常会与外界进行接触的大学角度来看尤为重要。于是，科尔雷恩自治市议会和乡区议会、波特拉什市区议会以及斯图尔特港市区议会联合为这所新大学提供了班恩（Bann）河岸附近的300英亩土地。1968年10月，阿尔斯特大学正式对外开放，当时共有445名学生。① 到1973年，阿尔斯特大学的学生人数达到3575人，其中至少有四分之一的学生是来自北爱尔兰以外地区。

由于阿尔斯特大学的开放日期定在1968年，因此倘若人员和建筑及时到位的话，就必须立即开始对阿尔斯特大学进行建设。罗伯特·马修爵士（Sir Robert Matthew）、约翰逊-马歇尔（Johnson-Marshall）和其合伙人负责起草了一份阿尔斯特大学的建设计划。在英国教育部的指导下，阿尔斯特大学成立了一个学术规划理事会。由当时埃克塞特大学（University of Exeter）的校长詹姆斯·库克爵士（Sir James Cook）担任主席，他同时也是英国皇家学会（Royal Society）的会员。库克爵士在有机化学方面的背景使他与古典主义者洛克伍德形成了鲜明对比，尽管他们对阿尔斯特大学未来发展的观点大致相同。1965年10月25日，阿尔斯特大学学术规划理事会举行的第一次会议强调，尽管阿尔斯特大学不受洛克伍德等人所提议的学术结构的约束，但其仍然坚持认为，应该遵循洛克伍德等人提议的道路，尽管该道路后来经过了政府的修改。基于此，阿尔斯特大学学术规划理事会着手建立了4所跨学科学院，即生物和环境研究学院、物理科学学院、社会和经济

---

① PERKIN H J. New universities in the United Kingdom[M]. Paris: Organization for Economic Cooperation & Development Publications, 1969: 74.

研究学院、人文科学学院（历史和文化研究学院）以及教育中心。

阿尔斯特大学学术规划理事会最终选择N. A. 伯吉斯博士（Dr. N. A. Burges）担任该大学的首任校长。伯吉斯博士出生于澳大利亚，曾在战时的轰炸机司令部服役，他在那里的优秀事迹经常被媒体报道。重要的是，伯吉斯博士作为著名植物学家的形象以及作为利物浦大学资深副校长的行政记录非常适合洛克伍德等人为阿尔斯特大学所制订的学术方向。英国教育部秘书W. T. 尤因（W. T. Ewing）则被邀请担任阿尔斯特大学的注册主任。阿尔斯特大学的学术规划理事会非常清楚，政府对马吉大学学院的决定使他们的工作与英国任何同等机构的工作有所不同。因此，学术规划理事会的决定是，应保留马吉大学学院校长的重要职务，并承认该大学学院现有的6名教授也是阿尔斯特大学的教授。① 学术规划理事会意识到英国学生会躁动不安，因此特意为他们提供了灵活的课程，并试图通过多种措施确保师生之间能够经常接触。继伯吉斯和尤因被任命之后，阿尔斯特大学迎来了英语、历史、地理、经济、化学、物理、数学、社会组织、教育和生物学领域的首批教授。以上就是阿尔斯特大学在诞生初期的学术概况，它大体上遵循了洛克伍德等人所设定的模板。

值得注意的是，阿尔斯特大学可能比英国的其他任何新大学都更能满足高等教育扩张的需求。然而，即使在这种情况下，洛克伍德高等教育委员会仍然强调了阿尔斯特大学进行教育革新实验的必要性。该委员会特别指出，北爱尔兰在农业、林业和渔业等方面的潜力可以通过阿尔斯特大学的生物科学来实现。因此可以说，阿尔斯特大学的创建目的同英国其他新大学一样，不仅是满足高等教育扩张的需要，而且促使英国高等教育进行实质性的创新与实验。可以说，英国新大

① O'BRIEN G, ROEBUCK P. The University of Ulster: genesis and growth[M]. Dublin: Four Courts Press, 2009: 51.

学自创建之初就志在成为一个国家甚至国际性的机构，而非地域性的城市大学。①

英国新大学自诞生起就具有两个老大学所不具备的独特优势：第一，新大学是由国家建立，并从一开始就得到了国家的全力支持，从而打破了以往民间或个人办学的传统。新大学有大约90%的资金都是来源于英国的大学拨款委员会，而19世纪和20世纪上半叶建立的英国大学基本都是私立的。第二，新大学从创建伊始就获得了大学地位，并享有独立的学位授予权，从而能够在很大程度上决定其自身的发展。除了10所新大学外，英国所有的近现代大学都经历了一段学院的“学徒期”，它们要么根本不能提供学位，要么只能提供另一所大学的学位（主要提供伦敦大学的外部学位）。以上两个特点不仅使英国新大学独具一格、独一无二，而且使它们从一开始便拥有了一个得天独厚的条件——在进行改革与创新时比老大学拥有更多的自由。因此，新大学大刀阔斧地在诸多领域进行了一系列令人瞩目的革新实验。

总之，英国从20世纪50年代末开始，经过10年左右前所未有的学术创新，形成了新大学这一群体。20世纪60年代的新大学从一开始就拥有大学头衔，并能够同时提供本科生和研究生的学位课程，还通过大学拨款委员会获得了公共资助，以作为对新大学自主地位的认可。② 可以说，英国大学拨款委员会放弃了惯常的谨慎，这使得新大学不仅具有一体化的校园形式和雄心勃勃的建筑，而且拥有满怀抱负的创新性课程和独立的学术自主权。从某种程度上说，这些新大学是战

① SMITH D. Eric James and the “Utopianist” campus: biography, policy and the building of a new university during the 1960s[J]. History of education, 2008, 37(1): 23-42.

② TAPPER T. Policymaking and the politics of change in higher education: the new 1960s universities in the UK, then and now[J]. London review of education, 2016, 14(1): 11-22.

后英国高等教育扩张的结果，也是全球现象的一部分。① 换言之，20 世纪 60 年代英国新大学的建立标志着高等教育解放的可能性，它们是试图挑战学术精英主义和保守主义的更广泛的“乌托邦主义”大学运动的一部分。②

① VERNON K. Engagement, estrangement or divorce? The new universities and their communities in the 1960s[J]. Contemporary British history, 2017, 31(4): 501-523.

② SMITH D. Eric James and the “Utopianist” campus: biography, policy and the building of a new university during the 1960s[J]. History of education, 2008, 37(1): 23-42.

第二章　英国新大学的建筑

当前，中国已建成世界规模最大的高等教育体系。[①] 但是，与一些发达国家相比，中国在大学建筑设计上还有待改进。从某种程度上说，大学建筑设计能够体现大学的教育理念与追求，并有助于我们更好地理解大学教育的本质。另外，从教育维度对大学建筑设计进行研究，也有利于从一个独特的视角重新认识大学教育，并能更为深刻地理解大学和教育的内在逻辑与本质属性。然而，目前以教育学视角为出发点，并整合建筑学等其他学科视角的大学建筑设计研究，在国内仍然是一个被忽视的领域。同时，对于大学建筑设计所蕴含的教育意蕴，亦是高等教育学界较少关注的对象。可以说，提到大学建筑设计，人们首先想到的便是建筑和设计，而非大学。因此，大学建筑设计作为一项跨学科研究，在我国并未受到高等教育学界应有的理论关照。

诚然，开展大学建筑设计的理论研究亦是教育学者的责任。正如有学者所认为的那样，我国有必要对大学建筑开展系统的理论与实践研究，相关学术界尤其是教育学界亟须加大对我国大学建筑的研究力度。[②] “教育研究虽主要针对‘软件’问题，但教育硬件是任何软件运行的基础载体。倘若始终对硬件问题持回避态度，则软件的创新就被

---

① 程猛，李嘉怡．象牙塔尖的忧郁：博士生抑郁体验的叙事研究［J］．教育研究，2022（7）：88-103.

② 赵中建，邵兴江．学校建筑研究的理论问题与实践挑战［J］．全球教育展望，2008（3）：60-68.

永远束缚在‘落伍的硬件’之内。”① 与其在硬件问题上逆来顺受，不如以大学建筑设计研究来弥补大学建筑学的缺失，进而使基础硬件成为探索未来大学教育的重要构成要素，这有利于更好地实现大学的教育理想。大学建筑的每一部分都蕴含着独特的教育意蕴，它会通过建筑的实质空间与符号等，对个体的品德、价值观与行为等多方面产生浸润性的影响。为此，我们对大学建筑设计进行研究时，不仅应注重建筑学的知识与原理，更要从教育学的角度对建筑做出深度诠释，以寻求科学的教育学依据。② 以教育学立场为出发点的大学建筑设计研究，能够厘清大学建筑与大学教育之间的相互关系，并使大学建筑的空间回归教育的本真状态。

英国新大学所实验的现代主义建筑（通常是野蛮主义的建筑形式），不仅不同于牛津、剑桥等古典大学，也不同于“红砖大学”。英国新大学的建筑设计是一种“新的开始”的表达。③ 由于每所新大学都是建立在广阔处女地上的新社区，这不仅可以使它们自由地实验各种建筑，而且能赋予它们创造大学物质表现形式的机会。从这一层面上说，此前英国从来没有一所大学可以享有如此大的自由，能够根据自己的理想创造自身。因此，新大学是一类颇具原创性的大学，它们在未开垦的土地上拔地而起，有着全新的校舍，并按照自己所选择的模式进行建设，从而形成了一个独特的现象。④ 同时，它们也代表了与英国高等教育旧模式的决裂，这种决裂体现在其自信和与众不同的建筑

---

① 齐象贤．亟须加强学校建筑研究［J］．教育科学研究，2015（11）：1.

② 邵兴江，赵中建．革新学校建筑设计：建构新的研究视角［J］．全球教育展望，2012（9）：37-40.

③ PELLEW J，TAYLOR M. Utopian universities[M]. London：Bloomsbury Publishing，2020：46.

④ 克拉克．建立创业型大学：组织上转型的途径［M］．王承绪，译．北京：人民教育出版社，2003：10.

设计之中。[①] 可以说，新大学凭借独具匠心的建筑设计，充分展现了它们的建校宗旨、时代特性、精神品质与教育理想等。

可见，以教育学的视角对大学建筑设计进行研究尤为必要。从一定意义上说，大学建筑史就是一部微型的大学史或教育史，而对英国新大学建筑设计的探讨实际上就是从一个微观、直观与独特的视角剖析大学建筑及教育。英国新大学的建筑设计极具独特性，它强调大学教育的连续性与非正式性，注重跨学科交流场域的建构，积极关注并探索全新的建筑组织方式，重视塑造具有人文精神的连续性学术社区。同时，它也为大学建筑与教育研究增加了新的分析维度和视角。

第一节　新大学建筑设计的理念

大学建筑不仅是物理的遮蔽场所，更是被称为“大学”的教育空间。一般说来，建筑设计理念是贯穿于整个建筑设计的基本思想，一项成功的建筑设计必定有科学的设计理念作为支撑。可以说，每所新大学虽然都通过各自的方式达到了共同的目标，但它们之中却有着某些共同的理念，这些理念相对于英国老大学而言，具有了新的内涵。更重要的是，英国新大学建筑设计的理念需要解决的核心问题是，如何容纳当前及未来数量不断增长的学生，以及如何解决英国大学教育的过度专门化问题并加强英国文理科之间的交流，从某种程度上说这些都是英国老大学建筑设计理念所欠缺的。

---

① PELLEW J，TAYLOR M. Utopian universities[M]. London：Bloomsbury Publishing，2020：46.

一、人性尺度理念

英国新大学的建筑设计正处于人们对技术至上、理性崇拜的工业时代进行深刻反思和批判的背景之下。换言之，随着战后经济水平的提高，人们发现自己的生活已被工业文明所束缚。这种生活消解了人的主体性，忽视了人的感受，使人趋向于机械性的异化，成为奴役、压迫和压抑的根源。[①] 在此背景下，新大学的人性尺度设计理念应运而生。它反对纯粹的理性主义，强调人的具体感受与真实生活，真正面向不同的需求本体，回归到人的日常生活体验。人性尺度理念尤为关涉使用主体，它以使用者为导向，而非以一个预先做出理想模型的物质为基础。人是学校主体，校园建筑规划和建设要充分尊重和满足人的需要。[②] 从教育学的角度看，大学最核心的人群是教师与学生，没有他们就无所谓大学的存在，他们的品性和活动塑造了大学的特性。[③] 换言之，大学在本质上是属于师生的，师生才是大学建筑最主要的使用者。因此，新大学的建筑设计从师生的体验出发，试图通过一个生活化的社区实现个体完整人格的塑造。[④]

第一，步行是主体体验的主要行为方式。丹麦著名学者扬·盖尔（Jan Gehl）的研究表明，人们日常步行可接受的距离一般为400—500

---

① 孙施文. 后现代城市规划［J］. 规划师，2002（6）：20-25.

② 颜兴中，胡铁辉，刘道强. 高等教育理念在大学校园建筑规划中的应用［J］. 现代大学教育，2006（1）：71-74.

③ 肖维. 中世纪大学的“场所精神”及其现代启示［J］. 大学教育科学，2013（6）：83-87.

④ 王彦. 日常生活维度：英国1960年代“新大学”校园规划研究［D］. 北京：清华大学，2018：27.

米，步行时间约为5分钟。[①] 人们希望新大学可以为师生营造舒适的步行体验，因而新大学重点关注短距离步行的空间可达性。它们通过多种方式，将机动车设置在大学中心区的外围，使中心区建筑间的步行距离不超过5分钟，以构建充满活力的大学，并使个体回归到舒适的步行生活。正如埃塞克斯大学的学生所说："大学的一切都在步行距离之内。"[②] 新大学强调的5分钟步行时间，实现了大学中心区的无车化，为师生创造了适宜的步行体验。

第二，主体的体验需要建筑空间作为载体。空间不仅是一个场所，它还作为一种力量在发挥作用。[③] 任何教育活动，不管是宏观、中观还是微观的，都具有空间特征，因为它都是在一个空间里发生的。教育活动的本质就是一种师与生、生与生之间的相互交流和碰撞，这种交互活动的有效开展，需要在一定的场域中通过激发彼此的认知、情感和行为动态生成。[④] 新大学连接了教学、交往与生活空间，并将所有空间要素整合成连续体验的载体，因此所有建筑都可以看作参与体验的场所。换言之，相比于如何在大学布置不同功能的建筑，设计者更关心的是如何激发大学中不同"固定点"之间所发生的主体体验活动。可以说，新大学尤为注重建筑空间的体验性。例如，它们在规划建筑布局时，往往将最方便进入的中心地段分配给使用频率较高的行政、图书馆、公共教学与社交活动等，而专业教学、研究和居住等使用频率次之的则置于大学中心场域之外。

---

① 盖尔．交往与空间［M］．何人可，译．北京：中国建筑工业出版社，2002：139-141.

② BELOFF M. The plateglass universities［M］. London：Secker & Warburg，1968：113.

③ 张涛，李如密．教学空间的实践意义及其建构［J］．教育学报，2021（6）：38-47.

④ 闫建璋，孙姗姗．论大学非正式学习空间的创设［J］．高等教育研究，2019（1）：81-85.

第三，主体的体验需要以平等理念为基础。新大学首次在建筑空间的设计上有意识地将师生“混合”在一起，推崇一种大家共同排队与进餐的平等场景。大学的所有设施基本上为全体成员共用，大学的中心一般是公共的开放空间，包括学生、教师、管理者、后勤人员以及访问者在内的所有人，都可以自由地经过这一空间，或者在这个空间自由地停留、交谈与用餐等。这使得新大学不仅是一个规训场所，同时也是师生日常生活与诗意栖居之地。新大学的建筑设计以人性尺度理念为基点，赋予了大学建筑生命的温度与人性的维度，使大学呈现出一种非机构的社区形态。新大学强调人际交流场所的塑造，注重师生在大学中的认同感与归属感，有利于创造一个令人愉快与彰显人性尺度的场所，以期实现理想的教学、交往与居住环境。

二、校园一体化理念

20 世纪 60 年代，英国处于大学适龄人口增长的高峰期，并被一些学者称为“急速发展的 60 年代”①。该时期新大学面临一个极其严峻的挑战，即如何在有限的物理空间创造一个高效与令人愉快的环境，以容纳更多的学生并满足他们日常生活的需要。校园一体化设计理念快速而经济地解决了这一问题。该理念尤为关涉新大学的建构路径，它强调基于人性尺度的需要，建构具有连续性、整体性与关联性的校园建筑体系。为此，“新大学的校园形态极大地保留了建筑与人的对话”②。

一方面，新大学试图创建一个连续的物理环境，即具有一体化趋势的各种建筑组合。因此，新大学的所有建筑都可以看作一个具有连

① MUTHESIUS S. The postwar university：Utopianist campus and college[M]. New Haven：Yale University Press，2000：286.

② SŁYK J，BEZERRA L. Education for research，research for creativity[M]. Warszawa：Wydział Architektury Politechniki Warszawskiej，2016：57.

续性的场所。这些建筑不仅构建了一个整体性的网络，而且成为个体偶遇与交流的平台。从这一意义上说，连续的物理环境并非仅仅是物质形态的空间格网，更是人际交流的社交网络。新大学尤为注重教育的连续性，其建筑设计往往以营造连续的教学、科研、生活、社交与休闲等空间为主。这种连续的空间能够将个体的培养、师生的社交等活动贯穿于整个建筑，有利于最大限度地促进个体的社会化与教育。因为“空间不仅是教育活动与现象的容器，还具有教育生产和建构的意义”。①

另一方面，新大学构建了一系列具有连续性的建筑综合体。正如美国建筑师理查德·P. 多伯（Richard P. Dober）所认为的那样：“新大学最引人注目的就是建筑综合体，即一种可以使建筑内部所有空间进行交流和联系的物理形式，同时它能够有效促进建筑的外部增长与内部变化。”② 简言之，建筑综合体就是各种功能相互依存的综合化建筑。它重构了传统教育空间的功能布局，形成了更为多元、统整的复合育人空间，有利于最大限度地发展个体的能力。在校园一体化理念引领下的新大学超越了空间边界，创造了不同属性的混合空间，并以一种连续社区的形态维持着不断变化的混合校园。同时，这一理念能够增强大学成员的归属感，允许他们进行轻松与自由的交流。

三、学术社区理念

营造学术社区是新大学建筑设计的核心理念与终极旨归。新大学希望实现由机构到社区的转型，并营造一个丰富多样与充满偶发性的学术社区。新大学强调个体在大学期间度过的任何时光都是教育的必

---

① 陈先哲. 新时代中国高等教育空间转型［J］. 高等教育研究，2021（8）：20-27.

② DOBER R P. The new campus in Britain: ideas of consequence for the United States [M]. New York: Educational Facilities Laboratories, 1965: 9.

要过程，正如埃塞克斯大学校长斯洛曼所言：“新大学是一个学术社区，它关注的不只是个体的学习，还有他们的日常生活。”①

从横向维度看，新大学希望通过建筑设计建构一个 24 小时的学术社区，而非一个朝九晚五的机构。② 学术社区理念注重师生 24 小时的多样化生活与自发性活动，它强调教或学的行为会发生在任何人、任何时间与任何地点，从而打破了传统的功能分区。另外，新大学实现了不同学科学生的混合住宿，从而创造出更加社会化与学术化的 24 小时生活空间。诚然，新大学不再是一个追求“制成品”的场所，而是一个具有多种目的，甚至能够容纳师生各种行为活动的 24 小时社区。在这个社区里不仅有往来不断的人群，还有不同时段的丰富生活。在午夜经过大学广场或者是街道的时候，仍然会有灯光从教室、研讨室或者咖啡馆等室内的窗户里透出来，这意味着学习、工作与生活是连续的。③

从纵向维度看，新大学是一个生长中的学术社区。由于新大学初建时面对的是庞大的学生数量以及未来发展的不确定性，因此其建筑设计亟须解决的核心问题之一就是大学的物理环境如何满足当下和未来发展的需要。新大学遵循生长中的学术社区理念，充分考虑了社区生长的需求，从而使大学能够适应未来的发展变化，最终成为一个具有连续性的丰富学术社区。具体而言，生长中的学术社区主要体现在以下方面：一是由于没有人能够准确预见未来建筑内部的发展变化，因此即使在最大的建筑综合体内，也必须为大学行政和图书馆等重要

---

① DOBER R P. The new campus in Britain：ideas of consequence for the United States [M]. New York：Educational Facilities Laboratories，1965：15.

② 王彦. 日常生活维度：英国 1960 年代“新大学”校园规划研究 [D]. 北京：清华大学，2018：80.

③ 王彦. 日常生活维度：英国 1960 年代“新大学”校园规划研究 [D]. 北京：清华大学，2018：85.

功能的扩展预留空间；二是新大学尽管有大场地的“诱惑”，但各建筑间必须相对集中，从而为大学未来的发展预留空间；三是尽量减少大学在建项目对已有建筑、环境和师生生活的影响，这有利于将不断扩大的学生群体融入一个更具凝聚力的学术社区。

四、自主合作理念

英国新大学的自主合作理念强调校长与建筑师之间合作的自主性，以便更好地建设新大学。该理念主要表现在两个方面：一是新大学的校长几乎都是在对建筑设计师有一个深刻与自主了解的基础上，才选择与他们进行合作；并且新大学校长所挑选的建筑设计师在很大程度上能够满足他们对新大学的愿景。二是建筑设计师不仅会努力按照新大学校长的想法进行设计，而且在建筑设计过程中也会主动思考并积极了解大学的基本情况，以尽可能通过建筑设计体现新大学校长的教育愿景、观点与理念等。

新大学一旦确定了办学目标、教育政策、融资渠道和实施条件等，便立即展开对建筑的讨论。建筑设计师们很快便提出了如何在建筑空间中转换教学大纲，以实现新大学的教育愿景。建筑设计师多伯指出，从某种程度上说，在注重学位建设的大学和重视建筑需求的大学之间的对话中产生了新大学。新大学的建筑设计主要基于其学术结构，如果不考虑新大学自身的学术结构，任何建筑设计都是不可能的。因此，新大学的校长和建筑设计师共同成为聚光灯下的焦点，他们都希望：第一，新大学能够拥有创新性的教育和建筑设计方案；第二，新大学的建筑设计能够促进平等；第三，新大学能将创造性空间的打造，如剧院、音乐厅或艺术空间等融入建筑设计中；第四，新大学的建筑设计能够培养个体的社区意识；第五，新大学的建筑设计优先考虑的应是质量而非数量；第六，新大学的建筑设计应能体现个性；第七，新大学应能通过建筑设计打造出非特定或非专门的空间，这些空间的“不精确性”使它们能够灵活适应不同的用途。[①]

（一）校长对建筑设计师的自主选择

苏塞克斯大学委托英国著名建筑设计师巴兹尔·斯宾斯（Basil Spence）爵士的做法进一步增加了人们对现代主义公共建筑项目的兴趣。因此，在1961年底获批的5所新大学中，有3所已经决定委托国际知名的建筑设计师，并做出了引人注目的建筑声明。[②] 埃里克·詹姆斯担任约克大学的校长后，首先做的事情就是选择建筑设计师，并负责起草一份建筑的总体规划草案，以供学术规划理事会审查。据詹姆斯所说，他对大学的建筑项目知之甚少，尤其是一个在公众眼中非常重要的项目。[③] 约克大学最后选择了罗伯特·马修·约翰逊-马歇尔（Robert Matthew Johnson-Marshall）设计团队，简称RMJM团队。RMJM团队当时主要以由斯特拉特·约翰逊-马歇尔（Stirrat Johnson-Marshall）领导的学校建设项目而闻名。马歇尔曾是伦敦郡议会（London County Council）的首席学校建筑设计师。但是，外界人士普遍认为约克大学过于谨慎，所以选择了RMJM团队。因为当时有很多更著名的建筑设计师对约克大学的建筑设计感兴趣。尽管约克大学对RMJM团队的抉择得到了一些人的积极评价，但有学者却认为约克大学在建筑设计这方面从来没有引起过令人惊叹的反响。正如约克大学高级建筑研究所所长帕特里克·纳特根斯（Patrick Nuttgens）只是简

---

① SŁYK J, BEZERRA L. Education for research, research for creativity［M］. Warszawa：Wydział Architektury Politechniki Warszawskiej，2016：57.

② PELLEW J，TAYLOR M. Utopian universities［M］. London：Bloomsbury Publishing，2020：116.

③ PELLEW J，TAYLOR M. Utopian universities［M］. London：Bloomsbury Publishing，2020：116.

单地将其描述为一个“不浮夸的地方”①。

约克大学之所以选择 RMJM 团队并非出于谨慎，而是有自身的考量。约克大学教务长约翰·泰勒在剑桥大学读本科时，便对社会建筑学感兴趣，因此他参与了高级建筑研究所的建立工作。约克大学的校长詹姆斯由于人脉广泛，通过约翰·纽瑟姆爵士（Sir John Newsom）、哈利·雷伊（Harry Rée）和诺曼·费舍尔等人，很容易便了解到 RMJM 团队为伦敦郡议会和赫特福德郡议会（Hertfordshire County Council）建造学校的记录。更为重要的是，在所有这些人物的背后，还有一位地方教育当局领导人亨利·莫里斯（Henry Morris）在起作用。

莫里斯是一位富有魅力与感召力且难以相处的人。他有着强烈的审美个性。莫里斯通过乡村社区学院，在他所在的大部分农村地区开创了一种以社区为基础的教育方式，这使他后来获得了一定的国际声誉。像因平顿（Impington）、索斯顿（Sawston）、博蒂舍姆（Bottisham）和康伯顿（Comberton）这样的乡村学院除了拥有最基本的教学职能之外，还具有服务于更广泛社区的职能。它们并不打算成为朝九晚五的大学，而是试图改变人们对 20 世纪 50 年代城市大学朝九晚五的刻板印象。作为一类社区校园，它们都是在沃尔特·格罗皮厄斯（Walter Gropius）等人的影响下，以一种现代模式建立在人性的尺度上。同时，它们的校园将设置在相对宽敞和被人精心照料的场地上，建筑内部将放置富有灵感和有趣的艺术品。②

泰勒在读本科时就与莫里斯很熟。通过莫里斯，泰勒认识了马歇

---

① PEVSNER N. Yorkshire: York and the East Riding[M]. Harmondsworth: Penguin Books, 1972: 251.

② CUNNINGHAM P. Morris, Henry (1889-1961), educational administrator [EB/OL]. [2021-10-08]. http://www.oxforddnb.com.libproxy.york.ac.uk/view/10.1093/ref:odnb/9780198614128.001.0001/odnb-9780198614128-e-63830.

尔。马歇尔深受莫里斯公共建筑理念的影响，而雷伊在剑桥大学读本科时就认识了莫里斯，后来雷伊还写了一篇关于莫里斯生活的简短研究报告。同样，费舍尔在剑桥郡担任教育官员时，就对莫里斯有所了解与接触。必须指出的是，莫里斯、詹姆斯、雷伊和费舍尔都是万灵组织（All Souls Group）的成员。该组织成立于1941年，由多位教育家组成，是一个非正式的智库，并定期在牛津举行会议。因此，RMJM团队受到詹姆斯的青睐便不足为奇了。①

埃塞克斯大学的首任校长斯洛曼在聘用优秀员工时，便会见了建筑师合作伙伴事务所（Architects Co-Partnership，简称AC-P）的肯尼思·卡彭（Kenneth Capon），并让其团队负责设计这所新大学。AC-P成立于1939年，专注于设计现代主义教育建筑，如牛津大学的圣约翰学院就是其设计的。受当时流行的新“野兽派”设计风格的影响，卡彭更偏爱“不朽”的混凝土结构和紧凑的多功能城市规划，这与斯洛曼的想法不谋而合。因此，自从卡彭提议在剑桥大学的丘吉尔学院建造四座高层建筑之后，他就一直是斯洛曼的选择。

（二）建筑设计对校长教育理念的体现

前文已述，约克大学的首任校长詹姆斯选择了RMJM团队作为其大学的建筑设计师。与以往不同的是，RMJM团队是一个非常以客户为中心的公司。从某种程度上说，约克大学的建筑设计是一项开创性的任务。因为这不仅意味着要从零开始建设一所新的大学，而且该大学的空间设计必须是“学院式”的。詹姆斯曾在1964年一次关于新大学的会议上指出，学者和建筑师在开发新大学校园方面进行了“合

① DERBYSHIRE A. Marshall, Sir Stirrat Andrew William Johnson(1912-1981)[EB/OL]. [2021-10-08]. http://www.oxforddnb.com.libproxy.york.ac.uk/view/10.1093/ref:odnb/9780198614128.001.0001/odnb-9780198614128-e-31292.

作”。[①] 约克大学的建筑设计师马歇尔和项目建筑师安德鲁·德比郡（Andrew Derbyshire）会主动要求了解教师们是如何教授课程的；学生们是如何学习、饮食与生活的；教职工和他们的家人在公共设施、住房与娱乐方面可能会有什么期望；大学是否有必要拥有一个礼拜堂，如果有的话，牧师需要履行什么样的职责；等等。詹姆斯和他的同事们在任命学术或行政部门负责人之前，必须要对这些问题做出回答。事实证明，约克大学至少有两项建筑设计方面的决定是根本性与务实的，并都是以莫里斯的设计理念为基础的。一是排水不畅的约克大学校园将围绕一个人工湖进行修建，这一人工湖不仅会作为重要的景观设置，而且其他建筑和人行道都将以它为基础；二是约克大学使用了一种预制的方法来建造建筑，该方法被人们称为“CLASP”[②]。

经过校长与建筑设计师的合作，当詹姆斯准备退休时，约克大学发展规划中所概述的大部分内容都已完成，并且该大学成功容纳了约3000名学生。可以说，约克大学的校园完全建立在广泛的“学院原则”之上。人们一直希望，新大学的功能能够通过其建筑内部和建筑外部之间的混合活动或活动组合以及整个校园的形状或外观得以加强，这会使身处其中的学生的行为和生活方式发生巨大的变化。1960年，默里勋爵对新大学的期望之一便是它们不应该成为朝九晚五的大学。在这方面，约克大学的“学院制”方法是成功的。埃塞克斯大学的创始人诺埃尔·安南是20世纪60年代许多新大学理念背后的推动者，他曾称赞詹姆斯给约克大学带来了致力于教学的声誉，就像牛津大学和剑桥大学最好的学院曾经拥有的那样。[③] 这无疑离不开约克大学建筑设计

① PELLEW J，TAYLOR M. Utopian universities[M]. London：Bloomsbury Publishing，2020：118.

② “CLASP”在后文论述“建筑结构”时会有详细解释，故此处不做解释。

③ PELLEW J，TAYLOR M. Utopian universities[M]. London：Bloomsbury Publishing，2020：123.

对其理念的实践。

对埃塞克斯大学而言，埃塞克斯郡议会决定将位于科尔切斯特和维文霍之间的维文霍公园（Wivenhoe Park）授予这所新大学，以作为该大学的校址。埃塞克斯大学的建筑设计师卡彭为了体现校长斯洛曼对这所新大学核心功能的愿景——通过建筑连接、推进与传递知识，特意在建筑规划中将图书馆放在了大学的中心和最显眼的位置。[①] 因此，斯洛曼坚持认为，与当时其他大学不同的是，埃塞克斯大学的图书馆将是完全开放的，它能够允许学生和教职工自由地追求学科之外的知识。[②] 随后，卡彭计划从图书馆向外延伸出 5 个步行广场，这些广场由呈现连续“之”字形的一系列公共设施组成，以形成一个混合用途的使用空间。埃塞克斯大学将没有学生或教职工的休息室，所有的人都将共享相同的公共设施，并且这些公共设施都是 24 小时开放的。这种设计将“迫使”来自不同学科的教职工和学生在正式和非正式的环境中“混合”，以创造出斯洛曼所设想的统一与民主的现代社区。[③]

同时，为了实现埃塞克斯大学的大型跨学科学院的目标，斯洛曼认为该大学至少需要招收 1 万名学生。为了更好地安置这些学生，卡彭设计了一系列 14 层高的住宅塔楼，它们集中在“之”字形核心区的周围，类似一个小城镇。这样，任何一个讲堂到住宅塔楼的步行距离都不会超过 5 分钟。虽然当时只建成了 6 座，而且没有得到大学拨款委员会的资助，但它们的创新之处在于注重培养大学生的社会意识与独立能力。斯洛曼反对大学代行家长职责的传统观点，主张应以对待成年

---

① STRAW J，SLOMAN A E，DOTY P M. Universities：boundaries of change[M]. London：Panther，1970：31.

② TRIBE K. Economic careers：economics and economists in Britain 1930-1970[M]. New York：Routledge，2002：237.

③ BREWARD C，FISHER F，WOOD G. British design：tradition and modernity after 1948[M]. London：Bloomsbury Publishing，2015：127.

人的方式对待大学生，并且这些大学生要比前几代拥有更多的独立性。卡彭为埃塞克斯大学进行的建筑设计恰恰反映了斯洛曼的这一观点与愿景。例如，埃塞克斯大学的每层塔楼都是一套住宅公寓，学生都能拥有自己的厨房、自习室、卫生间和卧室兼起居室等。这种住宿方式能将来自不同学科的学生聚集在一起，使他们共同生活，以弥合“两种文化”之间的鸿沟。① 值得注意的是，男女生会住在同一栋塔楼的不同楼层，并且他们会在几乎没有任何行政干预的情况下为自己制定规则，这会极大地激励学生的群体意识和独立性。②

总之，新大学的建筑设计理念将理想主义与现实主义完美地结合起来，建构了一个具有人文主义的一体化学术社区。③ 这一社区是完整的自治社区，它能为大学的运转及个体的日常行为制定新的规则，从而使生活于其中的师生不会迷失在庞大的群体中；相反，他们会获得一种真实的归属感。

第二节 新大学建筑设计的实施

英国老大学的建筑主要选址于城市而非郊区，建筑布局主要是传统的功能分区模式，建筑结构也并非现代化的“预制模式”。英国新大学的建筑被设计成一个和谐的整体，其建筑风格体现了创办者的愿

① CLOSSICK M. Student residence：a new approach at the University of Essex：a study of the Rayleigh Tower 1965-66[M]. London：Society for Research into Higher Education，1967：2-3.

② HARWOOD E，POWERS A. Twentieth century architecture 6：the sixties[M]. London：Twentieth Century Society，2002：112.

③ MUTHESIUS S. The postwar university：Utopianist campus and college[M]. New Haven：Yale University Press，2000：2.

望。[①] 基于此，英国新大学应探讨建筑选址、建筑布局及建筑结构等实施路径，从而将理念成功地转化为现实，以便更好地将师生的生活投射到物质空间，最终构建一个理想的新型教育空间。事实上，英国新大学坚持为师生提供住宿，主张“逃离”城市，并试图创建一个连续性与一体化的现代校园。从这一层面上说，新大学在当时可以被视为“重塑整个英国高等教育的革新产物”[②]。

一、建筑选址：营造绿地上的学术村落

“新大学既是一个学术的村落，又是城市和市民学习的象征。它们依山傍水，独立地向人们提供自己的社会和文化设施，……新大学在空间组织和外观形象方面的影响是决定性的。”[③] 新大学普遍选址于郊区或乡村的绿地，这是多方面因素共同作用的结果：一是新大学偏好高等教育薄弱的地区，而这些地区也希望通过大学提升当地的竞争力；二是可以缓解乃至解决战后英国“城市病”的问题；三是低廉地价的“诱惑”，地价是新大学选址的关键因素；四是英国在传统上有一种热爱乡村、喜欢在乡村居住与生活的“反城市主义”倾向；五是这些绿地有足够的空间容纳大学的各种设施，并能为具有发展潜力的大型开放校园提供必要的扩展场域。[④]

同时，新大学的选址还需满足大学拨款委员会的三个基本要求：

---

① 易红郡．英国近现代大学精神的创新［J］．清华大学教育研究，2015（5）：31-40.

② PELLEW J, TAYLOR M. Utopian universities[M]. London: Bloomsbury Publishing, 2020: 54.

③ SCOTT P. The meanings of mass higher education[M]. Buckingham: SRHE and Open University Press, 1995: 54.

④ SŁYK J, BEZERRA L. Education for research, research for creativity[M]. Warszawa: Wydział Architektury Politechniki Warszawskiej, 2016: 57.

一是确保新大学所在地的政府能够提供一定财政保障；二是新大学能够使用当地易于获得的已有住房，并拥有至少200英亩的土地，以便大学能够自由发展；三是新大学能够鼓励学生与当地社区建立某种联系。[①] 基于此，新大学“将不会位于主要的工业或中心城市，而是设立在中等规模，甚至更小的城镇；这些城镇最好是非工业、县城类型的”[②]。值得注意的是，1946年，杰出的城市规划师霍尔福德勋爵(Lord Holford)受聘为利物浦大学撰写了一份报告，这份报告对后来英国新大学的选址具有深远的影响。在这份报告中，霍尔福德勋爵得出的结论是大学的校园面积应达到至少200英亩。后来，这一结论被确立为大学拨款委员会评估新大学选址是否可能的最低标准。[③] 这就是每所新大学都需要一块至少200英亩绿地的原因所在。[④]

事实上，乡村的自然绿地限定了新大学的边界，使其成为一个独立、自给自足的学术村落。换言之，新大学建立在独立与自给自足的大型处女地，并且规模大，设施齐全。新大学不仅拥有至少200英亩的土地，这足以容纳包括运动场和住宿在内的各种设施，而且可以容纳至少3000名学生，这一容纳数在当时被人们认为是“最小的可行规模”(Minimum Viable Size)。[⑤] 因此，以当时英国的土地价格计算，想要“理性”获得如此大规模的土地，只能选择建筑密集区之外的绿地，因

---

① SŁYK J,BEZERRA L. Education for research,research for creativity[M]. Warszawa: Wydział Architektury Politechniki Warszawskiej,2016:57.

② MUTHESIUS S. The postwar university:Utopianist campus and college[M]. New Haven:Yale University Press,2000:96-97.

③ University Grants Committee. University development:report on the years 1957-62 [R]. London:HMSO,1964:99.

④ BIRKS T. Building the new universities[M]. Newton Abbot:David and Charles, 1972:17-18.

⑤ PERKIN H J. New universities in the United Kingdom[M]. Paris:Organization for Economic Cooperation & Development Publications,1969:26.

为小镇郊区的土地普遍比城市的价格更低。这不仅是影响新大学选址的一个重要因素，也充分证实了新大学的选址偏好。另外，新大学还是一个具有连续性的学术村落，其中满足大学生活所需的各种设施，从教学、研究、阅读和讨论到用餐、休息、运动和消遣等，都在最佳步行距离之内。从这一层面上说，设计者试图为新大学营造城市化的生活体验，以构建绿地上的学术村落，进而探索理想的新型教育空间。

因此，新大学几乎都位于美丽的乡村绿地，这种校园的景色之美能在师生心中引起强烈的共鸣。① 例如，苏塞克斯大学选择在法尔默，临近著名的南海岸度假胜地布莱顿。肯特大学坐落在坎特伯雷郊外一座小山的草地上，该草地约占 270 英亩。从这里可以俯瞰到古老小城坎特伯雷和斯陶尔山谷（Stour Valley）的壮丽景色，前者曾是英国皈依罗马基督教的地方，也是最早的大主教所在地。② 抽象的现代主义建筑在肯特大学的校园里随处可见，就像其他新大学一样。可以说，肯特大学虽然位于一片古老的城市，但它确实也是一所兼具前瞻性与进步精神的现代大学。埃塞克斯大学也坐落于一个占地约 200 英亩的美丽场地——维文霍公园。③ 东英吉利大学同样位于一片大型的乡村绿地上，该乡村主要发展食品科学、农业和渔业等产业。

唯一例外的是基尔大学，它位于特伦特河畔斯托克附近一个占地约 600 英亩的大型孤立庄园。④ 特伦特河畔斯托克是当时英格兰没有设

---

① KENNEY D R，DUMONT R，KENNEY G S. Mission and place：strengthening learning and community through campus design[M]. Lanham：Rowman & Littlefield Publishers，2005：145.

② SANDERSON M. The universities and British industry，1850-1970[M]. London：Routledge and Kegan Paul，1972：369.

③ University of Essex. The world in one place[EB/OL]. [2023-01-19]. https：//www. essex. ac. uk/life/colchester-campus.

④ Keele University. Keele's heritage：the Sneyd family and the Keele estate[EB/OL]. [2023-01-18]. https：//www. keele. ac. uk/about/ourhistory/keelesheritage/.

立大学的城市之一，它以陶器业著称而被称为“陶器城”。虽然基尔大学没有位于乡村的绿地，但它拥有和其他新大学类似的乡村环境与独立校园，并且在物理空间上已经脱离了附近社区。基尔大学与世隔绝的地理位置使它获得了“北方的贝利奥尔”这一绰号。① 从这一意义上说，所有的新大学无一例外，都是位于城市边缘的美丽与广阔的乡村绿地；有些新大学还深深植根于当地重要的历史遗产。正如有的学者所言：“从柏拉图开始，教育家们已经认识到物理环境的强大间接影响力。”② 同时，这些新大学都是独立、自给自足的“学术村落”，或者说它们本身就是一个在物理上与邻近社区截然不同的小城镇。从建筑的实际功能看，新大学就是一个社区。换言之，设计者试图为新大学营造城市化的生活体验，以探索“理想的”人类栖居模式。

二、建筑布局：创立一体化的混合校园

新大学的建筑布局打破了传统的功能分区、院系分设的惯例，创造并发展了一个充满生活与学术气息的一体化混合校园。它将校园视为一个连续的、整体的空间，并使建筑空间的发展呈现出去中心化的趋势，即具有不同属性与功能的空间界限日趋模糊，个体的学习、工作与生活相互渗透。正是这种空间的不确定性，才能为个体创造出更多交流、互动及偶遇的机会，它表达的是一种融合的观点以及不同维度间的关联与开放。可以说，新大学的建筑布局以一体化混合校园为基础，从而打造了一个充满生活气息的学术社区，这将以某种方式改变新大学附近的居民和社区。

苏塞克斯大学的建筑设计师巴兹尔·斯宾斯爵士将传统大学的四

① VERNON K. Engagement, estrangement or divorce? The new universities and their communities in the 1960s[J]. Contemporary British history, 2017, 31(4): 501-523.

② MOBERLY W. The crisis in the university[M]. London: SCM Press, 1949: 218.

合院建筑与 20 世纪的需求相结合，从而设计出一个“学院之家”（College House），现在被称为“法尔默之家”（Falmer House）。它是一个围绕四合院布置的建筑综合体，能容纳当时几乎所有的学术、行政和社交活动，是大学社交聚会的支点。它在 1964 年赢得了英国皇家建筑师协会（Royal Institute of British Architects）的铜奖。① 可以说，苏塞克斯大学在功能和美学设计上都取得了成功。

东英吉利大学的学术规划理事会决定这所大学不应是学院式的，而应是住宅式的。这对其首任校长和顾问建筑师丹尼斯·拉斯顿（Denys Lasdun）来说都是一个不小的挑战，因为他们要努力为学生创造社区感。东英吉利大学校长弗兰克·西斯尔思韦特的想法是，学生一方面应认同他们的研究学院，另一方面应认同他们生活区的邻居。建筑设计师拉斯顿在他的设计中对西斯尔思韦特的想法做出了回应。首先，在东英吉利大学住宅的设计中，拉斯顿将大约 12 名学生分在同一间学习卧室，并且这些学生拥有公共的早餐-厨房区。其次，在东英吉利大学校园的整体设计中，拉斯顿将大学最重要和使用最频繁的设施，如行政区、图书馆、公共休息室和学术区等与一个纵向的、开放式的步行道系统相连。同时，这条步行道系统不仅位于机动车交通系统的上方，而且得以连接校园的大部分区域。东英吉利大学的校长西斯尔思韦特将这一分层交通系统描述为“类似意大利文艺复兴时期的山城”②。可以说，东英吉利大学的线性规划标志着新大学第一次真正打破了“散馆”（Scattered-pavilions）的布局方式，并一次性解决了大学当下的多功能使用与未来空间的灵活布局相结合的问题。

东英吉利大学重视个体步行体验的目的并非要回到牛津大学或剑

---

① GRAY F. Making the future: a history of the University of Sussex[M]. Falmer: University of Sussex, 2011: 41.

② THISTLETHWAITE F. Origins: a personal reminiscence of UEA's Foundation [M]. Colchester: Palladian Press, 2000: 56.

桥大学，而是要创造一所现代版本的牛津大学或剑桥大学，即为“原子时代”做那些古典大学曾为文艺复兴所做的事情。当然，东英吉利大学自觉追求现代化的愿望并没有妨碍其对牛津大学与剑桥大学文化的接触。因此，东英吉利大学设法从市议会筹集到1万英镑，打造了一个优质的酒窖，并配备了一位体面的管家。① 同时，在东英吉利大学首任校长西斯尔思韦特的主张下，建立了一个“教师公共房间”（Senior Common Room），以便早期的高级学者能够定期用餐。

埃塞克斯大学是最具想象力与未来感的一体化混合校园。建筑设计师肯尼思·卡彭抓住了埃塞克斯大学场地最主要的特色——陡峭的山谷，从而将大学建筑群围绕5个高出谷底25英尺的“平台广场”（Podia）建造。这些平台广场的底层为机动车区域，负责各类后勤工作等；上层则为大学师生的主要活动区域，修建了公共休息室、商店、咖啡馆等设施，以形成混合的步行空间，进而为个体营造出亲密的城市生活体验。因此，建筑的线性发展原则与垂直隔离原则在埃塞克斯大学很好地交织在一起，可以说是大学界的“威尼斯”（Venice）。②

兰开斯特大学学术规划理事会的一项早期任务便是任命建筑设计师。在伦敦英国皇家建筑师协会总部举行的面试中，建筑师布里奇沃特（Bridgwater）、谢泼德（Shepheard）和爱泼斯坦（Epstein）被选中。他们要开发的是位于贝里格（Bailrigg）美丽牧场上的兰开斯特大学，该牧场距伦河（River Lune）河口约300英尺。经过讨论，他们决定构建一条连接校园大部分区域的南北向步行道；单一功能的建筑如图书馆、行政总部和物理大楼等，则与致力于教学与研究的学院穿插在一起。爱泼斯坦认为，兰开斯特大学的建设是一份既特别又关键的

---

① THISTLETHWAITE F. Origins: a personal reminiscence of UEA's Foundation [M]. Colchester: Palladian Press, 2000: 13.

② PERKIN H J. New universities in the United Kingdom[M]. Paris: Organization for Economic Cooperation & Development Publications, 1969: 98-99.

工作。[①]

可以说，兰开斯特大学是垂直和水平分隔的“成功产品”，它被称为“最成功的一体化混合校园”[②]。兰开斯特大学的建筑布局以公共的步行道为轴，营造了一个充满活力的生活场所，包括商店、餐厅、银行、休息室、咖啡馆和洗衣店等，并且这条步行道将各学院、实验室、行政部门、图书馆和其他建筑紧密串联起来，进而形成了一个功能混合、空间连续的校园。同时，兰开斯特大学是以“住宿学院式”为基础进行设计的。在早期关于兰开斯特大学建筑设计的讨论中，住宿学院的形式和位置是至关重要的。这些住宿学院将围绕开放式庭院建造，其中一层为社交、餐饮和行政设施，二层为教学设施，三层为学生住宿设施，顶层是供教职工使用的公寓。住宿学院之间则通过公共的食堂连接起来。所有的师生都有他们各自的住宿学院，每个学生（无论是否住校）都是“学生公共休息室”（Junior Common Room）的成员。它不仅是一个公共房间，也是大学的社交中心，亦是学生社会生活和管理的基础。

另外，兰开斯特大学中一个出乎意料的建筑是多信仰的牧师中心，它像三叶草一样分为三个部分，并向上延伸到一个三方尖顶。罗马天主教教区当局主动向兰开斯特大学提供资金，并介绍了普雷斯顿（Preston）的卡西迪（Cassidy）和阿什顿（Ashton），他们都是专门从事宗教建筑的设计师。同时，犹太社区和大学拨款委员会也为这一牧师中心提供了资金等支持。兰开斯特大学的牧师中心于1969年4月正

---

① PELLEW J，TAYLOR M. Utopian universities[M]. London：Bloomsbury Publishing，2020：241.

② 王彦．日常生活维度：英国1960年代“新大学”校园规划研究［D］．北京：清华大学，2018：51.

式对外开放，它拥有常驻的牧师，其公共房间向所有大学成员开放。[①]

斯特林大学在各功能区的内部实现了适当的混合使用，如研究空间与餐饮服务的混合、宿舍与学习室的混合等。可以说，一体化混合校园是新大学为解决如何在有限的物理空间容纳大量学生这一问题所做出的最重要贡献。

三、建筑结构：引进人性化的预制组件

20 世纪 60 年代，“在英国大学的任何地方，几乎都有新建筑拔地而起，推土机、运土机、混凝土搅拌机和空气压缩机打破了讲座、辅导课或图书馆的宁静，而在新大学这些现象显得‘弥足珍贵’”[②]。一方面是由于在新大学里，不仅建筑是新的，而且整个校园环境——道路、人行道、草坪、新种植的树木和灌木、运动场和停车场等都是新的；另一方面则与新大学引进的人性化预制组件有一定关系。

预制组件即在工厂中预先制作的建筑产品。这种预制组件对于当时的英国来说是全新的事物，因此人们不得不从法国进口专门的大型伸缩式起重机来组装它们。新大学引进的预制组件具有重要的创新意义，其中最为普及与著名的是英格兰地方当局特殊项目协会(Consortium of Local Authorities Special Programme，简称 CLASP)系统，即一种大量运用预制混凝土或轻型预制钢架的铰链接合体系。[③]人们用预制系统或 CLASP 专门指代这种新的建筑体系。简言之，预制系统就是在工厂中预先制成构件，然后将其运输至现场进行组装的建

① MCCLINTOCK M E. The University of Lancaster: quest for innovation [M]. Lancaster: University of Lancaster, 1974: 83-84.

② PERKIN H J. New universities in the United Kingdom[M]. Paris: Organization for Economic Cooperation & Development Publications, 1969: 28.

③ 希勒. 建筑经济学 [M]. 郝建新，等译. 天津：南开大学出版社，2006：139.

筑体系。正如有学者指出，新大学在规划、住房模式、课程和建筑等方面都是先驱者，并且它们的建筑大多采用预制系统。①

在所有英国新大学中，苏塞克斯大学的建筑是最美观与完整的。它采用统一风格的暖红砖，建筑顶部由英国著名建筑师巴兹尔·斯宾斯爵士设计，选择了CLASP中预制混凝土组件的拱门。东英吉利大学在建造过程中也大量使用了预制混凝土。在引进预制系统中最具代表性的是约克大学，它采用的预制系统包括支撑木屋顶和地板的轻钢框架以及各种灰色或白色的外墙，这些都体现在一个基于水平40英寸和垂直24英寸的预制组件系统中。② 由于时间紧张，阿尔斯特大学的建设实际上是一个边设计边实施的过程，而引进的预制系统有效地避免了施工者在泥泞与混乱的建筑工地跋涉等问题。

可以说，预制系统的最大优点是它的人性化，具体表现在如下方面：一是它能够提高施工效率，保持完全干燥的施工现场，并确保稳定的工程质量。这使得约克大学的建筑施工时间非常短，从而打破了当时英国大学建设的所有记录，并保持了一个极其整洁和干净的现场。二是它能够降低噪声与建筑成本。据统计，新大学的平均建设费用只有当时同类项目的四分之一至三分之一。③ 因此，新大学由于能快速提供满足使用需求的低造价建筑而获得了良好的声誉。三是它具有相当程度的适应性与灵活性，能够充分适应当时以及未来发展的需求，使建筑内部布局的灵活变化得以实现，极大地彰显了新大学建筑设计的生命力。预制系统的缺点是它的单调性。如果预制组件在大学建筑中

---

① SŁYK J，BEZERRA L. Education for research，research for creativity[M]. Warszawa：Wydział Architektury Politechniki Warszawskiej，2016：56.

② PERKIN H J. New universities in the United Kingdom[M]. Paris：Organization for Economic Cooperation & Development Publications，1969：99.

③ MUTHESIUS S. The postwar university：Utopianist campus and college[M]. New Haven：Yale University Press，2000：106.

被广泛模仿，它必须在美学上更加多元。

1956 年后，英国大学建筑规划的步伐发生了显著的变化。1953—1956 年，英国拨给大学建筑项目的资金平均每年只有大约 400 万英镑，但 1957 年便超过了 1000 万英镑。后来，英国拨给大学建筑项目的资金数持续增加，直到 1964—1965 年达到顶峰。同时，该资金在整个 20 世纪 60 年代均保持在较高水平，以配合新大学的建立。[①] 正如我们所看到的，英国所有的新大学都雄心勃勃地想要扩大规模，并试图成为一所规模庞大的大学。但从物理层面上说，这会带来很多问题，因此新大学的建筑设计需要解决的核心问题之一就是如何在有限的物理空间容纳构成大学生活的各种各样的设施，并且如何创造一个高效与令人愉快的环境，以容纳更多的学生并满足他们日常生活的需要。此外，新大学的建筑设计还需要考虑到大学的扩张与未来发展等问题。因此，新大学的建筑设计是极其灵活的。

新大学建筑设计的结果表明：首先，新大学的建筑设计能够体现建筑的组合方式以及建筑与场地、景观的关系。例如苏塞克斯大学选择了由中心向外围扩展的建筑设计方案。实际上，苏塞克斯大学这一实验性的建筑设计本质上就是对场地、景观和建筑师巴兹尔·斯宾斯爵士审美的直接回应。约克大学和肯特大学则选择了组团式的建筑设计方案，这更有利于个体间的接触。其他新大学旨在以城市概念塑造出一个全球形象。

其次，新大学的建筑设计能够体现超越机构类型的空间设计方法。例如约克大学、肯特大学和兰开斯特大学等选择了“住宿学院”模式。该模式既可以促进个体的社会感，也能够推动校园建筑之间的相互联系。苏塞克斯大学、东英吉利大学、埃塞克斯大学和沃里克大学等则

---

① STEWART W A C. Higher education in postwar Britain[M]. London: The Macmillan Press, 1989: 287.

选择了“非住宿学院”模式。通过这种模式，大学的教学和休闲空间完全交织在一起。同时，教学与学习之间、教学与研究之间以及学习与课程之间都是连续的。必须指出的是，由新大学校长及其各自学术规划理事会做出的关于大学是否遵循“住宿学院”模式的决定也影响了新大学的建筑规划和建筑组织，无论是学术类型、住宅类型还是休闲类型的建筑。

最后，新大学的建筑设计将所有事物都视为一种开放的系统，这是对20世纪60年代新大学发展灵活性与不确定性的“赌博”。无论这些新大学的建筑是否符合当时的乌托邦思想，它们无疑都反映了技术的发展和设计的过程，并摆脱了建筑形式和功能之间的单向关系。[①] 值得一提的是，新大学在某些地方被称为“白砖”，以区别城市大学的“红砖”，即使新大学会“穿着五颜六色的建筑长袍”[②]。

总之，由于新大学是从零开始规划的，因此建筑师们面临一个不同寻常的挑战，即如何将新大学的学术理想与建筑美学联系起来，以此构建一个新型的教育空间。同时，新大学的建筑也是一种现代化的设计，即在混凝土或钢架结构中广泛运用预制组件，其建设速度快且更加宽敞明亮，这与传统大学的建筑风格截然不同。更重要的是，新大学的建筑设计代表的并非对英国大学传统的彻底背离，而是对传统大学性质、建筑表达和规划的一系列创新。

第三节　新大学建筑设计的功能

大学建筑设计蕴含着一种潜在的教育因素，它在教育功能的发挥、

① SŁYK J,BEZERRA L. Education for research,research for creativity[M]. Warszawa: Wydział Architektury Politechniki Warszawskiej,2016:58.

② LAWLOR J. The new university[M]. London:Routledge & Kegan Paul Ltd.,1968:47.

教育目标的实现、师生互动的促进与个体学习行为的改变等方面具有重要影响。正如有学者所言："我们塑造了建筑，而建筑反过来也影响了我们。"① 从某种程度上说，英国新大学在有限的建筑空间中彰显了其育人的独特功能，从而使它们成为一个新型的教育空间。换言之，教育功能隐含在新大学的建筑设计中，它赋予大学建筑以教育的维度，是大学建筑的灵魂所在，亦是对教育本真的追求。

一、帮助大学抵御外界干扰，使个体自由地追求真理

新大学通过建筑选址、建筑布局等设计使大学与喧嚣纷乱的外界保持一定距离。这种庇护作用对于追求真理、崇尚自由的新大学来说至关重要。"建筑不仅庇护人的身体，还庇护人的灵魂、愉悦人的精神。"② 新大学普遍选址于距离城镇 2—6 公里的乡村，同时又与外界有着明显的隔离空间，如以大片绿地、水面相隔等，从而保证它们能够成为一个相对独立的实体，以减少外界对大学的干扰。新大学校园的静谧与喧嚣的外部世界形成了鲜明对比。这种空间的隔离不仅具有避免外界干扰、提高活动成效等现实意义，而且具有赋予教育活动以仪式感乃至神圣感等象征意义。③

另外，新大学通过建筑设计使个体远离世俗的现代生活，以尽可能实现师生自由地追求真理这一愿景。正如有学者所说："校园建筑应

① 庄欣，张险峰，王玮．剖面重构：功能、空间与形式［M］．北京：海洋出版社，2012：78.

② 杨秀治．西方大学建筑文化及其教育意蕴［J］．全球教育展望，2017（5）：81-90.

③ 张斌贤，钱晓菲．学校空间史：场所位移与教育演变［J］．教育研究，2022（7）：65-78.

展现出该校的志向抱负与建校宗旨。”[①] 为此，新大学为师生营造了乌托邦式的学术氛围，这样“校园氛围才具有真正广泛意义上的教育内涵”[②]。为了营造这种学术氛围，新大学强调步行的重要性。它们通过多种方式促使校园中心无车化，这在很大程度上能隔离外界的车辆或人员，从而为个体营造了自由追求真理的场域。同时，所有新大学都面临着类似的物理空间问题，即在至少200英亩的大型处女地内提供能够满足远超一所大学所需的各种设施。这在其他地方可能被视为私营企业的责任，但在新大学这是“隔离圣地”的需要，因为在某种程度上新大学这一庞大的社区将与附近城镇的便利设施完全隔绝。因此，新大学能够为师生提供各种学习、工作与生活设施，从而帮助他们抵御外界干扰，进而使其自由地追求真理。

二、促进不同学科间的交流，推动大学的跨学科融合

新大学通过建筑布局及空间设计等改变着大学的组织形态。新大学反对大学教育的过度专门化，它们希望打破传统的学科划分方式，以便为学生提供综合性的跨学科学习。基于此，新大学在建筑设计的实施中以空间的邻近来促进不同学科间的交流与合作。“一个整合的、紧密结合的空间和建筑序列会使不同学科的个体更容易相遇和互动。”[③] 新大学弱化了不同学院间的边界，并通过包含诸多不同专业的跨学科学院作为促进不同学科交流的有效手段。例如埃塞克斯大学将整个校

---

① COULSON J，ROBERTS P. University planning and architecture：the search for perfection[M]. London：Routledge，2010：8.

② 马库斯，弗朗西斯. 人性场所：城市开放空间设计导则 [M]. 俞孔坚，孙鹏，王志芳，等译. 北京：中国建筑工业出版社，2001：165.

③ PELLEW J，TAYLOR M. Utopian universities[M]. London：Bloomsbury Publishing，2020：25.

园看作一个综合体，并在建筑之间形成了一个相互连接的“网络”，从而弱化了文科学院与理科学院之间的边界。同样，约克大学的每一个学院也是由数门科学学科和人文学科组成。正如有学者所言：“将集服务、休闲和学术于一体的区域连接起来，有利于使不同学科得以融通。”① 可以说，新大学为推动跨学科进行的最有力的改革之一是打破各学科之间的界限。“通过不同学科间的交流，‘跨学科’最终被镌刻在新大学的建筑之中。”②

另外，新大学尤为注重来自不同学科的个体之间的交流。如果大学里的人都小心翼翼地把自己封闭起来，不与他人交流，那么大学的智力生活就会衰落。③ 交流的意义在于能使个体有更多进行自由互动的机会，从而产生有意义的个体话语。④ 在交流中，个体之间能够敞开心扉，相互学习，共同进步。新大学设计了允许个体进行自由交流的空间，并将泾渭分明的功能区调整为混合交错式的复合区。例如通过在教学区设计部分就餐区，在学生住宿区设计部分自修室、讨论室，或混合教学与办公区等举措，以促进来自不同学科的个体之间的交流。⑤ 正如“建筑具有塑造人们行为的能力”⑥。值得注意的是，新大学的住宿模式也能够使不同学科间的个体交流得以实现。因为新大学的宿舍是学生学习及日常生活的重要场所，其中设置了学习、生活设施与公

---

① INGERSOLL R. World architecture 1900-2000: a critical mosaic [M]. Vienna: Springer, 2001: 159.

② PELLEW J, TAYLOR M. Utopian universities[M]. London: Bloomsbury Publishing, 2020: 180.

③ JASPERS K. The idea of the university[M]. London: Peter Owen Ltd., 1965: 77.

④ WATERS A. Trends and issues in ELT methods and methodology[J]. ELT Journal, 2012, 66(4): 440-449.

⑤ DORMER P, MUTHESIUS S. Concrete and open skies: architecture at the University of East Anglia, 1962-2000[M]. London: Unicorn Publishing Group, 2001: 78.

⑥ MUTHESIUS S. The postwar university: Utopianist campus and college[M]. New Haven: Yale University Press, 2000: 186.

共交流的大厅，能够使不同学科的个体的学习和生活得到融合，以形成3C（交往 Communication、协作 Collaboration、创造 Creation）的教育空间。① 新大学的建筑设计最终使个体与建筑之间建立起密切联系，且新大学的建筑成为个体构建美好记忆的精神场所。

三、彰显大学平等教育理念，使个体获得真正归属感

大学建筑不仅是为个体遮风挡雨的空间，也是将教育理念融入个体生活的重要途径，因为大学建筑的本质就是大学教育理念在物质层面的投射。新大学的建筑布局和结构等设计充分彰显了其教育理念，它试图打破非住校生在教育机会和待遇等方面受到的歧视，并使所有师生都能平等地利用校内的各种公共设施。虽然只有一部分学生（约三分之一至二分之一）和少数教职工住在大学校园里，但所有人都可以使用餐厅、休息室、运动器材室、洗衣店和其他公共设施，这些设施是向所有人开放的，甚至校长也会与学生一起站在同一队列购买餐饮。相比“牛桥”传统的“高桌晚宴”（high table），这是一个极大的不同。另一方面，新大学还为所有非住校生提供了日间房，同时他们能够拥有自己的桌椅、书架与储物柜等。可见，新大学让非住校生获得了住校生拥有的几乎所有福利。

从某种意义上说，大学建筑只有融入大学生活才具有教育价值。新大学的公共设施全天候都能得到住校生和非住校生的充分利用，正如肯特大学校长坦普尔曼所言：“大学公共设施不分日夜地被频繁使用，因此不得不在长假期里关闭它们，并对其进行例行维护与装饰。”②

---

① 张凯. 提升我国大学校园建设质量路径初探［J］. 中国高等教育，2019（7）：25-27.

② PERKIN H J. New universities in the United Kingdom[M]. Paris: Organization for Economic Cooperation & Development Publications, 1969: 87.

值得注意的是，新大学的学院制将大学成员按照平等原则分为更小、更具凝聚力的社会单位，从而充分彰显了大学的平等教育理念。这有利于实现个体生命的内在关联，并能使个体在大学中获得真正的归属感。①

四、凸显非正式教育的价值，引导个体成为整全的人

“红砖大学”一次又一次地被批评为“朝九晚五大学”。从某种程度上说，这是由于它们缺乏住宿设施，致使师生关系分离；更重要的是，它们没有真正发挥学术团体的作用。因此，新大学的建筑设计被视为解决“红砖大学”朝九晚五问题的关键途径。只有这样，“牙科的琼斯（Jones）才会受到鼓励，才能与人类学的罗宾逊（Robinson）和建筑学的史密斯（Smith）讨论他自身的问题和形而上学的问题”②。基于此，新大学强调应尽可能为学生提供完整的社会生活与个体教育，因而其建筑设计尤为注重非正式教育对个体整全性的引导。新大学有意将个体的一天和一周的时间延长到最大限度，以构建“24 小时大学”(Round the Clock University)，其中住宿是它们实现这一目标的重要方式。许多城市大学都是“朝九晚五大学”，这意味着师生只有在工作时间内才可以使用大学的公共设施。每天下午 5 点钟后，他们就会回到自己的家中或出租房；只有那些住在宿舍的人才会在晚上和周末继续过着类似大学的生活。人们普遍认为，大学教育的很大一部分即所谓的非正式教育存在于大学宿舍、俱乐部、社团和其他非正式活动中。城市大学的做法无疑是对已经很短的大学教育时间的进一步压缩，是相

① 陈亮，石定芳，张啟胜. 大学学术文化生态及其治理［J］. 现代大学教育，2021（5）：7-14.

② HERKLOTS H G G. The new universities: an external examination[M]. London: E. Benn, 1928: 55.

当大的教育损失；而新大学采用的 24 小时方法恰恰凸显了非正式教育的价值，并在一定程度上使大学教育时间得到了延长。

另外，新大学让师生入住宿舍意味着在晚上和周末可以继续开放食堂、休息室和图书馆等公共设施。这吸引了许多非住校人员，从而为非正式教育的开展提供了必要的时空条件。新大学校园夜晚的明亮灯光和丰富活动，与许多城市大学夜晚的沉寂形成了鲜明对比，这正是 24 小时方法已取得惊人成就的最好证明。可见，新大学的建筑设计是解决“朝九晚五大学”问题的关键。正如有学者所言：“对城市大学生活模式的反对，比任何对‘牛桥’理想的神秘依恋更重要。”① 事实上，绝大多数的非正式教育机会都是发生在能够激发好奇心、促进随意交流的公共空间；这种空间具有“隐喻的力量”。② 新大学建筑设计的特点恰恰在于，它往往不局限于明确的功能分区，而是更多地考虑在各种确定地点之间发生的活动以及个体之间的联系，以促进学习、科研、生活与社交等不同活动 24 小时混合式发生的可能，从而构建起一个“以‘人’为核心的教育空间文化形态”，最终引导个体成为整全的人。③

一般说来，“老”大学并非具有创新精神的机构，它们植根于传统价值观并受日常惯例的支配，而“新”大学则是具有创新精神的机构，它们能在几乎不受任何抑制的情况下朝着激进的新方向发展。④ 20 世纪 60 年代的新大学从零开始，在开阔的场地上设计和建造校园，以绘制

---

① BELOFF M. The plateglass universities[M]. London: Secker & Warburg, 1968: 189-190.

② WITHERS C W J. Place and “spatial turn” in geography and in history[J]. Journal of the history of ideas, 2009, 70(4): 637-658.

③ 陈炜. 教育研究的空间转向：基于社会理论空间转向的视角 [J]. 教育研究，2022 (9)：150-159.

④ SCOTT P. The meanings of mass higher education[M]. Buckingham: SRHE and Open University Press, 1995: 50.

新的“学习地图”，并试图涵盖文科和理科的整个领域。[①] 可以说，新大学是一类颇具原创性的大学，它们在未开垦的土地上拔地而起，有着全新的校舍，并能按它们所选择的无论什么形象进行建设，从而构成一个独特的现象。[②]

从建筑层面上说，英国新大学的外观本身就是对新事物的一种尝试。例如苏塞克斯大学的建筑师巴兹尔·斯宾斯建造的宏伟建筑（在20世纪60年代被列为首批一级建筑）、约克大学的CLASP建筑、东英吉利大学的金字塔（Ziggurat）建筑等。另外，一些新大学也提出了其他地方没有尝试过的住房解决方案。事实证明，英国新大学的设计和建设工作不仅吸引了许多英国本土的优秀建筑师，而且对于国外的现代主义建筑师来说也同样具有诱惑力。[③] 同时，英国新大学的建筑师还获得了对大学进行大胆设计的许可，但是他们也十分注重大学的建设速度与经济的负担能力。[④]

英国新大学的建筑设计尤为强调跨学科的平台建设，探索以不同的方式组织大学建筑，注重尝试不同的住宿模式，关注学术、生活与建筑的结合以及大学生活的完整性与个体教育的整全性，进而能够让个体与建筑之间建立起密切联系，最终使建筑空间成为个体建构美好记忆的精神场域。正如有学者所说：“那一座座教学楼既能为教学活动

---

① SCOTT P. The meanings of mass higher education[M]. Buckingham: SRHE and Open University Press, 1995: 50.

② 克拉克. 建立创业型大学：组织上转型的途径 [M]. 王承绪，译. 北京：人民教育出版社，2003：10.

③ PELLEW J, TAYLOR M. Utopian universities[M]. London: Bloomsbury Publishing, 2020: 29.

④ PELLEW J, TAYLOR M. Utopian universities[M]. London: Bloomsbury Publishing, 2020: 22-23.

起到高效的辅助作用，同时又能为学子带来十分惬意的大学时光。”① 可以说，英国新大学在建筑设计的理念和实施层面都进行了开创性探索，其建筑也展现出独特的空间形态与生长模式。英国新大学的建筑设计有利于摆脱老大学的保守主义，从而构建一个新型的教育空间。

值得注意的是，大学建筑设计不仅是建筑师所关心的，同时也应是高等教育学者关注的重要话题。虽然影响大学教育的因素十分复杂，但建筑无疑是大学教育过程中最重要的影响因素之一。② 为此，我们应当赋予大学建筑设计以教育的维度，即宏观层面关注大学建筑选址的合教育性，中观层面关注教育功能空间的合理布局，微观层面关注每一座建筑的构造及其教育意义，最终使大学教育呈现出丰富的立体图景。

总之，从教育维度对英国新大学的建筑设计进行考察，不仅能有效弥补大学建筑设计这一研究领域的不足，凸显大学建筑研究的必要性；而且有利于从多学科的视角探讨教育问题，以推动教育研究范式的革新。实际上，本章的用意不仅是让高等教育学者关注大学建筑设计，同时也希望参与大学建筑设计的人员能够从教育学的角度审视建筑，从而使大学中的每一处建筑空间都能彰显教育的价值。

---

① COULSON J, ROBERTS P. University planning and architecture: the search for perfection[M]. London: Routledge, 2010: 33.

② CUTLER W W. Cathedral of culture: the schoolhouse in American educational thought and practice since 1820[J]. History of education quarterly, 1989, 29(1): 1-40.

第三章　英国新大学的管理

皇家特许状的授予使英国大学无一例外地成为一个拥有永久继承权和公章的机构，它们能够拥有财产、获得收入并为追求其目的而从事一切合法行为——通常是通过教学和研究来丰富个体的知识与智慧等。前文已述，所有新大学自诞生起便获得了皇家特许状，其依据是大学拨款委员会为苏塞克斯大学制定的“模范”宪章。其他新大学仅根据自身的特定结构和组织在细节上有所不同。可以说，在英国新大学的发展中，大学拨款委员会扮演了重要的角色，它不仅期望新大学能在建筑设计、学术事务以及打破学科壁垒等方面进行实验，而且希望它们能在大学管理等方面进行实验。

英国新大学的管理结构深受大学拨款委员会的影响，它们与传统大学的管理模式存在一定区别。总的来说，新大学的管理结构既包括一个由数百名知名人士组成的大型理事会，其中成员大多来自邻近地区，教职工是其中重要的代表；也包括一个小型的校务委员会、大学评议会以及学院一级的委员会等。通常情况下，大学理事会是新大学的最高权力机构，如埃塞克斯大学将理事会定为最高权力机构，它具有除任命名誉校长、校长和大学校务委员会成员之外的几乎所有权力。同时，它还存在学生代表。古老的牛津大学和剑桥大学则完全由它们自己的学术机构管理。① 一般说来，英国大学和美国大学管理体制的最大区别在于，英国大学的最高机构中存在一个庞大的教师代表团，而大多数美国大学则没有；另一个重要的区别是，英国大学的学术管理在很大程度上是自由的，它们很少受其工业、商业或政治的干扰。②

第一节 大学经费：多元主体共筹

英国新大学在物理结构和知识形态等方面存在诸多新颖甚至是乌托邦式的想法。新大学作为战后国家福利体系的一部分，将以前所未有的规模得到中央的资助。因此，这些新机构将是全国性甚至是国际性的“住宅大学”。它们从一开始便具有自主权，能够独立授予它们自己的学位。然而，新大学往往位于没有设立大学的城市的边缘，并需要当地及周边社区的支持，这就意味着英国大学的建立需要依赖当地社区的时代还没有结束。③ 1919 年成立的大学拨款委员会对这一时代有着深刻的理解。大学拨款委员会一直认为，大学倘若要保持其独立性，就必须依靠多元化的利益来源和支持，特别是来自当地的支持。这在 20 世纪 50 年代末和 60 年代初，是大学拨款委员会主席基思·默里坚持的一贯主题。另外，大学拨款委员会的职责之一是向英国财政部提出关于资助大学的建议。虽然财政部为新大学的建立提供了资助，但仍存在资金缺口，因此必须由其他资助主体填补。同时，大学拨款委员会可能更倾向于为新大学的教学和课程等方面的革新实验提供支持，

---

① LAWLOR J. The new university[M]. London：Routledge & Kegan Paul Ltd.，1968：46-47.

② LAWLOR J. The new university[M]. London：Routledge & Kegan Paul Ltd.，1968：46-47.

③ PELLEW J，TAYLOR M. Utopian universities[M]. London：Bloomsbury Publishing，2020：301.

并且它所资助的项目不可避免地会存在局限。[①] 因此，尽管 20 世纪 60 年代是中央建立大学的新时代，但地方的参与和支持仍然是实现这些新大学愿景的关键因素。

一、中央政府的财政资助

英国新大学的基本建设和经常性支出的资金绝大部分都是来自中央政府的，而地方当局则为新大学提供进一步的支持（主要是提供足够大的场地以容纳一所大学）。1955 年，基思·默里被任命为大学拨款委员会的主席，这预示着英国政府将迎来一种新的活力期。从 20 世纪 50 年代中期开始，大学拨款委员会开始相信，如果不设立新的机构，就无法为合格的中学毕业生提供充分的机会，这使大学拨款委员会的注意力集中在可能的地点上。直到 20 世纪 50 年代末，英国政府才愿意通过大学拨款委员会审理的新大学提案，并且大学拨款委员会所接收的大多数新大学提案都是来自地方政府的。

大学拨款委员会成立于 1919 年，是一个"缓冲机构"，它负责向各院校发放政府的拨款，并就高等教育的政策提供建议。二战后，该委员会的作用得到了加强，以确保大学"完全能够满足国家的需要"[②]。1958 年，大学拨款委员会宣布将在布莱顿地区建立一所新大学。1959 年，大学拨款委员会成立了一个"新大学小组委员会"（New Universities

① TAPPER T. Policymaking and the politics of change in higher education: the new 1960s universities in the UK, then and now[J]. London review of education, 2016, 14(1): 11-22.

② SHINN C. Paying the piper: the development of the University Grants Committee 1919-46[M]. London: Falmer Press, 1986: 279.

Sub-Committee)。[①] 1960 年，大学拨款委员会得出的大学需要进一步扩张的结论使默里成功地说服了财政部主管，他们都认为有必要再建立两所新大学，分别是 1960 年 4 月宣布的位于约克和诺里奇的新大学。随后，1961 年又宣布了另外 4 所新大学的所在地：埃塞克斯、肯特、沃里克和兰开斯特。在那时，苏格兰和北爱尔兰建立新大学的可能性正在讨论中，尽管创建斯特林大学和阿尔斯特大学的最终决定是在 1963 年《罗宾斯报告》中提出的。

默里信奉新的思想，但他仍然坚持英国大学的传统价值观，尤其是主张应通过大学的自治地位来保护其学术自由。虽然大学招生名额的大幅扩张是建立在英国政府持续提供巨额补贴的基础上，但默里也明确指出，大学拨款委员会对大学从非政府渠道筹集资金的努力表示认可，因为默里和他的同事们不希望大学完全依赖国家拨款。因此，大学拨款委员会不断重申，政府在创办新大学时，必须依赖地方采取的积极行动与有力措施。为了实现这一点，默里主张通过地方促进委员会的设立推动新大学的创建。该委员会的成员较为多元，如东英吉利大学地方促进委员会的成员共 76 人，他们分别来自地方政府（24 人）、工商界（16 人）、学术界（13 人）、乡绅（9 人）、牧师（4 人）、妇女组织（3 人）、法律和医疗组织（3 人）、下议院议员（3 人）和工会（1 人）。[②]

大学拨款委员会表示愿意为新大学的学术建筑和运营费用提供大力支持，但同时它也希望地方能为新大学提供土地和资金等。值得注意的是，虽然新大学将是住宅式的，但大学拨款委员会表示并不会为

① JOHNSTON R. Institutions and disciplinary fortunes: two moments in the history of UK geography in the 1960s-I: geography in the “plateglass universities”[J]. Progress in human geography, 2004, 28(1): 57-77.

② SANDERSON M. The history of the University of East Anglia, Norwich[M]. London: Hambledon, 2002: 23.

学生住宅建设提供任何资助。另外，大学拨款委员会还为新大学的创建制定了以下八项基本原则。[①]

第一，新大学将从一开始就拥有独立的学位授予权。

第二，新大学将建立在城市以外的宽敞地区，并且在很大程度上是住宅式大学。

第三，新大学将采用像牛津大学、剑桥大学和城市大学那样的三年制本科课程的做法，这是一个不遵循基尔大学四年制本科课程的决定。

第四，新大学将使相关学科聚集在一起，它们的课程设置将比老大学的更广泛。在老大学里，学生直接从文法学校的六年级进入过度与过分专门化的单一学科学习中。但是，基尔大学“基础年”的做法并没有被其他新大学采纳。因为事实证明，基尔大学的课程因额外的一年和较低的师生比例而变得十分昂贵，致使 1963 年基尔大学仍然只有 813 名学生。

第五，大学拨款委员会宣布将在其财政能力可接受的范围内支持新大学，但它同时也希望地方能慷慨地为这些大学提供资金。

第六，尽管新大学将在很大程度上是住宿型的，但大学拨款委员会最终还是决定不为其学生住宅的建造与运营提供资金支持。

第七，新大学从一开始就应招收研究生，同时各种研究工作也要尽可能快地得到鼓励与发展。因为大学拨款委员会认为，好的大学教学只能在研究和创造性的氛围中进行。因此，新大学不仅将注重教学也将重视研究。也就是说，它们将成为教学—研究型大学。

第八，新大学将丰富它们所在城市和附近社区的文化，并以适当的方式为它们所在城市和附近社区的工商业做出贡献。

---

① LAWLOR J. The new university[M]. London: Routledge & Kegan Paul Ltd., 1968: 33-34.

大学拨款委员会是否会将这些原则完全具体化并不确定，但可以肯定的是以上原则都在不同程度上被新大学视为其指导方针。受此影响，苏塞克斯大学的校长富尔顿认为新大学必须回答四个问题：一是它们应该设在什么地方，二是它们应该有多大，三是它们应该教什么，四是它们应该怎么教。① 同时，富尔顿表示，希望大学拨款委员会能够取消不得将公共资金用于新大学住宿方面的限制。

二、地方教育官员的激励

在得知英国政府将建立几所新大学这一消息之后，一些城镇急切地想要成为新大学的“东道主”。1946—1947 年，来自布莱顿、约克和诺里奇的代表团向大学拨款委员会的首任全职主席沃尔特·莫伯利爵士陈述了他们当地的情况。这些当地的请愿者包括社会显贵、教育家、高级教士、议员、专业人士和商人等，他们中的许多人都是在第一次世界大战前帮助建立城市大学的社会成员。同时，在 20 世纪 40 年代后期，公民的自豪感也为新大学的创建发挥了重要作用。

约克以其深厚的历史底蕴为基础，提出了建立一所“完整而有基础的大学”的主张。诺里奇则强调了其文化遗产以及与其他大学的距离。莫伯利爵士是一位博学而又虔诚的英国圣公会神学家，曾任曼彻斯特大学的校长。可以说，莫伯利对当时英国的高等教育进行了较为深入的思考，他认为当时英国高等教育已经失去了它的道德界限。尽管莫伯利非常欣赏“红砖大学”在城市与社区中所扮演的角色，但他梦想的地方依然是坎特伯雷或约克这些富有历史建筑和传统文化的小城镇，而非单调乏味的大都市。② 虽然莫伯利并不排斥新的思想，如那

① LAWLOR J. The new university[M]. London：Routledge & Kegan Paul Ltd.，1968：38.

② MOBERLY W. The crisis in the university[M]. London：SCM Press，1949：243.

些奠定了“基尔实验”的创新性思想，但他却是保守派的一员，因此并没有充满“战后乐观主义精神”；更重要的是，他对新机构的创建感到不安。①

地方教育官员的支持是新大学得以创建的一个重要因素。他们不仅有力地推动了英国高等教育的扩张，而且不同于19世纪晚期的那些工商业巨头。因为那些工商业巨头是在一个自由主义的“自由放任”时代，这极大地激发了他们在各自城市建立大学学院的灵感。在两次世界大战期间，这些工商业巨头所提供的捐赠对“自由放任”时代的大学来说仍然是一个重要的财政福利与经济福音。例如1938—1939年，布里斯托大学、曼彻斯特大学、伯明翰大学和利物浦大学的捐赠收入分别占各自总收入的20.7%、19.9%、16.3%和14.3%。② 但是到了1950年，中央政府的公共资金已成为英国大学收入的最重要的组成部分。

英国中等教育的责任由各郡级和县级自治市镇承担，行政工作则由专业的地方教育官员领导。这些教育官员是一群开明而又有权势的人，他们关注一种新趋势：越来越多的有能力的孩子进入文法学校的第六年级，他们不仅拥有雄心壮志，而且有能力接受高等教育。③ 但是，这些孩子攻读大学的名额从哪里来？他们的家庭又如何能够负担得起大学教育的费用？幸运的是，布莱顿自治市的教育局长（Director of Education）斯通先生致力于解决这一问题。他在1946年成功接替了赫伯特·托因（Herbert Toyne），带领之前未能成功的代表团前往大学

---

① ANDERSON R. British universities: past and present[M]. London: Hambledon Continuum, 2006: 126.

② PELLEW J, TAYLOR M. Utopian universities[M]. London: Bloomsbury Publishing, 2020: 302.

③ KOGAN M. County hall: The role of the chief education officer[M]. Harmondsworth: Penguin, 1973: 13.

拨款委员会总部。斯通是一位富有远见的人，他有着敏锐的历史感。斯通不仅恢复了扩展大学的项目，主张为新大学的创建提供资金，领导了其所在地区的管理工作，而且成为布莱顿地区与大学拨款委员会之间的关键联络人。1958 年，斯通还邀请了一些著名学者为当地听众举行了一系列关于“大学理念”的讲座。①

在诺福克郡，真正富有远见的是诺福克郡议会的首席教育官林肯·拉尔夫斯博士（Dr. Lincoln Ralphs），他早就预见到了一所地方大学的重要性，因而主张为新大学的创建提供资金支持。同样，拉尔夫斯博士在肯特郡的同事是约翰·海恩斯博士（Dr. John Haynes），海恩斯博士曾在 1959—1974 年担任肯特郡的首席教育官，他也尤为重视新大学的经费问题。②

在诺里奇，为新大学创建做出重要贡献的地方官员是戈登·蒂尔斯利（Gordon Tilsley），他于 1959 年担任镇书记，是当地大学创建运动的重要领导人物。③ 考文垂拥有一个异常活跃的地方当局，由镇书记查尔斯·巴勒特（Charles Barratt）领导，他被一些人视为创建沃里克大学的“关键”。④ 创建埃塞克斯大学的倡议来自市议员查尔斯·莱瑟兰（Charles Leatherland），他在 1959 年 7 月向他的议员同僚和当地纳税者有力地说明了创建一所新大学的重要性。同时，莱瑟兰还设立了一个地方教育委员会，该委员会在说服大学拨款委员会于埃塞克斯郡建立一所新大学方面发挥了关键作用。

---

① STONE W G. University commentary from Brighton[J]. Higher education quarterly, 1958,12(3):223-227.

② MARTIN G. From vision to reality: the making of the University of Kent at Canterbury[M]. Canterbury: University of Canterbury, 1990:15.

③ SANDERSON M. The history of the University of East Anglia, Norwich[M]. London: Hambledon, 2002:22.

④ SHATTOCK M. Making a university: a celebration of Warwick's first 25 years[M]. Warwick: University of Warwick, 1991:14.

值得注意的是，约克大学的创立主要归功于一个独立的地方团体——约克公民信托基金会，该团体主要由具有历史和文化意识的个人组成，并且他们与约克学术信托基金会有关。约克大学首任教务长泰勒曾指出，虽然其他地方对新大学的申请主要取决于地方教育官员的倡议和协调，但约克大学的建立却掌握在一个独立团体的手中。[①] 因此，这一团体成为当地大学推动者的核心。

三、地方当局的资金支持

新大学的选址尽管会受到文化和人口因素的影响，但默里毕竟是英国财政部的一名官员，因而他尤为注重对新大学的财政投入。为此，大学拨款委员会首先规定的一个一般条件便是，新大学的校园面积应在200英亩以上，这就决定了它们应选在乡村的某个地方。换言之，这些新大学几乎都将建立在城市外围的绿地上，正如诺埃尔·安南所说："在城市中心购置场地的成本将是惊人的。"[②] 因此，大学拨款委员会要求大学申请者不仅可以为新大学提供土地资源（至少200英亩，最好有可以扩建的空间）等物质支持，而且能够明确新大学的经常性支出以及它们在早期捐赠中筹集资金的潜力，尤其是为学生宿舍筹集资金的潜力。

但是，只有郡或市议会才有办法和权力以合法的方式购买或批准开发适当的土地，由地方政府代表组成的地方促进委员会的工作之一便是关注新大学场地的选择和购买。但是，这并非意味着新大学场地的选择和购买过程没有私人的参与。在约克，一位受人尊敬的城市之

① WEBB K A. Oliver Sheldon and the Foundations of the University of York[M]. York:Borthwick Institute,2009:63.

② ANNAN N. Our age:portrait of a generation[M]. London:Weidenfeld and Nicolson, 1990:373.

父——约克公民信托基金会（约克大学项目的最初发起者）的主席 J. B. 莫雷尔（J. B. Morrell）将他所拥有的 184 英亩土地和“赫斯灵顿大厅”（Heslington Hall）全部捐赠给了约克的新大学，因而使约克大学项目成为可能。

可以说，所有新大学的选址都经过了大学拨款委员会的审查。事实上，这些新大学的选址通常是由默里本人审查的。埃塞克斯郡的切姆斯福德（Chelmsford）和科尔切斯特之间曾发生过激烈争执。当时切姆斯福德已经为新大学选择了一个合适的地点，而科尔切斯特声称自己还被蒙在鼓里。但是，后者拥有一个比前者更好的 204 英亩场地——维文霍公园的使用权。当维文霍公园的所有者因担心得罪切姆斯福德的土地所有者而犹豫是否将其出售给埃塞克斯郡时，切姆斯福德和科尔切斯特的矛盾便出现了。幸运的是，默里的介入圆满地解决了这一矛盾。默里与德高望重的埃塞克斯郡郡长兼其地方促进委员会主席约翰·拉格尔斯-布莱斯爵士私下进行了交谈。默里明确表示，大学拨款委员会更倾向于维文霍公园，部分原因是他担心切姆斯福德离伦敦很近，这可能会削弱新大学的社区生活。默里还委婉地暗示，如果不能达成科尔切斯特的协议，那么埃塞克斯郡的新大学项目可能会被其他竞争者的项目取代。① 这种隐晦的威胁起到了重要作用。因此，埃塞克斯郡议会不仅承诺以约 10 万英镑的价格购买维文霍公园的土地，而且承诺为该地区的新大学提供资金支持。②

向新大学提供资金支持的郡或市当局总想在新机构的名称或其他方面寻求一些“所有权”，这并不奇怪。在肯特郡，最终为新大学选择的 270 英亩场地位于肯特郡的大教堂城市的北部边缘，坎特伯雷市议会

---

① ANNAN N. Our age：portrait of a generation[M]. London：Weidenfeld and Nicolson，1990：372-373.

② ANNAN N. Our age：portrait of a generation[M]. London：Weidenfeld and Nicolson，1990：372-373.

和肯特郡议会都同意各出资10万英镑用于购买该场地。因此，“位于坎特伯雷的肯特大学”这一早期名称略显尴尬。当考文垂市和沃里克郡因为新大学场地的性质和资金问题而出现矛盾时，“沃里克大学”这一名称作为一种妥协的产物而出现，该名称是由考文垂主教提出的。在这一事件中，考文垂市和沃里克郡当局各捐赠了9.2万英镑。[①] 在诺里奇，由于东英吉利亚的区域概念和该地区的新大学需要来自更广泛区域的经常性资助等因素影响，致使这一新大学的命名变得更为复杂。最终“东英吉利大学”这一命名是由地方促进委员会的执行委员会成员伊普斯威奇（Ipswich）提出的，并获得了成功。[②]

地方当局对新大学的资金支持是新大学早期收入的一个重要组成部分。因为在它们获得皇家特许状并开始招收第一批学生之前，大学拨款委员会是不会建议财政部为新大学经常性支出（包括人员配备）提供任何资助的。同时，地方当局为新大学提供的资金存在较大差异。1962—1963年，约克大学获得的年度资助总额为36 000英镑，包括从约克自治市的16 000英镑到罗瑟勒姆（Rotherham）和赫尔（Hull）等较贫穷自治市的250英镑不等。同样，1962—1963年，共有8个地方当局向东英吉利大学提供了总计59 000英镑的资助，包括从诺里奇的15 000英镑到亨廷顿郡（Huntingdonshire）和伊利岛（Isle of Ely）的2000英镑不等。埃塞克斯大学在成立初期，只有4个地方当局为它的经常性支出提供支持，其中一个地方当局——埃塞克斯郡议会，非常慷慨地捐赠了107 000英镑，占总资助金额122 000英镑的很大一部分。苏塞克斯大学所在地的地方当局在1963年前为大学提供每年

① SHATTOCK M. Making a university: a celebration of Warwick's first 25 years[M]. Warwick: University of Warwick, 1991: 16-17.

② SANDERSON M. The history of the University of East Anglia, Norwich[M]. London: Hambledon, 2002: 28.

40 000 英镑的支持，1963 年后则为 58 000 英镑。[①]

随着每一所新大学的建立和发展以及学生人数的不断增加，地方当局对新大学的资金支持大幅下降。与此同时，每 5 年一次的财政部拨款一直是这一时期（1963—1964）新大学经费的主要来源；此外，新大学的研究收入等其他来源的资金有增加的趋势。到 1973—1974 年，埃塞克斯大学、肯特大学、兰开斯特大学、斯特林大学、苏塞克斯大学和沃里克大学已不再从它们的地方当局获得任何定期拨款。

四、大学的筹款呼吁活动

1963 年，《罗宾斯报告》赞扬了大学捐赠活动的重要支持者——工业界和私人捐助者，这些支持者使大学由于拥有不依赖政府的资金而增强了它们的自由性和灵活感。[②] 一般说来，新大学的筹款呼吁活动往往会持续 2—5 年。尽管新大学在招生和研究活动中是全国性甚至是国际性的。但是人们一致认为，新大学的筹款呼吁活动将由它们所在的社区主导，而且从广义上讲，筹款活动的直接受益者往往也是当地社区。负责筹款呼吁活动的委员会成员最好包括一名贵族、一名主教或一两名地方执法官（主要是盎格鲁-撒克逊白人男子）。同时，该委员会往往与当地的地方促进委员会有着密切联系。在兰开斯特，当时负责筹款呼吁活动的委员会主席是第十八代德比伯爵（Earl of Derby），他的曾祖父是利物浦大学的主要捐赠者，他的祖父和父亲都曾担任利物浦大学的校长。在东英吉利亚，负责筹款呼吁活动的委员会主席是蒂莫西·科尔曼（Timothy Colman），他的家族自 17 世纪起就与诺里奇

① VERNON K. Engagement，estrangement or divorce? The new universities and their communities in the 1960s[J]. Contemporary British history，2017，31(4)：501-523.

② Robbins Committee. Report of the Robbins Committee on higher education[R]. London：HMSO，1963：658-659.

及其周围地区存在紧密联系，可以说，他对当地的农业、工业和商业都有着广泛的了解。①

与传统大学筹款模式不同的是，新大学早期聘请了专业的筹款人来管理筹款呼吁活动。在曼彻斯特大学、利物浦大学、布里斯托大学、雷丁大学等城市大学筹款呼吁活动的鼎盛时期，往往由当地著名商人承担筹款呼吁活动的相关工作，如曼彻斯特的阿什顿家族、利物浦的拉斯伯恩家族、布里斯托尔的威尔斯家族等，并且这些家族总是能得到著名学者的支持。在新大学里，这项工作通常是由退休的教职工来担任。同时，东英吉利大学、埃塞克斯大学、兰开斯特大学和斯特林大学等均聘请了一家专业的筹款公司——胡克·克雷格迈尔（Hooker Craigmyle）公司，该公司是机构筹资的先驱，由迈克尔·胡克（Michael Hooker）经营。胡克曾在马尔伯勒学校（Marlborough College）和牛津大学接受教育，是一位有着高度原则的英国国教教徒；重要的是，他曾在一家美国公司成功积累了筹款经验。

新大学的筹款呼吁活动充分利用了新大学所在地的性质和身份的优势。兰开斯特大学的地方促进委员会曾指出，英格兰西北部在经济上处于不利地位，因此希望潜在的捐助者能够帮助纠正这个不公平的“地理天平”；阿尔斯特大学则向散居在北美和澳大利亚的北爱尔兰人进行了强有力的筹款宣传；东英吉利大学以“与众不同”为座右铭，鼓励附近地区成功繁荣起来的人们进行捐赠，以此彰显当地人对其地区的自豪感。②

此外，一些领导人物也对新大学筹款呼吁活动至关重要。詹姆斯勋爵既是一位十分优秀的教育家，也是约克大学的首任校长，还是一

① SANDERSON M. The history of the University of East Anglia, Norwich[M]. London: Hambledon, 2002: 46.

② SANDERSON M. The history of the University of East Anglia, Norwich[M]. London: Hambledon, 2002: 48.

位对当地商业与文化具有重要影响力的人物。受其影响，约克大学成功地接收了来自多方的捐款。诺里奇的麦金托什勋爵是一位强硬而精明的商人，他非常明目张胆地向为他提供原材料的公司建议——应该支持东英吉利大学。[①] 沃里克郡的地方促进委员会主席威廉·鲁茨与汽车工业的“亲密关系”以及他对考文垂社区的“持久忠诚”使他几乎实现了其华丽承诺——在去世前为沃里克大学的第一批宿舍筹集100万英镑的资金。相比之下，斯特林大学的筹款呼吁活动稍晚一些，该活动由著名工业家、银行家和政治家波尔沃思勋爵（Lord Polwarth）主持，成功地激发了当地人对苏格兰第一所新大学的自豪感。这所新大学位于一个王宫的城堡庄园内，占地300英亩，被公认为令人惊叹的美丽之地。

1967年1月，英国《金融时报》（*Financial Times*）刊登了一份关于新大学筹款呼吁活动的比较清单，并列出了它们所筹集的资金总额（参见表3-1）。当时大多数新大学的筹款工作仍在顺利进行。

表3-1 新大学开展的筹款呼吁活动[②]

新大学名称	发起筹款呼吁的时间（年）	截止到1967—1968年的实际筹款金额（英镑）	最终计划筹款金额（英镑）
沃里克大学	1964	2750000	4000000
斯特林大学	1966	2203000	2000000
兰开斯特大学	1964	2200000	2500000
约克大学	1962	1850000	2000000
东英吉利大学	1962	1400000	1500000

① SANDERSON M. The history of the University of East Anglia, Norwich[M]. London: Hambledon, 2002: 52-54.

② PELLEW J, TAYLOR M. Utopian universities[M]. London: Bloomsbury Publishing, 2020: 312.

续表

新大学名称	发起筹款呼吁的时间（年）	截止到 1967—1968 年的实际筹款金额（英镑）	最终计划筹款金额（英镑）
埃塞克斯大学	1963	1300000	1000000
苏塞克斯大学	1960	1000000	1000000
肯特大学	1965	600000	2000000

沃里克大学以显著的优势位居第一。这是由于它在当代英国工业中心地带的地位，加之其领导人物的努力，才使它在筹款呼吁方面比其他新大学更具有优势。沃里克大学的三笔主要捐款分别来自一位个人的 36 万英镑、纳菲尔德基金会的 15 万英镑和福特基金会的 10.46 万英镑。事实上，沃里克大学从未停止过筹款呼吁活动，因而到 1990 年，它已经促成了价值至少 1100 万英镑的建筑项目。斯特林大学收到的主要捐赠金额为 25 万英镑和 10 万英镑，分别来自两家苏格兰的信托基金机构——麦克罗伯特（MacRobert）和甘诺奇（Gannochy）。约克大学的主要捐赠者承诺在 10 年内捐赠 10 万英镑，他们来自在当地占主导地位的商业信托机构——朗特里与莫雷尔信托基金会，这些机构从一开始就参与了创建约克大学的计划。在东英吉利大学，麦金托什及诺里奇联盟（Norwich Union）也做出了类似的承诺。兰开斯特大学则获得了相对较高的捐赠，一部分是来自地方当局的慷慨捐赠，另一部分则来自兰开夏郡议会总计 50 多万英镑的拨款。同样，伊丽莎白女王和肯特的玛丽娜公主（Princess Marina）向肯特大学提供了 10 万英镑的资金。福特汽车公司（Ford Motor Company）则向埃塞克斯大学提供了 20 万英镑的资金。

埃塞克斯大学首任校长斯洛曼曾指出，大学拨款委员会缺乏远见，未能鼓励新大学筹集宝贵的非限制性资金；倘若政府资金的使用能够不受限制，肯定会对埃塞克斯大学有所帮助，甚至可以用于大学发展的几乎所有方面。[①] 在兰开斯特大学，人们认为缺少工程学院是利兰汽车公司（Leyland Motors）缺乏兴趣的原因。东英吉利大学的领导层在早期对大学拨款委员会不支持农业作为其核心学科的做法感到失望，因为他们认为这将错失大量东英吉利亚农民的支持。因此，尽管默里在理论上相信大学慈善收入的价值是使其自主权得以增强，然而，他不理解的是，大学的捐赠者会对自身的利益做出反应，而不是对政府规定的需求做出响应。

为了解决城市大学朝九晚五的问题，必须为相当比例的学生提供住宿。大学住宿的成本问题从“牛桥”到伦敦大学都会存在。为此，新大学一开始不得不将私人筹集的大部分资金用于学生宿舍的建造与运营等。[②] 后来，筹款呼吁活动开始实现新大学的其他目标，如奖学金捐赠，改善图书馆、体育和文化设施等。同时，筹款呼吁活动的其中一个目标与默里的相一致，即新大学应起到“刺激当地生活”的作用。受此影响，大多数新大学通过创意艺术中心对其所在社区产生了直接的影响，主要目的是将美术、戏剧和音乐等实践研究与学术课程联系起来，以便为当地和更广泛的社区之间的交流提供一座“文化桥梁”。苏塞克斯大学的加德纳中心（Gardner Centre）是这方面的先驱。该中心是以一位主要捐赠者莱德顿·加德纳博士（Dr. Lyddon Gardner）的名字命名的。他是一位当地商人，曾担任亚德利化妆品（Yardley Cosmetics）公司的董事长，并得到了古尔本基安基金会（Gulbenkian Foundation）、艺术委员会和大学拨款委员会的支持。

另外，苏塞克斯大学副校长阿萨·布里格斯对图书馆能向大学以外的公众开放而感到自豪，这是大学与当地社区之间双向支持的一个重要体现。肯特大学向古尔本基安基金会提出了建造一座大学剧院的

---

① SLOMAN A E. A university in the making[M]. London：BBC，1964：16-17.

② LAWLOR J. The new university[M]. London：Routledge & Kegan Paul Ltd.，1968：38.

计划，随后该基金会为此支付了3.5万英镑的费用，并且大学拨款委员会等拨款机构也为此资助了一定的费用。后来，这座大学剧院向听众敞开了大门，事实证明，由杰出演讲者主持的一系列“开放讲座”（Open Lecture）的听众主要来自附近城镇而非大学。斯特林大学在创立之初的一个重要使命便是能在社区发展中发挥积极作用。① 为此，斯特林大学早期募捐资金的一个重要用途便是建造麦克罗伯特艺术中心（MacRobert Arts Centre）。该中心同样受到了古尔本基安基金会和艺术委员会的资助。斯特林大学的麦克罗伯特艺术中心于1971年正式对外开放，它为人们提供了广泛的文化表演，其中观众也包括了大学以外的公众。新大学的这种文化交流无疑有助于打破大学与其附近社区之间的壁垒。正如兰开斯特大学的一项研究表明，一个规模相对较大的大学，在适当的时候可能会促进其当地经济的发展。②

五、大学研究与合同收入

新大学的研究与合同收入作为一种非政府收入来源正在逐步增长。一般说来，该收入主要发生在新大学与当地工业建立密切联系的地方。1961—1964年，利兹大学的哲学教授史蒂芬·图尔明（Stephen Toulmin）与苏塞克斯大学副校长阿萨·布里格斯就一项跨学科研究进行了广泛讨论，该讨论主要涉及自然科学、社会科学和人文科学的交叉领域。③ 当图尔明认为苏塞克斯大学的资金水平不够时，布里格斯便任命克里斯托弗·弗里曼（Christopher Freeman）负责领导一个新机

① BOMONT R G. Beginnings and today[M]. Stirling: University of Stirling, 1995: 17.

② MCCLINTOCK M E. The University of Lancaster: quest for innovation[M]. Lancaster: University of Lancaster, 1974: 294-296.

③ BLIN-STOYLE R. The Sussex opportunity: a new university and the future[M]. Brighton: Harvester Press, 1986: 191.

构——科学政策研究所（Science Policy Research Unit）。它是一个具有创业精神与跨学科性的研究机构，其中几乎所有的人员和项目都有合同的支持，其资金主要来自政府（英国和外国）、研究委员会、基金会和企业等。弗里曼曾指出：“更长期、更基础的学术研究和更短期的合同研究之间的平衡问题是最难处理的问题之一。”① 1967 年，布里格斯称赞了苏塞克斯大学科学政策研究所带来的商业利益，并指出：“该研究所主要在合同的基础上研究与我们国家和国际福祉直接相关的问题。”② 事实上，随着跨学科研究成为英国大学共同关注的话题后，科学政策研究所将与赞助商建立更广泛的联系。

埃塞克斯大学校长斯洛曼认为各大型综合学院，特别是科学领域的大型综合学院，可能需要增加到 50 名甚至更多的人员；并且大型科研项目需要大量昂贵且精密的设备，而这些设备是小型学院无法负担的。基于此，他认为只有当英国大学建立起强大的大型综合学院时，政府和工业界才会向它们提供大规模的研究合同。同时，斯洛曼明确表示了他打算与工业界建立密切关系。他指出，大学应与工业界进行更紧密的合作，这样才有希望从大学选拔出工业界需要的那种人——热衷于将他们的知识用于工业问题的科学家。③ 此外，埃塞克斯大学与工业界建立密切联系的第二个重要领域便是聚合物研究。埃塞克斯大学的“聚合物会议点”（Polymer Meeting Points）与工业界建立了牢固的联系，尤其是与英国的伊尔福德（Ilford）等地区。④ 这有利于增加

---

① BLIN-STOYLE R. The Sussex opportunity：a new university and the future[M]. Brighton：Harvester Press，1986：200.

② PELLEW J，TAYLOR M. Utopian universities[M]. London：Bloomsbury Publishing，2020：313.

③ SANDERSON M. The universities and British industry，1850-1970[M]. London：Routledge and Kegan Paul，1972：369-370.

④ SANDERSON M. The universities and British industry，1850-1970[M]. London：Routledge and Kegan Paul，1972：370.

埃塞克斯大学的研究与合同收入。可以说，斯洛曼不仅鼓励埃塞克斯大学与工业界建立广泛联系，而且与贝尔电话实验室（Bell Telephone Laboratories）等研究机构或企业保持着密切联系。埃塞克斯大学通过为外界提供研究活动和训练有素的专家，满足了国家工业和商业利益的需求，并为国家的经济现代化做出了重要贡献。

同样，沃里克大学也极其注重大学研究与合同收入。英国董事协会（Institute of Directors）资助了沃里克大学商业研究领域的一位教授，费希尔压制钢厂（Pressed Steel Fisher）则资助了沃里克大学工业关系领域的一位教授，同样，巴克莱公司（Barclay's）也资助了沃里克大学信息管理系统领域的一位教授，这些教授与一些经济和计算机等领域人员共同构成了工商研究中心（Centre for Industrial and Business Studies）的核心。更重要的是，沃里克大学很快就通过与外界多方面的合作，获得了大量研究与合同收入。据调查，20 世纪 60 年代末，在拥有 5000 名以上员工的公司中，只有 9%的公司与大学没有联系，86%的公司都赞成与大学进行密切合作。同时，在聘请大学顾问的公司中，有 81%都认为大学顾问有用且有效。①

从大学经费的角度而言，在不到 10 年的时间里，英国政府、地方当局和地方捐助者（无论是企业还是个人）便有效地推动了 20 世纪 60 年代新大学的发展。同时，到 20 世纪 70 年代初，苏塞克斯大学、约克大学、埃塞克斯大学和沃里克大学的研究与合同收入占大学总收入的比例明显高于全国平均水平。②

---

① SANDERSON M. The universities and British industry，1850-1970［M］. London：Routledge and Kegan Paul，1972：387.

② PELLEW J，TAYLOR M. Utopian universities［M］. London：Bloomsbury Publishing，2020：314.

第二节 大学组织：多方共同管理

20 世纪 60 年代成立的新大学在组织管理上也存在一定创新。相比于英国老大学，新大学更强调利益相关者对大学的管理，因而促使越来越多的工商业界与财经界等外部人士参与到新大学的管理中。① 同时，教师和学生在新大学中的作用与地位得到了显著提升。更重要的是，行政人员与学术人员进行了密切的合作，促使新大学可以快速地做出一些决策和反应。因此，新大学组织管理的创新之处在于多方共同管理，这种管理不仅高效迅速，几乎不受任何行政的阻碍，而且能使各利益相关者平等与民主地参与到大学管理中。正如沃里克大学的一位教授所言：“大学的全部意义就在于从院部到校部的路很短，这条路不仅没有等级的任何残迹，而且对任何人来说立刻都是绿灯。”②

一、校级组织：新型领导体制

英国新大学在继承传统的基础上，对校级组织管理进行了一定程度的创新，虽然这种创新与新大学其他方面的创新相比难免有些逊色，但在某种程度上说确实也是对传统管理模式的一种尝试性突破。在组织管理领域，新大学的学术规划理事会（Academic Planning Board）是一个真正的行政创新，它是校级组织管理的基础。同时，新大学赋予了大学理事会、大学校务委员会与大学评议会新的内涵。值得注意的是，约克大学的双重学术管理机构突破了大学高层管理的传统模式。

① 桂文玲．英国大学的自治传统与现行自治模式研究［D］．福州：福建师范大学，2015：27.

② Warwick. Essential Warwick［EB/OL］（2009-04-17）［2020-10-12］. http：//www2. warwick ac. uk/about/pro-file/essential-warwick-l2. pdf.

此外，新大学在组织管理领域的革新还体现在越来越多的学生直接参与到大学管理中。

（一）学术规划理事会

英国新大学创办的学术规划理事会，作为跨学科课程体系的质量保障机构，能够有效地维持大学的学术水平。学术规划理事会的创办源自苏塞克斯大学建校过程中与大学拨款委员会的谈判。这场谈判不仅从 1956 年 4 月持续到 1958 年 2 月，而且使人们意识到必须设立一个机构即学术规划理事会，以负责规划新大学的发展并保证它们的学术质量。可见，苏塞克斯大学的学术规划理事会是在大学拨款委员会的策划与推动下成立的。它的职权主要包括以下几方面：一是在大学具有独立授予文学和理学学士学位的前提下，考虑如何才能确保大学维持令人满意的学术水平；二是考虑大学成立初期课程设置的广度、学时与总体特征；三是负责起草申请皇家特许状的请愿书、大学宪章和章程，并选拔大学一级管理机构的人员；四是聘请大学的首任校长与主要学科的教授等。① 这些职权经过修改后，成为其他新大学建立学术规划理事会的范本。

此外，苏塞克斯大学的学术规划理事会还实行了一个“平衡计划”(Balance Plan)，即通过多学科学院制度使文理科之间保持平衡，从而打破了老大学经常实施的本位主义。在这一制度的影响下，学生通常学习的都是比传统荣誉学位更广泛的课程。值得注意的是，无论是在英国的老大学还是新大学，本位主义都难以彻底消除。不难理解为什么会这样：一位大学教师为其所属学科投入了大量的智力和教育等资本，而允许其他学科领域的专家对它进行更改或侵犯则是对其“财产”的威胁。事实上，这是一个极其复杂的过程，一门学科与其说是一个

---

① University Grants Committee. University development: report on the years 1957-62 [R]. London: HMSO, 1964: 221.

研究领域，不如说是一个由同行教师组成的社会群体。这个群体越强大，人们就越觉得自己属于这个群体。于是，这个群体便有了与其他群体区别开来的明确界限。这是人性化的，可以理解的，并且完全有道理的，因为它使“忠诚”的专家能够认真与深入地研究他们领域中的问题。但是，当属于同一群体的专家变得“内向”以至于他们不再与本学科边界以外的其他专家合作，不再使用其他领域专家所提供的工具和见解，也不再探索往往会产生重大发现的学科边缘地带时，危险便出现了。因此，许多人在新大学中发现的希望是：学科组织的广度和灵活性将促进不同学科之间的理解与合作，从而有利于减少学术组织经常实施的本位主义。

可以说，大学拨款委员会一旦接收到来自地方创建新大学的申请，第一阶段便是由大学拨款委员会成立的“新大学小组委员会”决定这一申请是否足以获得大学拨款委员会的支持，第二阶段即每所被成功批准的新大学，均按照苏塞克斯大学建立的模式，成立各自的学术规划理事会。值得注意的是，苏塞克斯大学的学术规划理事会决定直接申请大学的头衔，而不满足于大学学院的地位，此举随后被其他所有新大学的学术规划理事会所效仿。[①] 同时，大学拨款委员会通过设立学术规划理事会，规定了新大学负责人的工作范围：第一，鉴于英国高等教育的扩张在很大程度上是通过建立新大学而非扩张现有机构来实现的，因而可以预计新大学负责人至少应在组织和传授知识等方面带来一些新变化。第二，负责人需要承诺新大学会迅速进行扩张，并计划新大学至少会招收3000名学生，这对于当时任何一所英国大学来说都是不容易实现的。第三，负责人必须明确表示新大学将有强有力的地方支持：提供至少200英亩的土地；邻近地区当局的财政等支持；地

---

① TAPPER T. Policymaking and the politics of change in higher education：the new 1960s universities in the UK，then and now[J]. London review of education，2016，14(1)：11-22.

方知名人士和教育界人士的认可，比如当地学校的校长等。①

其他新大学均按照苏塞克斯大学的模式，成立了各自的学术规划理事会。建立约克大学的提案一经公布，大学拨款委员会便决定遵循苏塞克斯大学的先例，效仿其做法，即任命学术规划理事会来指导、监督与保障约克大学的发展。罗宾斯勋爵当时只是伦敦政治经济学院一位杰出的经济学教授，他受邀担任约克大学学术规划理事会的主席。罗宾斯勋爵满怀热情地接受了这一邀请，称约克大学是“一个令人兴奋的地方”，并说：“此时此刻，一些事情正在发生，它们将影响这座城市，并可能影响这个国家今后1000年的历史。”② 约克大学学术规划理事会的首要职责便是负责起草大学章程和法规，任命首任校长，并将大学投标文件转化为大学发展计划。约克大学的学术规划理事会不希望对大学发展计划规定得过于严格，以便新任校长能在1961年4月将这份计划提交给大学拨款委员会之前，有一个短暂的机会对该计划发表意见。结果，约克大学的首任校长詹姆斯勋爵指出，他不愿意也没必要做出任何重大改动，并赞同约克大学学术规划理事会提议的学术形态及学院式结构。③

兰开斯特大学关于课程、组织和管理的初步决定也是由其学术规划理事会裁决的，当时由牛津大学布雷齐诺斯学院（Brasenose College）院长诺埃尔·霍尔爵士担任主席，其余6名理事会成员中有5名都拥有牛津大学或剑桥大学的学士学位，并都曾在英国的顶尖大学

---

① TAPPER T. Policymaking and the politics of change in higher education: the new 1960s universities in the UK, then and now[J]. London review of education, 2016, 14(1): 11-22.

② HOWSON S. Lionel Robbins: a life in economics, government and the arts[M]. Cambridge: Cambridge University Press, 2011: 864.

③ ROSS M G. New universities in the modern world[M]. London: Macmillan, 1966: 32.

任职。东英吉利大学的学术规划理事会于1960年成立，当时成员主要包括一名莱斯特大学（University of Leicester）的校长、一名剑桥大学国王学院的院长、一名剑桥大学耶稣学院的院长、一名牛津大学罗德楼（Rhodes House）的主管、一名国防部（Ministry of Defence）的首席科学顾问、一名伦敦大学学院的资深化学家、一名资深实业家以及诺福克的一名首席教育官。[①] 埃塞克斯大学由8名成员组成的学术规划理事会的其中两项职权为：第一，考虑大学成立后前几年内学生所要学习的学科范围以及本科课程的课时和一般性质；第二，与当地的大学赞助者协商，选择大学的首任校长，并根据其建议选择主要学科的教授。[②]

同样，在大学拨款委员会的主张与指导下，斯特林大学在对外开放之前便成立了一个学术规划理事会。该理事会主要负责任命首任校长和相关负责人，规划学术课程等。同时，该理事会还效仿其他新大学，发起了一场地方性和全国性的筹款呼吁活动。大学拨款委员会前主席默里勋爵担任斯特林大学学术规划理事会的负责人，其他成员主要包括牛津大学圣安妮学院（St. Anne's College）的负责人奥格尔维夫人（Lady Ogilvie），她曾就大学的福利和住宅等问题发表看法；还有约克大学的经济学教授A. T. 皮科克（A. T. Peacock）和格拉斯哥大学的主要负责人查尔斯·H. 威尔逊博士（Dr. Charles H. Wilson），他们都曾任职于苏塞克斯大学、东英吉利大学和思克莱德大学（University of Strathclyde），后任职于英国大学校长委员会（Committee of Vice-

---

① SANDERSON M. The history of the University of East Anglia, Norwich[M]. London: Hambledon, 2002: 68.

② JOHNSTON R. Institutions and disciplinary fortunes: two moments in the history of UK geography in the 1960s-I: geography in the “plateglass universities”[J]. Progress in human geography, 2004, 28(1): 57-77.

Chancellors and Principals)，默里勋爵非常熟悉他们。[①]

斯特林大学的学术规划理事会希望创建一所“富有前瞻性的大学”，以便为学生在自由的学术社区中过充满活力的生活做准备。同时，其学术规划理事会也希望斯特林大学能为当地社区乃至更广阔的社区发展发挥更积极的作用。为此，斯特林大学学术规划理事会招募了汤姆·科特雷尔博士（Dr. Tom Cottrell）为斯特林大学的首任校长。他的简历几乎完全符合英国新大学的要求：他是苏格兰人；他 42 岁，仍然比较年轻；他是爱丁堡大学的化学家，对工业和跨学科的工作感兴趣；他关心学生的福利，对具有创新性的教学和学习方法感兴趣。1965 年 10 月，哈里·唐纳利（Harry Donnelly）加入了科特雷尔校长的团队，并担任校长秘书一职。唐纳利曾是苏格兰事务部（Scottish Office）的公务员，并致力于新大学的建立工作，因而当时可能没有人比他更了解苏格兰关于高等教育和新大学的政策。1966 年初，兰开斯特大学助理财务官 R. G. 博蒙特（R. G. Bomont）和约克大学副图书管理员 J. F. 斯特灵（J. F. Stirling）也加入了科特雷尔校长的团队：博蒙特担任斯特林大学的会计，斯特灵担任斯特林大学的图书管理员。

从总体上看，新大学创办的学术规划理事会当时主要负责首任校长的选择，为大学校长提供咨询服务，负责起草大学章程，选拔主要学科的带头人和教授，承担跨学科课程的规划任务，并考虑所研究学科的范围等。[②] 同时，该理事会还参与了新大学关于课程总体结构和教学方法的讨论以及对建筑设计师的选择工作等。新大学的学术规划理事会主要由地方重要人士、大学拨款委员会推荐的人员以及其他大学的知名学者组成。值得注意的是，这些知名学者是以个人身份入会，

---

① PELLEW J, TAYLOR M. Utopian universities[M]. London: Bloomsbury Publishing, 2020: 314.

② GOSDEN P. The education system since 1944[M]. Oxford: Martin Robertson & Company Ltd., 1983: 145.

而非作为他们所属大学的代表。更重要的是，学术规划理事会建议新大学营造跨学科性质的学术生态，并希望通过跨学科教学来避免英国大学教育的过度专门化，以培养个体思维的广博性与灵活性。1963 年 3 月，兰开斯特大学的学术规划理事会向大学拨款委员会表明，要避免在单一学科或单一学科某些方面的过度专门化。① 新大学创办的学术规划理事会不仅彰显了跨学科教育的理念，而且对跨学科课程体系的构建具有引领作用。每所新大学的学术规划理事会都经过默里勋爵的仔细审查，以便更好地指导新大学的运作与发展。② 可见，新大学学术水平的确立和维持最初主要源于学术规划理事会。

（二）新型大学理事会

英国所有新大学都保留了一个规模庞大的理事会，但大多数新大学只将大学理事会的职能限制在接收大学的年度报告，讨论大学事务，并将大学理事会的意见传达给大学校务委员会和大学评议会上；有时它还负责任命大学名誉校长和其他荣誉官员。对大学理事会职能的限制主要是出于现实的需要。因为从管理的角度来说，大学理事会既笨拙、耗时又缺乏有效控制事态的手段，倘若让它进行管理，将会把大学事务弄得一团糟。因此，如同股东大会一样，大学理事会往往作为大学事务出现问题时的最后手段，但当这些问题需要大学理事会来解决时，通常为时已晚。可见，从某种意义上说，大学理事会就是充当顾问的角色。③

那么，新大学为什么还要保留大学理事会，尤其是将其作为一个

---

① MCCLINTOCK M E. The University of Lancaster：quest for innovation[M]. Lancaster：University of Lancaster，1974：107.

② SMITH D. Eric James and the “Utopianist” campus：biography，policy and the building of a new university during the 1960s[J]. History of education，2008，37(1)：23-42.

③ Committee of University Chairmen. Guide for members of governing bodies of universities and colleges in England and Wales[M]. Netherlands：Kluwer Academic Publishers，1995：378.

规模庞大的机构？最主要的原因在于，大学与社区的关系在不断变化，但大学与社区关系的本质并没有变。城市大学往往属于当地社区的公民，那些公民为城市大学的正常运作提供了大部分资金，因而他们有权了解甚至能够决定城市大学的一些事宜。而在新大学，这种关系已然过时——新大学属于更广泛的社区。但是，新大学仍然希望能有一部分人，尤其是名人能够了解并关心它们的事务；更重要的是，新大学希望这些人能够作为更广泛社区的新大学代表，并能够根据他们自己的知识和经验为新大学发言与辩护。因此，这无疑需要一个规模庞大的大学理事会来实现。新大学的理事会成员不是由“理事”组成，而是由分散在全国各地的“大学之友”（新大学的资助者）组成。同时，新大学的理事会也需要大量的学术代表，这样那些“大学之友”便可以真正见到一些教师和研究人员，并亲自见证他们所做的事情。为此，新大学的理事会一般有 200—400 人，其成员包括学术人员、地方政府人员、国家机构人员和教会人员等，可以说是十分广泛。

（三）新型大学校务委员会

大学校务委员会是新大学的最高行政管理机构。新大学的校务委员会通常是一个 25—40 人的小团体，其成员包括名誉校长、校长、副校长、教授、少数非教授人员以及代表重要外部机构的大多数非专业成员，如地方当局、法院及中等学校的人员等，这些非专业成员能给新大学的运行带来重要的外部经验。① 因此，与英国传统大学不同的是，新大学的教职工在大学校务委员会中具有一定的表决权，同时他们在其中的席位一般不得少于总席位的三分之一，并且至少要有 3 个席位是属于没有教授头衔的教职工的。② 新大学的校务委员会一般负责大

---

① SANDERSON M. The history of the University of East Anglia, Norwich[M]. London: Hambledon, 2002: 224.

② MOODIE G C, EUSTACE R. Power and authority in British universities[M]. London: George Allen & Unwin Ltd., 1974: 235.

学收入和财产的管理以及对大学事务的总体控制等。新大学校务委员会具体工作的开展主要由其常务委员会及下设的一系列委员会小组负责，它们是由大学的学术人员和外部人士混合组建而成的。[①] 由上可知，外部人士对新大学的管理起到了重要的作用，正如默里勋爵所言："他们的理财本领使新大学免于财政赤字。"[②]

许多怀恋牛津大学和剑桥大学的学者认为，只有大学拥有足够多的学者和专家，才能知道什么是对大学最有益的，因而这些学者和专家应该在大学校务委员会中占多数席位。与此同时，也有许多学者坚持认为，对于公众和国家来说，大学正确行使职能并明智使用公共资金的唯一保证便是那些非专业人士，因此他们应该在大学校务委员会中占多数席位。出于某种原因，新大学选择了非专业人员占多数席位的这一方案，即在25—40人的大学校务委员会中，有6—13名学者和专家。[③] 事实上，也不能仅凭数字比例来衡量学术人员的作用。如果一名学术人员比几名校外人员更有规律地参加大学校务委员会的会议，他就能更熟悉大学内部的事务。因此，即使在席位上占据少数的学术人员或许也能很好地发挥他们的作用。[④]

（四）新型大学评议会

大学评议会是新大学的最高学术管理机构，其构成具有明显的“平等主义”色彩，教授在其中并没有占据大多数席位。[⑤] 除了约克大学之外，其他新大学都有大学评议会，但大多数新大学并没有采取大学评议会的传统模式——除了校长之外，还包括所有教授以及一些依

---

① 万萍．沃里克大学治理结构的有效性研究［D］．长沙：中南大学，2010：25-26.

② MOODIE G C, EUSTACE R. Power and authority in British universities［M］. London：George Allen & Unwin Ltd.，1974：119.

③ PERKIN H J. New universities in the United Kingdom［M］. Paris：Organization for Economic Cooperation & Development Publications，1969：143.

④ 曾鸣．英国大学治理机构发展研究［D］．福州：福建师范大学，2015：102.

⑤ 司俊峰．英国大学自治样态的流变研究［D］．上海：华东师范大学，2017：93.

据职权被选出或被指派的非教授人员。一般说来，在英国一所传统大学里，大学评议会的人数往往是教授人数的120%—150%。如在一所10 000名学生的大学里，大学评议会的人数可以是150—200人。显然，这对于旨在讨论和确定详细学术政策和学术事务的大学评议会来说，人数未免过于庞大。因此，东英吉利大学、埃塞克斯大学和沃里克大学都采用了一个与大学校务委员会规模大致相同的大学评议会，其成员除了校长之外，还包括院长、学术的主要负责人和一些推选出来的教授和非教授人员等。苏塞克斯大学和兰开斯特大学等也采取了类似的管理模式。

管理效率并不一定局限于“业务的快速派遣”，协调各方的利益也尤为重要。基于此，新大学为大学评议会的非教授群体做出了慷慨的规定。基尔大学在这方面处于领先地位，它规定大学评议会的非教授成员至少应占教授成员总数的三分之一。除了约克大学外，其他新大学都遵循了类似的规定。相比于传统的大学评议会，新大学评议会的职责更为广泛。其职责主要包括任命教学人员，监督教学人员的工作，监督学生的纪律和学科的教学、课程、考试等学术事务，并且大学校务委员会的一部分工作也必须向大学评议会开放。① 正是由于大学评议会拥有异乎寻常的权力，有学者对此评论道：新大学的评议会并不像其他大学的那种传统性质的评议会，倒是与牛津大学的“七日理事会”更加相似。②

（五）双重学术管理机构

前文已述，新大学赋予了大学理事会、大学校务委员会与大学评议会新的内涵。但约克大学是个例外，它是唯一一所在管理高层突破传统模式的新大学。约克大学并没有设立大学评议会，而是建立了一

---

① KAUL J N. Governance of universities: autonomy of the university community[M]. New Delhi: Abhinav Publications, 1988: 57.

② 司俊峰. 英国大学自治样态的流变研究［D］. 上海：华东师范大学，2017：93.

个双重学术管理机构（Two-tier Academic Authority）：一重是教授委员会（Professorial Board），由校长和所有教授组成；另一重是总学术委员会（General Academic Board），由校长和副校长以及不超过 40 名经选举而产生的教职工组成，其中教授成员不得超过总成员的五分之一。① 从表面上看，这似乎是一种倒退——试图通过“后门”恢复旧的教授评议会（Professorial Senate）；但在实践中，情况正好相反。约克大学试图将教授的特权限制在教职工的任命和晋升上，这是唯一一个由教授委员会专门处理的事务；而总学术委员会实际上就是一个经选举产生的评议会（类似其他新大学的小型评议会）。总学术委员会主要负责决策除教职工的任命和晋升外的几乎所有学术性事务，并将决策的结果交由教授委员会批准（往往是自动批准），以便向大学校务委员会提出建议。如果教授委员会不同意某项提案，那么所采取的惯例通常是：教授委员会并不会拒绝或修改这一提案，而是将该提案返回给总学术委员会，以供其进一步考虑与审议。

值得注意的是，在沃里克大学和斯特林大学，除了大学评议会之外，也有一个类似约克大学教授委员会的学术理事会（Academic Board），它由校长、大学理事会或校务委员会的学术成员以及研究委员会的主席组成，并和约克大学的教授委员会履行相同的职责。人们普遍认为，区分教授和非教授人员职责最重要的就是前者拥有任命和晋升教职工的职权，因为他们自己已经不能再从中受益，所以设立一个单独的机构仅限于履行这一职责似乎是一项有益的创新。然而，苏塞克斯大学并不同意这一点：在其任命委员会上，非教授人员恰恰作为院长或学科主任处理教职工的任命和晋升事宜。

此外，有越来越多的学生直接参与到新大学的管理中。从 20 世纪

① PERKIN H J. New universities in the United Kingdom[M]. Paris: Organization for Economic Cooperation & Development Publications, 1969: 144.

50 年代中期至 60 年代中期的 10 年中，人们不断呼吁要在大学各种委员会中增加学生代表的人数。例如约克大学学生代表委员会的首任主席帕拉迪普·纳亚克（Pradip Nayak），他是在约克大学学习经济学和政治学的肯尼亚的印第安人。约克大学的首任校长埃里克·詹姆斯坚定地支持该校政治学领域负责人格雷姆·穆迪（Graeme Moodie）努力提高大学或学院管理中学生代表的地位的做法。① 同时，大多数新大学已经对学生要求在大学管理中获得更大话语权的需求做出了让步。但是截止到 1969 年，只有苏塞克斯大学于 1968 年初同意在大学校务委员会和大学评议会中增加学生代表。兰开斯特大学和东英吉利大学会邀请学生代表进入大学校务委员会和大学评议会讨论与他们自身利益相关的特定项目。这一举措与苏塞克斯大学的一样，都会对师生关系的改善产生显著效果。正如哈罗德·珀金所言："新大学是一个'师生关系的实验室'。"②

实际上，所有新大学都在其一些委员会中增加了一定的学生代表，特别是当这些委员会涉及学生事务时。例如在沃里克大学，学生代表对大学的核心决策过程及结果具有一定知情权。同时，沃里克大学通过修改大学章程和法规，致使 1969 年 10 月以后，有两位学生"观察员"可以旁听大学校务委员会召开的会议，并且能够阅读该委员会的文件与资料等，只是没有投票权。③ 另外，埃塞克斯大学的学生创办了《威文》（*Wyvern*）报刊，该报刊不仅不受行政的监督，而且其编辑都是由学生团体选举产生的。同时，埃塞克斯大学还有一个学生会也不

---

① PELLEW J, TAYLOR M. Utopian universities[M]. London: Bloomsbury Publishing, 2020: 121-122.

② MUTHESIUS S. The postwar university: Utopianist campus and college[M]. New Haven: Yale University Press, 2000: 179.

③ MOODIE G C, EUSTACE R. Power and authority in British universities[M]. London: George Allen & Unwin Ltd., 1974: 235-236.

受行政的监督，其成员同样是由代表各学院的学生通过选举产生的。其他新大学也都为学生地位的提升做了一定努力。从某种意义上说，英国大学的真正民主并非源于老大学的等级制度与多科技术学院的工具体系，而是始于新大学。[①] 因为新大学不仅强调学生的代表权与话语权，而且能够给予中低级职称的教师及资历较浅的职工以重要保障，以此“对抗”强有力的教授群体。[②]

二、院级组织：新型委员会制

一般说来，英国新大学的院级组织管理采用的是一种新型委员会制度，即所有新大学都通过研究学院（School of Studies）或研究委员会来管理它们的院级学术事务。值得注意的是，沃里克大学既有研究学院又有研究委员会。研究学院和研究委员会制度不仅代表着新大学管理模式的灵活性，而且突破了新大学学科之间的壁垒。

（一）大学校级与院级机构沟通的新渠道

英国新大学的专业管理是具有创新性的，这主要是因为在处女地上建立起一个新机构的任务具有足够的创新性，并且这一新机构并不需要采用一些旧的、“久经考验”的和熟悉的管理方法。所有新大学的学术规划理事会无一例外地寻找一位校长作为大学最主要的行政和学术负责人。[③] 新大学倾向于避免过去由一名负责学术事务的教务长（Registrar）和一名负责财务的财务主管（Bursar）组成的“二头政治”

---

① 易红郡. 英国近现代大学精神的创新［J］. 清华大学教育研究，2015（5）：31-40.

② MOODIE G C, EUSTACE R. Power and authority in British universities［M］. London：George Allen & Unwin Ltd.，1974：236.

③ University Grants Committee. University development：report on the years 1957-62［R］. London：HMSO，1964：95.

(Duumvirate)，而是任命一名秘书（Secretary）或教务长直接对校长负责，这有点类似英国政府部门的常务秘书对负责行政管理各方面的部长负责。在校长下面往往有3名副职人员，分别负责学术事务、财务事务和建筑事务，他们对自己的员工拥有相当大的支配权。倘若其他学院的研究委员会或研究学院需要一些人员，这3名副职人员会将院级机构所需的人员以兼职的形式借调给它们。有时一些学院的研究委员会或研究学院会需要一些全职管理员，但这种情况并不常见。除了苏塞克斯大学和东英吉利大学外，其余每所新大学的研究学院或研究委员会都配有自己的管理助手，这些助手共同向院长和教务长负责。以上新渠道无疑增加了新大学校级与院级机构的联系与沟通。

另外，东英吉利大学、埃塞克斯大学和沃里克大学与大学拨款委员会关于设立一个由全体学术人员组成的总委员会（General Board）的想法相一致，并且它们也都感到有必要设立这样一个委员会——代表大会或全体代表大会（Assembly or General Assembly）。该委员会每年举行一次会议，而且在会议上可以听取校长的报告并自由发表意见或表达不满。它的优点是可以为校级学术人员和院级学术人员的沟通提供一个正式的渠道。为确保良好的校院级沟通，其他新大学也做出了一些没有那么正式的安排，如校长经常召开职员非正式会议，在"教师公共房间"公布大学评议会、大学校务委员会和大学理事会的会议记录，发行有关职员权利、责任和服务条件的手册等。

（二）学院的联合委员会

大学校务委员会通常是通过设立多个下属委员会来发挥其职能，这些下属委员会很多都是和大学评议会联合建立的。[①] 新大学的院级组织除了研究委员会与研究学院之外，还增加了一层院级职员代表机构，

---

① Committee of University Chairmen. Guide for members of higher education governing bodies in the UK: incorporates the governance code of practice and general principles[M]. Netherlands: Kluwer Academic Publishers, 2009: 41.

它们是属于研究委员会的，如约克大学的学院事务委员会（College Council at York）、肯特大学的高级学院委员会（Senior College Committee at Kent）、兰开斯特大学的学院联合会（College Syndicate at Lancaster）等。这导致的直接结果便是学院委员会和会议的激增：一方面会产生学院相关负责人的联合委员会，另一方面会产生由“学生公共休息室”的学生代表组成的联合委员会。这些学院的联合委员会为新大学的发展起到了重要作用。例如在兰开斯特大学，学生通过“联合学院管理委员会”（Joint College Management Committee）、“联合会”（Syndicate）以及由“学生公共休息室”互惠成员组成的“学生公共休息室联合会”（Federation of Junior Common Room），在规划学院发展方面发挥了相当大的作用。① 值得注意的是，“联合会”是学院的管理机构，它要向大学评议会汇报工作；同样，“学生公共休息室联合会”也要向“学生代表委员会”报告。因此，新大学的学生通过他们所在学院的管理机构对大学事务有着非常直接与重要的影响。可以说，兰开斯特大学、约克大学和肯特大学的“学生公共休息室联合会”是一项有益的创新，它为各地的学生组织传递了重要信息。

学院代表机构的激增为大学师生的讨论和投诉等提供了一个新的渠道，这也是学术交流渠道的替代方案。兰开斯特大学、约克大学或肯特大学的任何人都不会因为没有一个发表意见的渠道而抱怨。但是，初级教职工似乎更偏爱它，因为它为他们提供了一个进行非学术讨论和社交娱乐的场所，而这在其他大学中往往是缺乏的。同时，这种形式的交流还会使非教授人员与教授共同发挥作用，有时这些非教授人员甚至也会在教授缺席的情况下发挥着至关重要的作用。

综上所述，新大学创建了一个由大量代表（尤其是名人）组成的大学理事会，这表明新大学尤为重视维护它们的利益，但新大学也限

---

① GIBBERD K. Where students help to plan[N]. New statesman, 1967-06-03(1).

制了大学理事会的责任范围。同时，新大学已经在某种程度上实现了学术人员在学术管理问题上的更广泛的代表性——或通过在各种机构中增加更多的非教授代表，或通过引入新的机构如一个由全体学术人员组成的总委员会，或两者兼而有之。因此，新大学通过一系列管理措施，谨慎地保留了学术人员控制学术决策的传统。新大学还努力将各种委员会的成员扩大到更多非教授人员甚至学生群体上，但在负责教职工任命和晋升等一些重大事宜方面，仍然由少数人决策。从大学的组织文化层面上说，新大学是美国大学、英国自由教育与英国工人教育协会的混合体。[①] 总的来说，英国新大学还需对其管理进行一些更大的变革。如果新大学管理的“保守主义”需要一个理由的话，可以从英国杰出剧作家乔治·伯纳德·萧（George Bernard Shaw）那里找到：“如果你想要倡导非传统的想法，就必须穿着传统的服装。”[②]

第三节　教师录用：新型的招聘制

英国新大学在教师管理领域的创新主要体现在其招聘制度上。传统大学的教师招聘制度强调大学通过宣传及其他一些科学方法寻找与吸引应聘者，从中选出大学所需人员，并将其招聘进来的一系列规程或准则。新大学的教师招聘制度则与老大学不同，它们采用的是一种新型的招聘制。这种新型招聘制更加强调“由上而下”的职业扩张方式，更注重应聘者的主动权与自由，并且更为灵活。它不仅能够允许更多比例的教授职位存在，而且打破了限制教授数量增长的传统学系制度。埃塞克斯大学校长斯洛曼曾指出，英国传统大学“人才流失”

---

① 易红郡. 英国近现代大学精神的创新［J］. 清华大学教育研究，2015（5）：31-40.

② PERKIN H J. New universities in the United Kingdom[M]. Paris: Organization for Economic Cooperation & Development Publications, 1969: 150.

的其中一个重要原因便是许多科学家被压制在低层职位上，他们几乎没有也看不到任何晋升的希望。①

许多刚从英国老牌大学毕业的学生有一种明显的感觉，那就是令人兴奋的发展和有趣的挑战往往都发生在20世纪60年代的新大学中，因此他们密切关注着这些新大学的规划、建立与发展，而当时的那些老牌大学仍然高度抵制变革，如牛津大学和剑桥大学很晚才接受社会学。因而，如果一个人对新的学科或新的教学方法感兴趣，同时渴望参与高等教育的革新实验，那么新大学就是他要去的地方。② 正如苏塞克斯大学副校长布里格斯在1964年指出的那样，新大学按照新的路线工作的自由和规划新的学科组合的自由被证明具有从其他大学招募学者的巨大吸引力，因为传统大学的课程与教学等方面只有在万不得已的情况下才能改变。③

一、新型招聘制的诞生

在英国新大学诞生前，除牛津大学和剑桥大学外，英国的其他所有大学教师的薪酬和工作条件几乎都是差不多的。在牛津大学和剑桥大学工作的大多数学术人员，无论他们是否在大学里任教，都是属于他们各自的学院；而牛津大学和剑桥大学的学院作为不受国家补贴的“被资助机构”，同样不受大学拨款委员会工资标准的约束。因此，绝大多数牛津大学和剑桥大学的教师都拥有两份薪水，一份由学院支付，

---

① LAWLOR J. The new university[M]. London: Routledge & Kegan Paul Ltd., 1968: 43.

② SAVAGE M. Identities and social change in Britain since 1940: the politics of method [M]. Oxford: Oxford University Press, 2010: 124.

③ DAICHES D. The idea of a new university: an experiment in Sussex[M]. London: Andre Deutsch, 1964: 60.

另一份由大学支付，但通常只有后者才会受到政府所制定的工资标准的直接影响。同时，牛津大学和剑桥大学的工作条件往往也独立于英国的其他大学，因为它们不仅是自治机构，而且几乎没有任何世俗代表或控制因素，因而它们的教师实际上是一种能够进行“共同管理并拥有终身任职保障的自雇、自治与自我延续的群体”[①]。然而，在英国的其他大学，教授（Professor）、准教授（Reader）[②]、高级讲师或副教授（Senior lecturer）、讲师（Lecturer）和助理讲师（Assistant-lecturer）等主要教职工的薪资标准都是由政府所确定的。

一般说来，英国大学的教授、准教授和高级讲师或副教授的人数不得超过该机构学术人员总数的35%。[③] 除主要级别（如教授、副教授与讲师等）的教职工外，还有一些辅助级别的教职工，主要包括下述两种类型：第一，研究员、行政人员和管理人员等，他们的职责很少涉及或根本不包括教学，但他们的薪酬通常与主要级别的教职工相同。第二，一系列薪酬低于助理讲师水平的“非正式”教职工，如指导人员、研究助理、辅导助理或拥有一些类似头衔的人员等，他们是随着助理讲师的工资和地位的提高而出现的。由于他们中的大多数都是兼职人员或研究生，因此很难对其进行明确与具体的分类。

英国大学教师的工作条件名义上是由各所大学自行决定，但实际上亦相当统一，因为大学拨款委员会对大学教师的试用、晋升、保障及其他事宜都有明确规定。英国大多数大学教师的首次任命都是从助理讲师级别开始的，这也是教师任职的试用期，如果成功的话，在大

---

① PERKIN H J. New universities in the United Kingdom[M]. Paris:Organization for Economic Cooperation & Development Publications,1969:151.

② “Reader”是一个具有英国特色的大学教师职称，译作“准教授”，是介于高级讲师或副教授与教授之间的一个等级。

③ PERKIN H J. New universities in the United Kingdom[M]. Paris:Organization for Economic Cooperation & Development Publications,1969:151.

多数情况下，他在 2—4 年后就可以晋升为讲师（通常是 3 年后）；其余少部分英国大学教师的首次任命则是从讲师级别开始的，通常也是 3 年的试用期。一般说来，大学教师在成功完成试用期后，通常被任命至退休年龄（通常是 65 或 67 岁，但在一些大学是 70 岁），并且他们可以满怀信心地期待年薪的增加，直到他们达到最高“绩效指标”（Merit Bar）或最高级别（很少有教师被停职）。

从某种程度上说，以上论述表明新大学或许不能在教师招聘和待遇等方面自由地进行实验与创新，但这并非意味着新大学在这一领域一点创新也没有。当建立英国新大学的想法被首次提出时，人们对其教师招聘管理表达了两种截然相反的担忧。一方面，代表新大学的人们担心，由于新大学的声望不高，不能对众多教师进行智力刺激，因而可能将无法吸引到具有足够能力与才华的教师，尤其是具有教授职称的教师以建立强大的学术中心；另一方面，代表传统大学的人们，尤其是几所规模较大的城市大学校长们担心，新大学可能会吸引许多能干与有才华的教师，尤其是年龄和级别略低于教授级的教师。当时，罗宾斯委员会和大学拨款委员会也对此表达了担忧，即大学生人数增长的最大障碍是大学教师的潜在短缺。为此，罗宾斯委员会指出，大学教师的人数需要从 1962—1963 年的 16 750 人增加到 1980—1981 年的 45 000 人；而大学拨款委员会在其 1964 年的报告中也指出，接下来每年大学生毕业后进入教师行业的比例必须从 10%提高到 13%以上。①同时，倘若要保证应聘教师的素质，必须将一等和二等一阶的荣誉毕业生的比例从约 40%提高到 52%左右。②

此外，大学拨款委员会不仅对大学教师的潜在短缺问题表示关注，

---

① Robbins Committee. Report of the Robbins Committee on higher education[R]. London:HMSO,1963:174.

② PERKIN H J. New universities in the United Kingdom[M]. Paris:Organization for Economic Cooperation & Development Publications,1969:155.

而且对以下两方面特别关注："首先，我们认为，大学的职业前景自二战以来因高薪职位比例的相对减少而变得更加糟糕……我们的第二个担忧是大学师生比例的失调问题。"① 第一，关于大学的职业前景问题。教授与非教授人员的比例从 1938—1939 年的 1∶4.12 恶化到 1961—1962 年的 1∶7.4；自 1947 年起，英国对高级讲师或副教授、准教授与其他人员（不包括教授）比例所施加的限制（1958 年之前为 2∶8，1967 年之前为 2∶9）进一步降低了人们对大学职业前景的预期。② 第二，关于大学师生比例的问题。在英国大学的文学院、社会研究学院、理学院与应用科学学院中，全职教师与学生的比例从 1938—1939 年的 1∶7.9 改善到 1954—1955 年的 1∶7.6，但至 1961—1962 年却已恶化到 1∶8.4。因此，大学教师晋升前景的恶化和教学负担的增加等问题，都是人们担心新大学缺乏高素质师资的重要原因。

毫无疑问，大学拨款委员会希望新大学能在教师招聘管理等方面对英国的高等教育系统进行革新。因为 20 世纪 50 年代的英国老大学给人一种停滞的感觉，即它们无论是在规模上还是在院校之间都缺乏流动性。这一方面是由于大学生人数的相对稳定，另一方面则是由于在大学教师协会要求大学成员按资历晋升的压力下，英国大学几乎都采取了以助理讲师取代退休或调动的高级非教授级工作人员的共同政策。因而，英国大学之间的流动性很小，并且在教授级别之下的教师几乎没有什么变动。从这一层面上说，只有通过设立新大学并采用新的组织方式才能为教职工创造出更多新职位与高层职位。于是，新型招聘制便应运而生。

---

① University Grants Committee. University development: report on the years 1957-62 [R]. London: HMSO, 1964: 149.

② PERKIN H J. New universities in the United Kingdom[M]. Paris: Organization for Economic Cooperation & Development Publications, 1969: 155.

二、新型招聘制的特点

大学拨款委员会特别欢迎英国新大学尝试更灵活的招聘制度与组织形式等，以打破限制教授数量增长的传统学系制度，并允许更多的教授职位存在。[①] 总的来说，英国新大学的新型招聘制主要包括如下特点。

（一）“由上而下”的职业扩张方式

英国新大学的新型招聘制更强调“由上而下”的职业扩张方式。新大学设立的教授职位和高级职位往往比任何老大学都要多，并且后者的职位扩张通常都是从底部而非顶部发展起来的。因此，新大学“由上而下”的职位扩张方式有助于促进英国整个高等教育系统内教职人员的流动，甚至对英国高等教育的外部系统都产生了重要影响。新大学不仅将一些非教授级的高级教职工提拔到教授级别，而且吸引了一些来自英国城市大学和海外大学的资深教授以及一些牛津大学和剑桥大学的高级研究员等，尤其是在系统工程和运筹学等新技术领域。此外，新大学的教职工也有来自商界的人。这为英国传统大学的教师提供了晋升的机会，加之传统大学的普遍扩张，共同降低了英国大学教师的平均年龄并增强了许多大学领导层的活力，这非常像权力从一代人突然转移到另一代人的身上。

（二）允许更多比例的教授职位存在

英国新大学的新型招聘制能够允许更多比例的教授职位存在，从而打破了限制教授数量增长的传统学系制度。新大学教授的平均年龄普遍较低，促使大学的活力得到明显提高。可以说，几乎没有一所新

---

① University Grants Committee. University development: report on the years 1957-62 [R]. London: HMSO, 1964: 145.

大学会抱怨在招聘高级或初级人员等方面存在任何困难，除了一两门特别“稀缺”的学科，如数学、经济学或社会学等，这是由于工业和政府的需求以及全国各地大学的迅速扩张导致这些学科供不应求。① 表3-2 列出了 1966—1967 年英国 8 所新大学全职学术人员的实际人数。由于在 1966—1967 年，斯特林大学和阿尔斯特大学还没有向学生开放，因而表中并不包括它们，但它们的教师招聘简章分别给出了 52 个（包括 14 名教授）和 18 个（全部为教授）学术职位。② 当时肯特大学和沃里克大学还处于对外开放的第二年，它们并没有为三年制的本科课程配齐人员。除苏塞克斯大学外，当时其余的所有新大学都没有达到拥有约 3000 名大学生的短期目标。

人们预计到 1972 年底，新大学教职工的总数将达到 2500 人左右。换言之，1967 年只有大约十五分之一的大学教师在新大学任教，而至 1972 年，这一比例将不到十分之一。1965—1966 年，在全国 2404 名教授中增加 204 名新大学的教授，这对一个不断扩张的英国大学系统来说几乎不算是一种压力，特别是在一个以前人为限制教师晋升的英国大学系统中。可以说，这是对那些悲观主义者的有效回应——他们认为新大学要么无法招聘到足够有能力的教职人员，要么则会严重削弱老牌大学的实力。

① PERKIN H J. New universities in the United Kingdom[M]. Paris: Organization for Economic Cooperation & Development Publications, 1969: 156.

② PERKIN H J. New universities in the United Kingdom[M]. Paris: Organization for Economic Cooperation & Development Publications, 1969: 157.

表 3-2　1966—1967 年英国 8 所新大学全职学术人员人数表①

学校	教授	准教授和副教授	讲师	助理讲师	其他人员
苏塞克斯大学	44	57	175	98	0
基尔大学	20	29	90	31	32
约克大学	19	30	91	18	6
东英吉利大学	22	18	72	44	14
埃塞克斯大学	13	15	55	23	6
兰开斯特大学	18	19	69	43	4
肯特大学	19	20	58	36	2
沃里克大学	17	24	47	42	5

（三）彰显了性别平等的理念

英国新大学的新型招聘制在一定程度上体现了性别平等的理念。与英国老大学不同的是，新大学的女教职工的人数虽然相对较少，但它们并非不愿意招收女性，而是符合条件的女性太少。当时的新大学只有 4 名女教授和 146 名非教授级别的女性教职工，她们约占所有教授比例的 2%，约占所有学术人员比例的 10%，这与英国全国平均水平几乎完全相同，但略高于其他大部分西方国家。② 可以说，女性学术机会不平等的问题在西方世界比较普遍：在西欧的大学中，女性教职工占所有学术人员的比例约从德国的 1.5%和意大利的 2%到法国、荷兰和挪威的 8%不等；在澳大利亚的大学中，女教职工约占所有教授比例的 1%；在美国的大学中，女性教职工约占所有教师比例的 10%。只有在

① PERKIN H J. New universities in the United Kingdom[M]. Paris: Organization for Economic Cooperation & Development Publications, 1969: 157.

② Robbins Committee. Report of the Robbins Committee on higher education[R]. London: HMSO, 1963: 172.

阿根廷（29%）、罗马尼亚（31%）、泰国（37%）和菲律宾（38%）等国家的大学中，女性教职工占所有学术人员的比例才接近平等。[①]

造成大学男女教职工比例差距过大的原因是多方面的，但在英国的体制内主要有三个强有力的影响因素：第一，进入大学的女性比例较小；第二，攻读研究生学位并获得大学教学资格的女性比例更小；第三，在许多遴选者看来，由于同工同酬的影响，致使男性似乎成为更长期、更可靠的人员，他们似乎不会为了家庭而放弃事业。总的来说，在这一方面，新大学的创新之处在于它们愿意聘用女性学者，但在合格的申请者中女性学者非常稀少。

（四）体现了民族平等的思想

英国新大学的新型招聘制在一定程度上体现了民族平等的思想。新大学的外国学者相对较多，不仅有英联邦白人，还有美国学者等。值得注意的是，几乎所有外籍的学者都可以成为新大学的访问学者或永久职员。[②] 例如埃塞克斯大学 147 名员工中有 19 名拥有外国第一学位，兰开斯特大学 203 名员工中有 18 名拥有外国第一学位，他们的原籍国包括澳大利亚、新西兰、美国、印度、日本和阿根廷等。此外，埃塞克斯大学比较研究学院的学者，有在里斯本（Lisbon）、华沙（Warsaw）、科尔多瓦（Cordoba）、墨西哥城（Mexico City）、巴黎、耶鲁、斯坦福和堪萨斯州（Kansas）等地受过专业教育的；兰开斯特大学历史学领域的教师，有在悉尼、奥克兰（Auckland）、鲍登（Bowdoin）和威斯康星州（Wisconsin）等地获得第一学位的。

（五）保障的对象范围更广

英国新大学的新型招聘制所保障的对象范围更广。在传统大学的

① HACQUAERT A. The recruitment and training of university teachers[M]. Ghent: International Association of University Professors and Lecturers, 1967: 36-37.

② HACQUAERT A. The recruitment and training of university teachers[M]. Ghent: International Association of University Professors and Lecturers, 1967: 59-60.

章程和法规中，对大学教职工的保障措施往往仅限于教授级别的教师；但是在新大学的章程和法规中，这些保障措施扩展到了所有的学术人员。例如兰开斯特大学的第18号法令规定：第一，由大学校务委员会任命的大学成员，如有正当理由，可由大学校务委员会免去其职务；但大学校务委员会不得轻易开除任何人，除非他有合理的机会亲自向大学校务委员会陈述。第二，被大学校务委员会开除的人员随时都可以向女王陛下提出上诉，其决定方为最终决定。第三，大学校务委员会以正当理由免除教职工职务、会员资格或职位时的“正当理由”意味着：一是他们被判定犯有刑事罪行，以致其不适合履行他们的职务或职责时。二是他们因精神或身体原因，抑或由于长期疏忽而未能适当履行他们的职务或职责时。三是他们被判定为具有不道德或可耻的行为，以致其不适合继续担任他们的职务或职位时。四是他们被判定为未能或无能力履行他们的职务或职责，抑或未能遵守他们职务或职位的条件的行为时。第四，基于本法令，除委任条款另有规定外，任何大学官员均不得被随意免职。①

几乎所有新大学的章程都有类似的条款，这是由于大学拨款委员会建议坚持这些条款。大学拨款委员会坚持这些条款的理由是，如果一名不称职的教师拒绝辞职，那么这些条款则是对大学而非个人的一种保障。出于类似的原因，书面工作合同在英国所有新大学中也基本相同。值得注意的是，英国新大学有一个非常模糊的条款：对于非教授职称的教师来说，他们应该履行承担大学评议会或学科教授可能指示的教学、考试等学术职责；同时他们还将通过进修或研究来提高自身的专业水平，以履行指导研究生等职责。对于教授来说，他们的职责可能被定义得更模糊，如组织管理或协助组织管理学科建设工作，

① PERKIN H J. New universities in the United Kingdom[M]. Paris: Organization for Economic Cooperation & Development Publications, 1969: 153-154.

承担教学任务与开展研究等。这种模糊性来自不可能对大学教师的实际工作进行“封闭式”的明确规定。但在实践中，大学教师的职责往往只能进行操作性定义，即通过同行评价或比较评价等来判断这些教师的表现，从而达到任命、晋升或解雇等目的。

（六）注重应聘者的主动权与自由性

英国新大学的新型招聘制更注重应聘者的主动权与自由性，并且更为灵活。新大学的应聘者能最大限度地按照其自身意愿对大学教育进行革新，即他们不仅能不断尝试新的教育事务，而且有权决定学科的发展方向等，这些特权都是老大学所没有的，无论是刚诞生的还是已经发展到一定程度的老大学。也就是说，这些应聘者尤其是教授能将一些新思想、新课程、新学科与新方法等应用到新大学中，这是老大学无法做到的。例如东英吉利大学生物科学的资深教授托马斯·本尼特-克拉克（Thomas Bennet-Clark）便是被之前狭隘的生物学研究“驱使”而离开了伦敦大学国王学院；① 兰开斯特大学的一位英语教授也是如此，他曾在海外大学担任过两次教授，后来他来到兰开斯特大学是因为希望以一种新的方式教授语言；沃里克大学分子科学学院的院长则认为，或许多年后，他仍然无法说服剑桥大学采用多学科组合的学位课程；埃塞克斯大学比较研究学院的院长对此表达了相同的看法，他将文学、管理学、艺术和社会学结合在了一起。②

另外，埃塞克斯大学的校长斯洛曼尽管受到了安南教育理论的影响，但他还是决心在该大学留下自己的印记。因此，斯洛曼被聘用后不久，他就到美国的十几所大学进行了为期四周的访问，以收集相关创意性想法和教育观点等。他花了大量时间与加利福尼亚大学伯克利

---

① SANDERSON M. The history of the University of East Anglia, Norwich[M]. London: Hambledon, 2002: 99.

② PERKIN H J. New universities in the United Kingdom[M]. Paris: Organization for Economic Cooperation & Development Publications, 1969: 159.

分校校长克拉克·克尔（Clark Kerr）进行交流。斯洛曼注意到加利福尼亚大学伯克利分校是以多学科为基础进行组织的，同时还拥有优秀的员工。受此影响，斯洛曼计划在埃塞克斯大学实施这项措施。① 换言之，斯洛曼不仅同意大学拨款委员会和埃塞克斯大学学术规划理事会对课程跨学科性的强调，而且他认为大学以多学科为基础进行组织会让学者对他们的学科和课程拥有更多的自主权，从而更好地促进研究和教学的发展。

于是，当斯洛曼回到埃塞克斯大学时，便将这种多学科组织制度与学术规划理事会关于“跨学科学院”的想法结合起来。基于此，他将8门学科（化学、经济学、政治学、文学、数学、物理、社会学和语言学）分为3所学院（物理科学学院、社会科学学院和比较研究学院）。同时，为了吸引优秀的学者担任这些学科的负责人，斯洛曼给予了他们设计课程的自由，并提供使这些课程成为世界一流课程所需的所有资源。与英国其他大学相比，斯洛曼更强调埃塞克斯大学的国际化。为此，他不仅主张将国际课程作为埃塞克斯大学的特色，而且招募了大量来自美洲和欧洲等地的人员。② 在20世纪60年代，埃塞克斯大学约有三分之一的学生都是国际学生。③ 可以说，斯洛曼深刻地塑造了埃塞克斯大学建校初期的课程、结构和人员等。

（七）招聘方式更为灵活

英国新大学新型招聘制的招聘方式更为灵活，如通过讲座进行宣传等。在《罗宾斯报告》所引发的讨论的基础上，英国广播公司邀请

---

① TRIBE K. Economic careers：economics and economists in Britain 1930-1970[M]. New York：Routledge，2002：232.

② PELLEW J，TAYLOR M. Utopian universities[M]. London：Bloomsbury Publishing，2020：149.

③ THOMPSON P. University of Essex：our 50th anniversary[EB/OL]. [2022-03-08]. http://www.essex.ac.uk/fifty/podcasts.

埃塞克斯大学校长斯洛曼就大学的未来进行6场里斯讲座。在埃塞克斯大学创始人安南和社会政策学教授彼得·汤森德（Peter Townsend）的帮助下，斯洛曼借此机会与人们分享了他对埃塞克斯大学的想法、构想与愿景等，以争取更多的公众支持与吸引更多的知名学者。在讲座中，斯洛曼断言，《罗宾斯报告》表明英国大学正面临着不断增加的人数和知识的压力，而这种压力只能通过"彻底的创新"来解决；[①] 而"彻底的创新"往往只能发生在英国新大学中，如埃塞克斯大学。斯洛曼进一步指出，埃塞克斯大学将是一所具有示范性的民主大学，它不仅招收来自各阶层的学生，而且会使他们成为学术领域的正式成员，同时他们能够完全主宰自己的个人生活并直接参与到大学管理中。更重要的是，埃塞克斯大学激进的新课程不仅将培养更多的科学家，而且将解决学生所关心的重要问题。总的来说，斯洛曼在讲座中表达了他对一所高科技现代大学的愿景，这将为来自各阶层的学生提供优质的教育。

斯洛曼在讲座中反复使用了"现代""激进""革命""进步"和"规划"等词。他认为课程的全部意义就在于使大学生能够研究与改善现代世界，并利用他们所受到的教育解决世界的难题。这些讲座有助于为埃塞克斯大学招募到更多具有前瞻性、平等主义的人员，因为他们特别有兴趣成为这所"非传统大学"推行伟大进步实验的见证者与亲历者。后来对60名埃塞克斯大学教职工和学生的采访表明，他们中的许多人都是带着兴奋和好奇的心情听完斯洛曼讲座的；尤其是当时他们被斯洛曼的愿景所深深吸引，认为埃塞克斯大学是一个进步和冒险的地方，同时也是一个"与时代精神相协调"的地方。[②]

值得注意的是，社会学家保罗·汤普森（Paul Thompson）于1967

---

① SLOMAN A E. A university in the making[M]. London: BBC, 1964: 10.

② THOMPSON P, BORNAT J. Myths and memories of an English rising: 1968 at Essex[J]. Oral history, 1994, 22(2): 44-54.

年来到埃塞克斯大学。他收集了多年来埃塞克斯大学学生、学术人员和管理人员的口述史档案，这些档案揭示了很多关于斯洛曼和当时里斯讲座的信息，其中之一便是保罗·汤普森对彼得·汤森德的采访，因为汤森德帮助斯洛曼撰写了里斯讲座的发言稿。当汤森德离开伦敦政治经济学院，成为埃塞克斯大学的首批教授时，只有35岁。埃塞克斯大学的创始人安南和校长斯洛曼选择汤森德是因为他在社会政策领域的开拓性成就。于是，汤森德便成为埃塞克斯大学社会科学领域的首任负责人，该领域主要包括经济学、政治学和社会学。汤森德认为，虽然斯洛曼非常严谨、有效率和有秩序，但他不易接近。汤森德断言：“我认为，安南才是为这所大学的独特形式做出最大贡献的人。斯洛曼可没那么有想象力，他虽然工作效率很高，很简明扼要，但是他对自己的想法有点缺乏自信。”① 然而，其他教职工则认为，斯洛曼是最合适的校长，他擅长吸引最好的人到大学工作，最终成功地从零创建了这所大学。② 无论里斯讲座背后的思想是源于斯洛曼、安南还是汤森德，这都反映了20世纪60年代通过西方世界的政治、文化和知识精英传播的自由主义现代化话语。

另外，沃里克大学是这样进行描述与宣传的：“这是英格兰最中心的郡，它有着丰富的历史和文化传统……所有这些都是英国乡村的特征——草地、细密的树林、安静的河流、迷人的村庄、许多著名的教堂和漂亮的古老庄园……”③

---

① THOMPSON P. Stories of Essex sociology[EB/OL]. (1998-09-14)[2022-03-08]. https://essexsociologyalumni.com/memories/tales-from-past-folk/extract-of-interview-with-peter-townsend-on-his-essex-days.

② PELLEW J, TAYLOR M. Utopian universities[M]. London: Bloomsbury Publishing, 2020: 152.

③ PELLEW J, TAYLOR M. Utopian universities[M]. London: Bloomsbury Publishing, 2020: 222-223.

三、新型招聘制的意义

英国新大学的新型招聘制具有如下意义。

第一，有利于促进英国大学系统的人员流动。前文已述，新大学新型招聘制所创造出的希望远远大于大学拨款委员会的担忧，因为它们所创造的教授职位和高级职位比英国老大学的任何类型的扩张所得都要多，并且那些老大学的职位扩张往往都是从底部而非顶部发展起来的。因此，新大学这种“由上而下”的职位扩张方式有助于促进英国整个大学系统内教职人员的流动，甚至对大学外部都产生了重要影响。

第二，有利于更好地吸引与引进高素质人才，尤其是教授级别的人员。因为新大学前几年的教学负担和行政杂务远比老大学重得多和多得多。因此，新大学的新型招聘制必然有其吸引人之处。前文已述，新大学并不缺乏合格的申请者，并且新大学需要比老大学更加谨慎，特别是在选择每门学科的带头人等方面，这是由于启动一个新的研究远比接管一个正在进行的研究更加严格和令人兴奋。那么，究竟是什么吸引了这些高素质人才，尤其是教授级别的人员，使他们能从知名大学来到当时各方面设施都还不完善的处女地上的新大学，从事苛刻、耗时与高强度的开拓性工作？毫无疑问，对他们中的许多人来说，雄心壮志、经济回报和学术声望都起到了一定作用，但这并不能说明所有问题，或者在某种意义上并不能说明任何问题，因为英国的其他大学也完全可以为“可坐的人提供椅子”，尤其是教授级别的人员。

因此，新大学的新型招聘制必然有其吸引人之处。

首先，新大学招聘文件上提到的周围乡村的环境或气候等对学术人员具有一定吸引力。

其次，一些高素质人才尤其是教授级别的人员对英国当时的学术环境深感失望，即他们无法将一些新思想、新课程、新学科、新方法等应用到老大学中，而新大学的新型招聘制则能够通过书面方式赋予这些“先驱者”革新英国大学教育及尝试新鲜教育事务的实质性权利。也就是说，新大学的新型招聘制能够允许应聘者在实践中尝试更多新的事物，而不是将尝试新事物的机会仅仅停留于思想层面上。按照“先驱者”的观点，上述行为只有在缺乏旧体制束缚的新大学才能实现，这也是新大学广为人知的“魅力”所在。布里格斯教授来到苏塞克斯大学，成为该大学的首任副校长与社会研究学院的首任院长便是由于他无法重绘利兹大学的“学习地图”；同样，一名社会历史学家来到兰开斯特大学也是因为他在曼彻斯特大学的历史学院完全看不到自己学科的未来。

再次，新大学的新型招聘制能够吸引一些知名学者的原因不仅是他们有机会采用新的方法教授新的学科，也是这些学科彼此间都是平等的。

最后，还有一些其他原因致使新大学的新型招聘制具有吸引力。一是有的人认为新大学的评定标准可能不会很严格；二是有的人认为在新大学可能会得到更多的个人关注；三是有的人认为新大学员工的平均年龄可能会比其他大学更小，因而他们或许不会那么正统；四是有的人认为在新大学或许能够比在规模更大、建立时间更长的老大学里更快地成为群体的领导者；五是有的人认为新大学的课程设置等是令人兴奋的。至少出于上述原因，新大学并不会缺少优秀的申请者。[①] 值得注意的是，新大学非教授级的员工主要是从英国招聘的。可以说，英国新大学的首批学者们为新大学带来了大学领域的广泛经验，他们对新想法和新事物总是保持着积极开放的态度，并对新大学的前景感

① LAWLOR J. The new university[M]. London: Routledge & Kegan Paul Ltd., 1968: 57.

到兴奋。

总的说来，英国新大学渴望成为“模范雇主”，并在员工的薪水、旅行和研究津贴、学习假期等方面表现得十分慷慨。但这并不能吸引那些高素质人才，因为他们在其他大学也能获得类似甚至更好的待遇。因此，不可避免的结论是，新大学的新型招聘制之所以能够成功地吸引许多高素质人才，主要是因为它们拥有对高等教育进行自由实验和创新的机会，这意味着新大学将成为英国未来高等教育的先锋。因此，它们不仅吸引了喜欢新型大学系统如跨学科学院的人员，也吸引了喜欢与学生有更多交流的人员，同时还吸引了想成为教授而不想把他们的研究才能浪费在行政管理上的人员，以及喜欢行政管理，想成为领导者的人员。但是，与英国老大学一样，新大学必须学会应对它们自身的问题，尤其是如何将责任和主动权从一代人的手中传递给下一代，这是一个艰难且永恒的问题。这一问题必将随着新大学的发展以及新大学成员从“开国元勋”到“革命之子”的转向而变得尖锐起来。①

第四节　学生生活：混合的寄宿制

在英国古典大学的文化传统中，学生宿舍不仅是一个居住场所，更是培养学生的关键场所，因而它们实行了寄宿制。早期的城市大学希望学生住在家里，因此为学生提供的宿舍相对较少，它们实施的是走读制而非寄宿制。但是人们普遍认为，如果缺乏充足的住宿条件，新大学很难成为国家性机构，更不用说成为国际性机构了。同时，人们也指出，将英国政府的主要拨款用于新大学的住宿是缺乏公平性的。因此，大学拨款委员会呼吁甚至要求新大学能够直接为学生提供住宿，

① PERKIN H J. New universities in the United Kingdom[M]. Paris: Organization for Economic Cooperation & Development Publications, 1969: 160.

而无须政府拨款。正如前文所述，所有新大学都雄心勃勃地想要成为一所规模庞大的大学，它们很清楚这会带来很多问题，尤其是学生生活的管理问题；更重要的是，新大学尤为注重学生培养的全过程性，因而如何对学生的生活进行管理便成为它们所考虑的重点，而住宿则是一种非常重要的管理方式。为此，关于是否应该为学生提供住宿，为学生提供怎样的住宿以及住宿对于培养学生的意义等都是新大学所讨论的重点话题。

一、混合寄宿制的诞生

“牛桥”等古典大学主要是基于大多数学生将住在大学的假设，而城市大学则更多基于大多数学生将住在家里或出租房的假设，因为随着学生人数的不断增加以及助学金制度的不断完善，学生可以到离家很远的大学学习。20 世纪 20 年代早期，在最初的城市大学中，有 64％的学生住在家里，24％的学生住在出租房。然而，从 20 世纪 30 年代开始，越来越多的学生开始远离他们的家乡。[①] 这一趋势在埃克塞特、诺丁汉、雷丁和南安普顿等规模较小的大学学院中最为明显。由于这些大学学院附近的人口较少，因而它们积极寻求并努力吸引更远地方的学生。20 世纪 30 年代初，在较老的城市大学中，有 66％的学生住在家里，16％的学生住在出租房，18％的学生住在大学宿舍。[②] 在二战期间，有迹象表明，学生越来越多地将英国大学体系视为一个全国性的开放系统；而在二战后，学生跨区域流动的趋势变得更加明显。到 20 世纪 50 年代初，较老的城市大学中有 44％的学生住在家里，41％的学

---

① VERNON K. Engagement，estrangement or divorce? The new universities and their communities in the 1960s[J]. Contemporary British history，2017，31(4)：501-523.

② VERNON K. Engagement，estrangement or divorce? The new universities and their communities in the 1960s[J]. Contemporary British history，2017，31(4)：501-523.

生住在出租房，15%的学生住在大学宿舍，其中共有53%的学生来自大学方圆30英里内的地区。同时，新升格的大学中有20%的学生住在家里，34%的学生住在出租房，46%的学生住在大学宿舍，其中共有27%的学生来自大学方圆30英里内的地区。①

据统计，大学生离家外居的比例从1931—1939年的58%上升至1951—1952年的65%，1961—1962年这一比例已高达80%。② 大学拨款委员会特别欢迎这一发展，因为与住在家里的大学生相比，住在外地的大学生更有可能扩展他们的经验，并参与更多的大学生活。同时，大学拨款委员会还希望英国大学能够为学生提供更多的宿舍，或者在可能的情况下为每名有需要的学生提供至少一年的大学住宿生活。可见，学生住宿是大学拨款委员会非常感兴趣的话题。其实，从20世纪30年代开始，大学拨款委员会便要求大学为学生提供宿舍；而在二战后，大学拨款委员会再一次强调了学生宿舍的重要性，并将其作为大学教育的核心组成部分。

有学者曾言，如果大学过于吝啬，不为学生提供住宿服务，那么它们将面临无法被称为“真正的大学”之危险。③ 英国新大学特别注重为学生提供住宿服务。同样，罗宾斯委员会也建议为新大学的住宿提供大量资金，以降低牛津大学和剑桥大学的吸引力。然而，在20世纪60年代，传统大学公寓的价格十分昂贵（1962年每名学生的住宿费用超过1800英镑）。尽管在1938—1939年至1961—1962年，英国大学为此投入了相当多的资源，但它们只将住在大学宿舍中学生的比例从

① VERNON K. Engagement, estrangement or divorce? The new universities and their communities in the 1960s[J]. Contemporary British history, 2017, 31(4): 501-523.

② PERKIN H J. New universities in the United Kingdom[M]. Paris: Organization for Economic Cooperation & Development Publications, 1969: 86.

③ SMITH D. Eric James and the “Utopianist” campus: biography, policy and the building of a new university during the 1960s[J]. History of education, 2008, 37(1): 23-42.

25%提高至28%。① 因此，英国大学完全没必要为实现如此之小的成就而付出那么多的代价和努力，尤其是在许多大学的宿舍供应开始枯竭时；即使基尔大学学院一开始强调学生应完全居住在传统的学生公寓里，后来也由于资金及资源的普遍短缺，使得该住宿方案被迫终止。于是，新大学自然而然地便采用了比传统学校公寓更便宜、更灵活的住宿形式，因为新大学普遍位于相对较小的社区边缘，它们必然强调学生的居住。此外，由于大学生对家长作风的反感与对独立的渴望等，致使大学生更喜欢自由与便利的大学住宿生活。② 也就是说，新大学所采用的新的、更灵活的学生居住方式更加符合现代学生的自由、成熟和独立的需要。正如埃塞克斯大学校长斯洛曼所指出的那样，离开家庭对大多数大学生都有好处。因此，他主张大学应该为学生提供完整的生活体验。③

英国新大学的住宿是整个大学生活的缩影，它能为个体提供完整的学术、社会与文化体验。④ 同时，新大学尤为注重学生宿舍的混合布局，它们强调学生宿舍不仅是一个居住场所，更是大学最基本的媒介空间，它应当与大学的其他功能设施有着更紧密与自由的联系。因此，在新大学中，不同学科背景、兴趣和学习不同专业的学生可以经常聚集在一起，这对于实现大学的使命以及培养整全的人来说至关重要。

---

① PERKIN H J. New universities in the United Kingdom[M]. Paris: Organization for Economic Cooperation & Development Publications, 1969: 87.

② FEINSTEIN C H. York 1831-1981: 150 years of scientific endeavour and social change [M]. York: William Sessions, 1981: 285.

③ PELLEW J, TAYLOR M. Utopian universities[M]. London: Bloomsbury Publishing, 2020: 25.

④ VERNON K. Engagement, estrangement or divorce? The new universities and their communities in the 1960s[J]. Contemporary British history, 2017(04): 501-523.

二、混合寄宿制的类型

英国新大学希望能够吸引许多全国乃至世界范围的学生，并且它们都尽可能地靠近能够容纳大量住宿设施的地区。同时，新大学也会想办法让所有的学生在大学校园里至少居住一年。[①] 正如埃塞克斯大学校长斯洛曼所主张的那样，大学生应经历完整的社会生活。[②] 英国新大学的住宿模式与老大学的有所不同，它们实施的既非寄宿制也非走读制，而是一种更加灵活的混合“寄宿制”。这种混合“寄宿制”主要包括以下两种形式：一是“学习-卧室制”（Study-Bedroom），二是“新住宿学院制”（New Collegiate）。可以说，英国新大学对住宿的重视体现了一种深刻的信念，即建筑具有创造理想大学的力量。

（一）“学习-卧室制”

大多数新大学的住宿采用了“学习-卧室制”，即将卧室按照一定人数成组布置，每组人员共享洗衣间、厨房与餐厅等公共设施。该住宿模式类似家庭式的生活，但它也强调共享大学公共设施。[③] 例如苏塞克斯大学建造了 4 个由“学习-卧室”组成的“公园房”（Park House），其中每组人员都能共用厨房和小型电视休息室等，它距离师生共用的食堂和休息室仅有两分钟的步行时间。值得注意的是，苏塞克斯大学的“库鲁昆迪斯之家”（Kulukundis House）专为有严重身体残疾的学

---

① LAWLOR J. The new university[M]. London：Routledge & Kegan Paul Ltd.，1968：39.

② 王彦，陈宇. 回归日常生活：埃塞克斯大学校园规划 50 年思考［J］. 住区，2017（1）：152-157.

③ 王彦. 日常生活维度：英国 1960 年代“新大学”校园规划研究［D］. 北京：清华大学，2018：133.

生提供住宿，这在当时的英国是独一无二的。① 沃里克大学围绕“社交楼”建造了一系列“学习-卧室”，并为全体教职工和学生提供了齐全与混合的公共设施。同时，由于附近住房短缺，沃里克大学还收购了考文垂、凯尼尔沃思（Kenilworth）和皇家利明顿矿泉市（Leamington Spa）的 5 栋带家具的公寓，并将它们改造成了一系列供学生使用的“学习-卧室”。

在学生住宿方面，最有趣的实验是在埃塞克斯大学和东英吉利大学进行的。埃塞克斯大学的宿舍采用了高层塔楼的构建方式，其中每层都有一套“学习-卧室”，除有两层仅供学术人员和研究生使用外，其余每层不仅为每 8 名住校生提供一间“学习-卧室”，而且为约 20 名非住校生提供 4 间共享学习室；② 住校生和非住校生能够共享书房、厨房和公共生活空间等。该宿舍距离埃塞克斯大学的教学大楼和中央食堂仅需 5 分钟步行时间。东英吉利大学的宿舍是“金字塔式”或“阶梯式”的设计，这种住宿形式被其校长西斯尔思韦特描述为“类似意大利文艺复兴时期的山城”。③ 它将约 12 名学生安排在同一间“学习-卧室”，每间“学习-卧室”都拥有公共的“早餐-厨房区”。新大学这种极具创意的建筑，体现了它们将创造性的学术理念与校园建筑相结合的意愿。④

（二）“新住宿学院制”

兰开斯特大学、肯特大学与约克大学等实行了“新住宿学院制”，

---

① University of Sussex. Our campus[EB/OL]. (2021-08-10)[2023-01-19]. https://www.sussex.ac.uk/about/60-years-of-sussex/history/campus.

② LAWLOR J. The new university[M]. London: Routledge & Kegan Paul Ltd., 1968: 39.

③ THISTLETHWAITE F. Origins: a personal reminiscence of UEA's Foundation [M]. Colchester: Palladian Press, 2000: 56.

④ 杨秀治. 西方大学建筑文化及其教育意蕴 [J]. 全球教育展望，2017 (5): 81-90.

即将居住与教学相结合，并以组团的方式混合布局。这种住宿模式并非对“牛桥”等传统大学“住宿学院制”（Collegiate）的模仿，因为它不仅没有任命学术人员或选择学生的权利，也没有单独的捐赠和独立于大学的教学功能。新大学的“新住宿学院制”只是一种管理手段，它将庞大而不固定的学生群体按照学术以外的指标分成更小的单位，以用于社交、住宿、福利和纪律等目的，并使拥有不同学科背景的师生有着更为密切的联系；另一方面，新大学的“新住宿学院制”具有附属于大学的跨学科教学功能。[①] 因为新大学会根据不同的授课内容让学生在不同学院间“流动”，即学生能在自己的住宿学院学习课程，也可由其他住宿学院授课。同时，每名学生的导师并不局限于他们所在的学科或学院。

肯特大学校长坦普尔曼是主张全面采用“新住宿学院制”的最热心、最不知疲倦的倡导者。这所新大学所采用“新住宿学院制”的灵感并非来源于坦普尔曼对牛津大学和剑桥大学“住宿学院制”的深刻了解，而是来源于他对澳大利亚一些实行学院制度大学的实地考察。[②] 与其他采用“新住宿学院制”的新大学不同的是，肯特大学的所有人员平均分布在每所学院，而不是集中于他们所在学院。例如社会学教师、经济学教师、历史学教师、数学教师、物理教师以及文学和语言教师在各所学院的分布或多或少都是均等的。另外，人们决定用 20 世纪英国杰出人物的名字来命名肯特大学的学院。[③] 1965 年，也就是肯特大学第一所学院成立的那一年，诗人 T. S. 艾略特（T. S. Eliot）去世

---

① ROSS M G. New universities in the modern world[M]. London: Macmillan, 1966: 38-39.

② MARTIN G. From vision to reality: the making of the University of Kent at Canterbury [M]. Canterbury: University of Canterbury, 1990: 109.

③ MARTIN G. From vision to reality: the making of the University of Kent at Canterbury [M]. Canterbury: University of Canterbury, 1990: 122-123.

了，因此人们就以他的名字命名这第一所学院；由于肯特大学第一所学院是以人文科学领域的名人名字命名的，为了给予自然科学与人文科学以同样重视，下一所学院必须以科学家的名字命名，因此1966年的卢瑟福（Rutherford）学院便诞生了；接下来就轮到以社会科学领域的名人名字命名，因而第三所学院便是1968年的凯恩斯（Keynes）学院；第四所是1970年的达尔文（Darwin）学院。还应指出的是，肯特大学是英国引入混合居住原则的新大学之一。尽管这在后来变得越来越普遍，但在当时无疑是一项激进的举动与创新性的做法，并引起了极大的关注。

从某种程度上说，新大学的“新住宿学院制”也是一种多功能设施的混合方式，在其影响下，新大学的住宿学院成为一个容纳师生生活与教学的综合体。例如肯特大学的住宿学院大楼是学生学习及日常生活的重要场所，其中设置了教学设施、生活设施与公共交流的大厅，以求达到学习和生活的融合。新大学的“新住宿学院制”不仅能够允许学生住在学院里，而且为教职工提供了住所。同时，教职工和学生每晚都可以在一个公共的大餐厅里一起用餐，相比“牛桥”传统的“高桌晚宴”，这是一个极大的不同。新大学的“新住宿学院制”既可以使不同学科的师生有更多互动机会，也能允许他们保持更密切的联系。可以说，每所住宿学院既是混合的，也是大学生活的缩影。

约克大学、肯特大学和兰开斯特大学等所采用的“新住宿学院制”从表面上看起来似乎与传统学校公寓并没有什么区别，但实际上，它们有一个本质的区别，那就是虽然传统学校公寓为学生提供了全方位的公共设施，但学生往往只会在晚上使用这些设施，而“新住宿学院制”大学的公共设施全天候都得到了充分利用，即这些设施不仅被住宿者充分利用，而且被白天在校的非住宿人员充分利用。对此，肯特大学校长坦普尔曼声称，这些公共设施不分日夜地被频繁使用，因而不得不在长假期里关闭它们，并对其进行例行维护与装饰。[①]

三、混合寄宿制的优势

首先，英国新大学的混合寄宿制打破了住校生与非住校生之间的不平等现象，并让非住校生获得了住校生所拥有的福利，从而使个体能在大学中获得一定的归属感。新大学的所有师生都能够平等地使用包括教育设施在内的各种公共设施。也就是说，虽然新大学只有一部分学生和少数教职工住在学校里，但所有人都可以使用餐厅、公共休息室、运动器材和其他公共设施，这些设施是向所有人开放的。例如兰开斯特大学为非住校生提供了“日间房”，并且他们都能够拥有自己的桌椅和书架等。[②] 沃里克大学也为所有教职工和学生（包括住校生与非住校生）提供了各种设施，包括餐厅、小吃店、公共室、洗衣店、商店和咖啡馆等，同时还专门为非住校生提供了储物柜。同样，埃塞克斯大学的住校生可以拥有“学生-卧室”，而非住校生则能够拥有属于自己的学习室。这样，新大学的学生们便拥有了一个“校园之家”。

其次，无论是“新住宿学院制”还是“学习-卧室制”都比传统学校公寓更具有实质性优势。一方面，是教育层面的优势。新大学避免了许多城市大学的祸根，即只在“工作时间”使用大学的设施，导致了所谓的“朝九晚五大学”。人们普遍认为，大学教育的很大一部分即所谓的非正式教育存在于大学宿舍、俱乐部、社团和其他非正式活动中。城市大学的做法无疑是对已经很短的大学教育时间的进一步压缩，是相当大的教育损失；而新大学采用的 24 小时方法恰恰凸显了非正式

---

① PERKIN H J. New universities in the United Kingdom[M]. Paris: Organization for Economic Cooperation & Development Publications, 1969: 87.

② MOVRICH R F. The foundation and growth of the new British universities[J]. European education, 1975, 7(3): 5-29.

教育的价值，并在一定程度上使大学教育时间得到了延长。另一方面，是经济和管理层面的优势。新大学让教职工和学生入住大学宿舍，意味着在晚上和周末可以继续开放食堂、公共休息室和图书馆等设施，这不仅增加了它们的使用强度和投资于它们的资本生产力，而且能够提高它们的管理效率。更重要的是，这两种住宿形式比传统学校公寓更经济。正是出于经济原因，大学拨款委员会当时才“迫不及待”地批准了它们。

值得一提的是，英国新大学在学生住宿方面还存在两项创新：苏塞克斯大学的“宾馆计划”和兰开斯特大学的“兰开斯特计划”。它们都强调从银行、保险公司或投资公司借用投资资金，从而在没有公共财政或私人捐赠的情况下建造学生宿舍。它们的不同之处在于，“宾馆计划”主张以签约的方式为学生提供住宿服务，如它为近 1000 名学生提供了独家签约的寄宿公寓、宾馆和小旅馆等。“兰开斯特计划”主张用学生租金支付住宅的费用。由于私人的住房成本往往不到学生宿舍的一半，因而完全可以在私人公寓区设计学生宿舍。这意味着可以设计一个简单、灵活的住宿单元，它由 4—6 间“学习-卧室”组成，旁边围绕着厨房、餐厅和卫生间等一些核心公共设施，这些设施能够以任何方式布置在拥有三层的低层房屋区。通过这种方式，每名学生的住宿费用仅为 700 英镑，相比之下，传统宿舍楼的每名学生的住宿费用高达 1400 英镑。① 更重要的是，“兰开斯特计划”可以使大学像私人住房那样提高 30 年抵押贷款的成本，并从学生能够支付的租金中偿还利息和资本。这两项创新已经成功地引起了当时其他大学的广泛关注。

总之，英国新大学普遍强调学生住宿，它们坚信大学住宿生活能

---

① PERKIN H J. New universities in the United Kingdom[M]. Paris: Organization for Economic Cooperation & Development Publications, 1969: 90.

够更好地培养年轻人的独立意识。① 而且，学生住宿也不再仅仅作为大学校园景观的一个组成部分，而是有效地连接了学生的生活与学习空间。

---

① HEYCK T W. The idea of a university in Britain：1870-1970[J]. History of European ideas，1987，8(2)：205-219.

第四章　英国新大学的职能

如果说英国新大学是为了创新而创建的，或者说很大一部分是为了创新，那么它们最显著的创新肯定是在职能方面，因为大学的存在主要是为了发展知识，根据知识对年轻人进行教育，甚至它们还会作为传播知识、解决问题与服务社会的中心。从某种程度上说，正是由于英国传统大学所面临的一系列问题，才能让新大学以新颖的思维来讨论大学在20世纪下半叶的职能到底应该是什么。① 对此，人们达成的共识是，新大学的教学及研究等职能将在一个跨学科的环境中得以发挥。②

第一节　人才培养：新的“学习地图”

英国老大学在人才培养职能方面是较为保守的，无论是它们的培养对象、教学体制与课程设置，还是教学方法与评价方式等都难以摆脱保守的性质，也都难以解决英国大学教育过度专门化的问题。英国新大学与生俱来的独特优势——国家资助与具有独立的学位授予权，使它们的人才培养职能可以在一定程度上“偏离”英国的传统，如它

---

① ROSS M G. New universities in the modern world[M]. London: Macmillan, 1966: 51.

② MUTHESIUS S. The postwar university: Utopianist campus and college[M]. New Haven: Yale University Press, 2000: 151.

们有权制订新的课程，有权以新的方式安排学习等。也就是说，英国新大学能够在建校初期便开展一系列令人瞩目的教育革新实验。这不仅反映了新大学的真实面貌，还体现出新大学的创新精神与办学方向。新大学的教育革新实验关注的是“通识教育而非职业教育”。[①] 用苏塞克斯大学副校长布里格斯教授的话来说，新大学教育革新实验的愿景就是重新绘制“学习地图”，即打破存在于不同学科之间的人为分界线，重新划定个体的学习范围，并培养大学生的想象力与探索精神。[②] 可以说，新大学的教育革新实验标志着英国高等教育重构的可能性，它试图挑战当时的学术保守主义与精英主义，并在一定程度上改变了英国高等教育体系的特征。

在人才培养方面，新大学主要的兴趣是全面拓宽本科生的课程、打破僵化的学科组织范式及加强师生之间的交流等。新大学更坚定和更普遍的想法是，大学并非要为学生提供最广泛的教育，而是应使他们拥有更广博的知识。但这里的主要问题是：一名大学生应该受到多广泛的教育，以及他在进一步专注于某个或多个领域之前，必须掌握的一般研究领域或其对学科群的整合程度如何。正因如此，所有新大学都在努力绘制新的“学习地图”。在重绘“学习地图”这一愿景的影响下，新大学试图打破大学教育的过度专门化和死记硬背的学习方式等，它们往往将跨学科置于教育的核心地位，并将整个学术结构移交给了“跨学科学院”，而非传统的学院和学系，这也是一个大胆的创新举措。这将有助于促进学生的联合学习，避免不同学科或院系之间的

① JOHNSTON R. Institutions and disciplinary fortunes: two moments in the history of UK geography in the 1960s-I: geography in the “plateglass universities”[J]. Progress in human geography, 2004, 28(1): 57-77.

② BRIGGS A. A university for today[N]. The listener, 1961-09-07(1).

隔离，并能使学生从不同学科和院系间的对话中获得益处。① 英国学者哈罗德·珀金曾言，新大学已将其最新和最好的想法都融入它们精心绘制的新的“学习地图”。② 相比于当时英国的其他大学，新大学能更好地将独特的知识组织方式和创新的教学方法等引入教育实验。

一、培养对象：外地中产阶级

英国老大学的培养对象相对而言是较为保守的，即英国古典大学的培养对象主要来自上层社会与精英阶层，而城市大学主要服务于当地城市发展，其培养对象主要来自当地中产阶级。英国新大学的培养对象无论是从地域范围还是从突破保守程度来说都具有一定的革新性，即新大学主要服务于国家建设，为国家培养跨学科人才，其培养对象主要面向本地区外的中产阶级甚至是工人阶级。例如，当时东英吉利大学只有不到4%的学生是来自本地的。③ 另外，苏塞克斯大学校长富尔顿所主张的“校园理想”之一便是学生是来自全国各地的。④ 一般说来，新大学的学生大多是来自中产阶级的家庭，其中也有很多是来自中产阶级的下层，而且大约有四分之一是来自工人阶级的家庭。这为推进英国高等教育的大众化进程做出了重要贡献。

罗宾斯等人希望新大学能在一定程度上纠正存在于社会阶层之间

---

① PELLEW J, TAYLOR M. Utopian universities[M]. London: Bloomsbury Publishing, 2020: 30.

② TAPPER T. Policymaking and the politics of change in higher education: the new 1960s universities in the UK, then and now[J]. London review of education, 2016, 14(1): 11-22.

③ ANDERSON R. British universities: past and present[M]. London: Hambledon Continuum, 2006: 74.

④ VERNON K. Engagement, estrangement or divorce? The new universities and their communities in the 1960s[J]. Contemporary British history, 2017, 31(4): 501-523.

的大学入学机会的严重不平衡现象。例如 1940 年，在高等职业家庭的子弟中有三分之一会继续接受大学水平的高等教育，但在半熟练和非熟练工人家庭的子弟中只有 1%会这样做。① 尽管有些社会学家对英国《1944 年教育法》的实施和学费的取消所导致的工薪阶层子弟进入文法学校的比例感到相当满意，但教育机会的不平衡现象似乎还是明显存在于大学层面上。为此，英国政府于 1962 年对拨款政策进行了改革，即废除了具有竞争性的国家和地方政府奖学金制度，并规定地方政府有义务资助任何获得大学入学资格的学生。人们希望通过这种方式从中下层阶级中“挖掘”出更多之前可能被“浪费”了的人才。同时，罗宾斯委员会也坚持教育机会平等的原则：我们必须假设所有有能力的人都能够接受高等教育，这是一个公理。该原则主要是基于两点理由进行证明的：一是为了经济增长和更高的文化标准，需要充分利用所有公民的才能；二是每位公民都有充分发挥其才能与实现其成就的道德权利。②

英国新大学是面向中产阶级的现代化高等教育机构。③ 在英国的所有新大学中，只有兰开斯特大学的中产阶级学生低于全国平均水平（《罗宾斯报告》指出这一平均水平为 62%），而苏塞克斯大学、基尔大学和埃塞克斯大学等则明显高于这一平均水平。④ 由于大学申请者发现想要进入牛津大学和剑桥大学往往十分困难，因此他们似乎便把位于布莱顿的苏塞克斯大学作为第二选择，尤其是对于女生来说。因而，

① SANDERSON M. The universities and British industry, 1850-1970[M]. London: Routledge and Kegan Paul, 1972: 361.

② Robbins Committee. Report of the Robbins Committee on higher education[R]. London: HMSO, 1963: 8.

③ 易红郡. 战后英国高等教育政策研究 [M]. 长沙：湖南师范大学出版社，2016：79.

④ PERKIN H J. New universities in the United Kingdom[M]. Paris: Organization for Economic Cooperation & Development Publications, 1969: 108.

苏塞克斯大学也被人们称为“海边的牛桥”（Oxbridge by the Sea）。同样，在1968—1969年，有超过10 000名学生申请约克大学，其中有324名学生都是将约克大学当作仅次于“牛桥”的第二选择。在这些申请者中，有60%是男性，并且有27%的申请者是来自英国北部，18%来自英国中部，37%来自英国东南部，10.5%来自英国西南部。同时，有超过70%的申请者是来自英国的公立学校（绝大多数是文法学校），15.9%来自英国私立学校。[①] 可见，大学拨款委员会希望新大学能成为“国家大学”的雄心显然已在约克大学得到了实现。

苏塞克斯大学非常关注其作为一所中产阶级公立大学的形象。它为大学申请者所设计的选拔程序似乎更有利于那些中产阶级的学生，因为这一选拔程序并没有足够的回旋余地让大学的面试官发现那些工人阶级申请者所拥有的存在于“粗糙石头里面的华丽钻石”。可以说，苏塞克斯大学在对学生选拔方面的研究比其他任何大学都要多，它还专门派了一个团队到美国学习，但美国给它的建议倾向于使选拔过程更加专业化和集中化，这可能会产生更进一步的影响——使苏塞克斯大学选拔学生的程序更偏好那些中产阶级的学生。此外，苏塞克斯大学有着非常灵活的入学要求以及独特的“早退者”（Early Leavers）[②]录取方案。

苏塞克斯大学和其他新大学从来都不是一所地方性或地区性的大学。[③] 新大学的规划者认为它们将在全国范围内招收学生，而且现代的学生往往期望离开家庭到大学里居住。因此，新大学不必建在人口密

---

① PELLEW J，TAYLOR M. Utopian universities[M]. London：Bloomsbury Publishing，2020：121.

② 根据“早退者”计划，苏塞克斯大学每年招收10名从16岁左右便离开学校，之后也并未接受过任何正规教育的适龄学生。

③ DAICHES D. The idea of a new university：an experiment in Sussex[M]. London：Andre Deutsch，1964：13.

集的城市中心。从实践层面上看确实如此，苏塞克斯大学和其他新大学都没有位于人口密集的工业城市，而是位于那些人口稀少的小城镇。①

英国新大学在招收学生时应考虑的一个重要因素就是那些大学申请者所在地区的中产阶级的比例，并且那些大学申请者来自英格兰东南部（包括伦敦）的比例很大，且他们来自中产阶级家庭的比例也很大。来到新大学的首批学生，不仅对新大学的建筑设计有着很高的期望，而且希望新大学能有激进的课程、非传统的管理模式和新颖的学术组织形式等。1966 年 2 月，一份发给埃塞克斯大学所有一年级本科生的问卷调查显示，70％的学生来到这所大学是因为它的新颖性和非传统的性质，57％的学生来到这所大学是为了深入研究他们所感兴趣的学科。与英国当时的其他大学相比，埃塞克斯大学的绝大多数学生都是自由主义者和非宗教人士。正如其校长斯洛曼设想的那样，埃塞克斯大学吸引了许多具有前瞻性与期望远大的学生。② 可见，新大学能够吸引如此多来自“好学校”和更具冒险精神而非墨守成规的学生，这或许有助于解释为什么新大学的学生在中产阶级和私立教育中所占比例普遍高于全国的平均水平。

总之，当时的英国高等教育仍然是一项中产阶级的事业，而新大学作为面向中产阶级的现代化机构，可能比老大学或多科技术学院更为接近高等教育的核心理念。③ 从一定意义上说，学校教育是促进社会阶层流动的主要手段之一。因此，新大学的影响主要是使高等教育的

---

① HEYCK T W. The idea of a university in Britain：1870-1970[J]. History of European ideas，1987，8(2)：205-219.

② PELLEW J，TAYLOR M. Utopian universities[M]. London：Bloomsbury Publishing，2020：154.

③ SCOTT P. The meanings of mass higher education[M]. Buckingham：SRHE and Open University Press，1995：56-57.

中产阶级类型多样化，并使高等教育成为中产阶级生活中更为常见的一部分。新大学在一定程度上也模仿了美国大学，从而使“学生生活”成为中产阶级社会化过程中不可或缺的一部分。新大学并不像“红砖大学”那样认为自己是地方或地区性的机构，而是通过利用全国范围的各种资源，将来自不同阶层的全国各地的年轻人聚集在一起，从而形成具有独特价值观和行为取向的新大学学生群体。①

二、教学体制：跨学科学院

英国古典大学主要采用的是学院制，并设立了学系；而城市大学主要采用的则是系科制，并设立了学部。英国新大学采用的既非学院制也非系科制，而是一种新的教学体制——跨学科学院（School）。跨学科学院是以多学科的大型学院代替老大学的学系或学部，它不仅将单科教学改为跨学科教学，而且设置了十分广博的课程。同时，它还规定本科生必须先进行第一阶段的通识教育，然后才能进入第二阶段具有跨学科性质的专业学习。学生将直接在跨学科学院的名下注册，并参加由联合委员会成员合作教授的一系列跨学科课程。值得注意的是，在跨学科学院的影响下，大学生在校期间所完成的一些平时任务都有可能被当作期末成绩的一部分，这从某种程度上可能会减少考试的“恐怖”程度。② 总的来说，新大学的跨学科学院在其学术与教育等领域发挥了核心作用，处于其中的学生主要通过学习主修课程（Major Course），并辅以跨学科性质的辅修课程（Minor Course）、背景课程（Contextual Course）或广博课程（Breadth Course）等，以培养个体思

① PELLEW J，TAYLOR M. Utopian universities[M]. London：Bloomsbury Publishing，2020：498.

② LAWLOR J. The new university[M]. London：Routledge & Kegan Paul Ltd.，1968：43.

维的广度与灵活性。[①]

（一）跨学科学院的诞生

英国伦敦大学教育学院的学者乔治·B. 杰弗里（George B. Jeffery）于20世纪50年代指出："大学对功能的关注越来越多，对教育的关注越来越少，这不可避免地导致了学科碎片化日趋严重。因此，应当将整体知识的传授作为大学的首要任务，并努力创造一个更加广泛与亲密的学术共同体，而不是数量众多且相互割裂的院系。"[②] 随后，英国学者查尔斯·斯诺于1959年在剑桥大学所做的演讲中，将科学与人文相互割裂的原因归结为当时的教学体制。更重要的是，苏塞克斯大学副校长布里格斯提出的重绘"学习地图"对于新大学教学体制的建立起到了关键性作用。苏塞克斯大学决心要摆脱古老的中世纪大学模式，为此布里格斯提出了在苏塞克斯大学甚至所有新大学早期都非常适用的原则与计划——重新绘制"学习地图"。这也是布里格斯于1961年在澳大利亚国立大学（Australian National University）所做的一次演讲的标题。在该演讲中，布里格斯的主要观点是，大学需要超越困扰现代学术界的边界争端等问题，并采取新的教学和研究方式等，以妥善应对当代世界的挑战。[③] 1962年，《听众》杂志上的一篇文章详述了这些内容。[④]

随后，布里格斯进一步指出，学科间的分离并非由简单的二元对立关系所导致，它远比斯诺认为的更为隐蔽，因此新大学需要建立一

---

① SMITH D. Eric James and the "Utopianist" campus: biography, policy and the building of a new university during the 1960s[J]. History of education, 2008, 37(1): 23-42.

② KNELLER G F. Higher learning in Britain[M]. Berkeley: University of California Press, 1955: 208.

③ BRIGGS A. The map of learning[M]. Canberra: Australian National University, 1961: 10-11.

④ BRIGGS A. A new approach to university degrees[N]. The listener, 1962-05-24(5).

个更加灵活的教学体制，它能消解学科边界并允许个体以一种更全面的方式思考与解决问题，从而绘制新的“学习地图”。同时，“当前对毕业生的要求并非极端的专门化能力，而是要具有适应能力。学生们需要这样一种教育，它能使他们胜任不断扩大的就业范围”①。苏塞克斯大学能够提供这种教育，它所取得的成就必然会对老大学产生影响。布里格斯最后总结道：“变革之风是生命的气息。”② 可以说，布里格斯所提出的重绘“学习地图”对后来的新大学也产生了深远的影响。

作为东英吉利大学的首任校长，西斯尔思韦特深受布里格斯提出的新的“学习地图”的影响。西斯尔思韦特属于受 T. H. 格林（T. H. Green）创立的英国理想主义传统熏陶的一代毕业生，该传统允许其信徒接受基督教的道德教义，而不必接受其教条成分。格林和他的崇拜者一样，相信教育的救赎力量和国家作为促进教育的重要力量，这同时也是西斯尔思韦特思想的一个核心部分。作为当时剑桥大学圣约翰学院的重要成员，西斯尔思韦特对高等教育有着浓厚的兴趣，他积极响应了国家建立新大学的决定。同时，西斯尔思韦特的人际关系也非常好，并且是一位十分优秀的管理者，加之他在英国政府和美国的教育经历，使他能够很好地胜任 1959 年落在他身上的任务——担任东英吉利大学的首任校长。③ 和英国当时许多学者一样，西斯尔思韦特发现自己被英国大学学科间的制度障碍所困扰。④ 他认为，近来的许多重大

---

① PELLEW J，TAYLOR M. Utopian universities[M]. London：Bloomsbury Publishing，2020：98.

② PELLEW J，TAYLOR M. Utopian universities[M]. London：Bloomsbury Publishing，2020：98.

③ SANDERSON M. Thistlethwaite，Frank （1915-2003）[EB/OL]. [2021-10-08]. https：//doi. org/10. 1093/ref：odnb/89466.

④ THISTLETHWAITE F. Origins：a personal reminiscence of UEA's Foundation [M]. Colchester：Palladian Press，2000：2.

突破都是在已建立的学科之间的间隙上取得的。[①] 另外，西斯尔思韦特不仅受到基尔大学学院和苏塞克斯大学的影响，而且受到自己在剑桥大学时的非正统学习经历的影响，即他在历史、英语和经济学之间不断“游走”。为此，在布里格斯的影响下，西斯尔思韦特坚定地支持新大学跨学科的课程规划，以便借此机会重新绘制东英吉利大学的“学习地图”。

总的来说，以上学者的论点为新大学跨学科学院教学体制的诞生奠定了基础。从实践角度看，当时英国大学教育存在的关键问题也是过度专门化与“本位主义”，这些大学“将学科分为相互独立的部分，处于每个独立部分的人员彼此间争夺资源，并各自小心翼翼地控制着他们的边界”[②]。这无疑会阻碍个体在学科边界进行富有成效的学习与研究，且许多重大突破往往都是在学科之间的边界上所取得的。基于此，英国新大学创建了一种以跨学科为核心的新型教学体制——跨学科学院。

（二）跨学科学院的实施

英国新大学主张改革教学体制，因此，它们废除了老大学那种学科和部门间的严格界限，强调了更广泛的学科集群，从而将学科重新组合，以便为学生提供广泛的跨学科学习，进而扩大了个体的学习范围。新大学所创建的跨学科学院教学体制可以分为两种类型：一种是以苏塞克斯大学、东英吉利大学、埃塞克斯大学、沃里克大学与阿尔斯特大学等为代表的“学院结构制”，另一种则是以约克大学、兰开斯特大学和肯特大学等为代表的“改良学院制”。“学院结构制”主要是以多学科的学院代替老大学的学系或学部，并将单科教学改为跨学科

---

① ROSS M G. New universities in the modern world[M]. London: Macmillan, 1966: 53.

② PELLEW J, TAYLOR M. Utopian universities[M]. London: Bloomsbury Publishing, 2020: 202.

教学；“改良学院制”主要是以改良了的学院代替老大学的学系或学部，并要求设置广博的课程。总的来说，“改良学院制”的改革不如“学院结构制”彻底，但它们都强调个体的跨学科学习与研究，并规定学生只有先进行第一阶段的通识教育后，才能进行第二阶段的专业教育。①

从课程设置的角度而言，虽然“改良学院制”与“学院结构制”在结构上有所不同，但它们的革新方向与精神实质基本上是一致的。采用“学院结构制”的新大学的目的本身就是要使它能适应其崭新的课程；而采用“改良学院制”的新大学，虽然它们的教学体制与“学院结构制”相比显得不那么雄心勃勃，但其实在扩大课程范围等方面，它们也做出了许多实质性的努力。例如，像肯特大学这样相对保守的新大学也设置了较为广博的课程。

1. “学院结构制”的实施

苏塞克斯大学既没有中世纪大学所设的系，也没有城市大学所设的学部，而是创建了一种跨学科的新型教学体制——“学院结构制”。正如有学者所指出的那样，苏塞克斯大学实行了新的学科组织，它用多科的学院制取代传统的系科制，成为英国一所新型的“学院制”大学。② 在“学院结构制”的影响下，学生并非学习几门彼此间没有任何联系的学科，而是要把专业学习和同专业有内在关联的学科联系起来，从而为个体的跨学科学习与研究提供广阔的空间。③ 苏塞克斯大学早期的跨学科学院主要包括欧洲研究学院、英美研究学院、亚非研究学院、社会研究学院、自然科学学院、生物学学院。后来又逐渐增加了教育

---

① 顾明远．教育大辞典：第12卷［M］．上海：上海教育出版社，1992：267-268.

② 中央教育科学研究所比较教育研究室．六国高等教育结构［M］．贵阳：贵州人民出版社，1989：94-95.

③ DAICHES D. The idea of a new university: an experiment in Sussex[M]. London: Andre Deutsch, 1964: 63.

研究学院、分子科学学院和应用科学学院等。

苏塞克斯大学学院的运行方式十分灵活。一是学院设立了一些密切相关的综合学科，如数学和物理科学学院开设了逻辑学、数学、天文学与物理学等；二是学院设立了一些互相结合的学科，如数学和物理科学学院的逻辑学和物理学、数学和经济学、物理学和化学等；三是同一学科也可以在不同的学院开设，如历史学能够同时在欧洲研究学院、社会科学学院、文化与社区研究学院、亚非研究学院、英美研究学院中开设；四是通过多种措施使不同学院间保持了密切联系，如推行大文科和大理科制度，或将文理科课程结合起来开设等；五是学院设计了许多跨学科或交叉学科的课程。这些课程的主要考核形式是论文或考试，而论文和考卷的题目必须跨越至少两门相关的学科，同时论文还需由不同学科的教师指导才能完成。可以说，新的“学习地图”在苏塞克斯大学得以实现，即它不仅打破了学科之间的传统划分，而且积极在自然科学研究和人文社会科学研究之间寻找交叉点，这几乎影响了所有新大学的理念。[①] 在苏塞克斯大学的影响与推动下，东英吉利大学、埃塞克斯大学、沃里克大学与阿尔斯特大学等都采用了“学院结构制”。

埃塞克斯大学的工程科学学院是在化学、数学和物理等科学的基础上进行发展的，这一选择主要是出于地区的考虑，因为埃塞克斯大学的附近地区能够为其电子和其他工程分支学生的学习提供一个坚实的基础。埃塞克斯大学的社会研究学院主要包括数学、社会学、经济学、管理学和后来逐渐发展起来的教育学。埃塞克斯大学的文学与管理学等人文学科在早期主要存在于比较研究学院，因为设计者希望文

---

① SANDERSON M. The universities and British industry, 1850-1970[M]. London: Routledge and Kegan Paul, 1972: 369.

学与管理学不同寻常的结合能够产生一些互相激励而来的火花。① 值得注意的是，埃塞克斯大学社会研究学院的管理学与比较研究学院的管理学有些许重叠之处。

东英吉利大学的最初招生简章可能会提到这所新大学将自己完全“限制”在研究那些被人们认为是人类文明核心的基础学科上，但其校长西斯尔思韦特却采取了跨学科的方法来研究这些学科，这在东英吉利大学的学术结构中得到了很好的证明。东英吉利大学并没有设立传统的院系，而是设立了带有跨学科性质的学院，并将一些在老大学中彼此独立的学科集中在一起，因为西斯尔思韦特坚信没有传统障碍的同类学科结合在一起更容易产生“新的知识”。虽然英国政府倾向于引导大学更好地服务于国家的经济，但是西斯尔思韦特却有着更广阔的视野，尽管后来这种跨学科性质的学院招致了各种批评，尤其是来自大学内部的批评，但就学术自由而言，这种建立学科之间联系的做法很好。由于东英吉利大学教职工对其校长西斯尔思韦特判断力的信任以及学校几乎没有任何传统的束缚，使得这所新大学能够实验许多新的教育事务，而受到“关键绩效指标”和“预期学习成果”等限制的其他大学的校长，只能羡慕地看着在西斯尔思韦特的带领下，东英吉利大学享有的自由。正如西斯尔思韦特所说：“我们享有非凡的自由——以我们自己的方式设计大学；这也是一种独特的经历……我怀疑这种情况再也不会发生了。”②

1963—1967 年，东英吉利大学建立了 4 所人文类学院和 4 所科学类学院，并将社会科学纳入其中。4 所人文类学院包括英语研究学院（后来发展为英美研究学院）、欧洲研究学院、社会研究学院以及美术

---

① LAWLOR J. The new university[M]. London: Routledge & Kegan Paul Ltd., 1968: 45.

② PELLEW J, TAYLOR M. Utopian universities[M]. London: Bloomsbury Publishing, 2020: 130.

与音乐学院；4 所科学类学院包括生物科学学院、环境科学学院、化学学院以及数学与物理学院。西斯尔思韦特不知道将同源学科放在同一所学院的结果会如何，但他始终相信如果要产生“新的知识”，便无法提前进行预测。他认为可以预测的是，当知识分子彼此靠近并与充满好奇心的年轻头脑进行“交流”时，便会产生惊人的创造力。

值得注意的是，西斯尔思韦特最初想让剑桥大学文学的特立独行者——雷蒙德·威廉姆斯（Raymond Williams）担任东英吉利大学英语研究学院的院长。西斯尔思韦特之所以选择文学学者而不是历史学者，是因为他作为历史学者的经验告诉他，与文学学者相比，历史学者可能对亲密合作的反应没有那么强烈。[①] 由于未能使威廉姆斯担任东英吉利大学英语研究学院的院长，因此西斯尔思韦特便找到了他的大学旧友伊恩·瓦特（Ian Watt）。瓦特当时是加利福尼亚大学伯克利分校的一名文学学者，他所拥有的声誉和能力以及对文学批评的历史思维，使他能够理所应当地成为东英吉利大学英语研究学院的院长。[②] 曾经在访问美国伯克利时，西斯尔思韦特便与瓦特有过深入交流，因此，西斯尔思韦特毫不费力地说服了瓦特，使他成为东英吉利大学具有开创性的英语研究学院的首任院长。[③] 然而，瓦特只坚持了一年，因为他和他的家人更怀念美国加利福尼亚的生活，但是他对东英吉利大学的影响更为深远。

瓦特的继任者是一位历史学者——罗伯特·阿什顿（Robert Ashton），而他的任命方式更加非正统（尽管这是西斯尔思韦特的一贯

① THISTLETHWAITE F. Origins: a personal reminiscence of UEA's Foundation [M]. Colchester: Palladian Press, 2000: 23.

② THISTLETHWAITE F. Origins: a personal reminiscence of UEA's Foundation [M]. Colchester: Palladian Press, 2000: 24.

③ THISTLETHWAITE F. Origins: a personal reminiscence of UEA's Foundation [M]. Colchester: Palladian Press, 2000: 25.

作风）。阿什顿是17世纪英国的经济史学者，他曾担任伯克利的客座教授。瓦特当时指出，一个具有跨学科倾向的人将更有可能成为新大学的首批教授。受瓦特影响，剑桥大学著名历史学者杰克·普拉姆（Jack Plumb）在美国纽约采访了阿什顿，并向西斯尔思韦特推荐了他。于是，阿什顿便成为瓦特的继任者。在阿什顿的领导下，英语研究学院致力于开发一门独特的课程，该课程主要涉及的是美国研究领域。这引发了关于是否创建一所独立的美国研究学院的争论，后来该学院发展为英美研究学院。这所“先锋”学院精神的一部分，即让每个人都有一种共同参与的真实感觉，而且各学科之间的界限往往是不固定的。

西斯尔思韦特在利用东英吉利大学的资源为英语研究学院增添光彩方面很有想象力。其中该学院最突出的特点之一便是开发了一门创意性写作课程。当时有人向瓦特提及，小说家安格斯·威尔逊（Angus Wilson）在英国萨福克郡（Suffolk）有一处住所，于是西斯尔思韦特便建议邀请他到东英吉利大学讲课。由于需要时间进行写作，威尔逊一开始只接受了作为兼职教师的任命，他当时自豪地说：“虽然大学教师写小说的情况并不罕见，但我却是第一个被任命为大学教师的小说家。”① 威尔逊鼓励学生进行写作，他后来成为一名教授，并与马尔科姆·布拉德伯里（Malcolm Bradbury）共同创立了“创意写作”的硕士课程。如果将东英吉利大学比喻为皇冠，那么这门课程就是其皇冠上的一颗璀璨的明珠。

东英吉利大学的欧洲研究学院成立于1964年，其首任院长是詹姆斯·麦克法兰（James McFarlane）。他是一位德语专家，并成功塑造了一所具有创新精神的欧洲研究学院。② 东英吉利大学社会研究学院的首

---

① PELLEW J，TAYLOR M. Utopian universities[M]. London：Bloomsbury Publishing，2020：135.

② THISTLETHWAITE F. Origins：a personal reminiscence of UEA's Foundation [M]. Colchester：Palladian Press，2000：18.

任院长是牛津大学赫特福德学院（Hertford College）的院士 C. R. 罗斯（C. R. Ross）。[①] 1965 年，在东英吉利大学美术与音乐学院的规划和设计中，西斯尔思韦特利用自己的人脉，与英国奥尔德堡（Aldeburgh）的作曲家本杰明·布里顿（Benjamin Britten）进行了交流。他们主要探讨如何有效地将音乐理论、音乐学和表演结合起来。同时，由于美术与音乐学院院长菲利普·莱杰（Philip Ledger）的任命，东英吉利大学与奥尔德堡的联系得以进一步加强。

东英吉利大学是一所名副其实的“跨学科大学”，跨学科是其重要标志。校长西斯尔思韦特相信跨学科学院的教学体制是东英吉利大学实现跨学科教育的最佳方式。他指出，由于不可能准确地预测未来需要掌握何种技能，所以国家需要的是受过广泛教育的个体，他们知道如何思考，并能以智慧、连贯性与精确性处理不同的问题，而跨学科学院则是实现这一教育的最佳方式。[②] 总的来说，东英吉利大学所推行的教育革新实验的主要目的是“防止不同学科或院系之间的隔离，并从不同学科和院系之间的对话中获得毋庸置疑的益处”[③]。

阿尔斯特大学的学院同样体现了广泛的跨学科教育理念。例如生物与环境科学学院主要涵盖了生物学、地理学、地质学、气象学等学科；人文学院则主要涉及了拉丁语、希腊语、哲学、历史、俄罗斯和东欧研究等学科。[④]

---

① HACCHE G, TAYLOR C. Inside the bank of England: memoirs of Christopher Dow, chief economist 1973-84[M]. Basingstoke: Macmillan, 2013: 268.

② PELLEW J, TAYLOR M. Utopian universities[M]. London: Bloomsbury Publishing, 2020: 130.

③ PELLEW J, TAYLOR M. Utopian universities[M]. London: Bloomsbury Publishing, 2020: 137.

④ MOVRICH R F. The foundation and growth of the new British universities[J]. European education, 1975, 7(3): 5-29.

2.“改良学院制”的实施

英国新大学的“改良学院制”能够为每名学生提供充分表达和展示个性的机会，确保文理科之间进行富有成效的互动，并可以将一些古老的教育精神以全新的方式融入新大学。①

相较于其他新大学，约克大学通常被视为更传统与保守的新大学。但是它也并没有设置传统的学院，而是在熟悉的学科领域采用数量相对较少的大型跨学科学院。同时，它的本科课程要么是单一学科课程，要么是主/辅联合荣誉课程。

就社会科学领域而言，约克大学本科生的前两年都是在一个能够开展多学科社会研究的跨学科学院内学习。罗宾斯和约克大学的经济学教授皮科克都坚持这种模式，但出于某种原因，后来它越来越不受学生和教职工的欢迎。

就自然科学领域而言，马克·威廉姆森（Mark Williamson）所领导的生物学从属于生物科学学院（School of Biological Sciences）；此外，根据英国皇家学会工作组的建议，该学院也为本科生汇集了动物学、植物学和遗传学等不同的学科。同样，在理查德·诺曼（Richard Norman）所创立的化学学院中，有机化学和无机化学的分离关系被打破。②

就人文科学领域而言，约克大学设立了英语和相关文学院，而英语和其他语言则合并在一所语言学院中，并由一个单独的语言教学中心（Language Teaching Centre）提供职业语言培训。值得注意的是，约克大学并没有设立单独的外语和文学学院，而是将两者合并为一所

---

① SMITH D. Eric James and the “Utopianist” campus: biography, policy and the building of a new university during the 1960s[J]. History of education, 2008, 37(1): 23-42.

② HUGHES D. Norman, Sir Richard Oswald Chandler (1932-1993), chemist [EB/OL]. [2021-10-08]. http://www.oxforddnb.com/view/10.1093/ref:odnb/9780198614128.001.0001/odnb-9780198614128-e-52420.

英语和相关文学院，从而打破了传统的院系设置。在英语和相关文学院，菲利普·布罗克班克在校长詹姆斯的帮助下从剑桥大学请来了利维斯，让他担任约克大学的客座教师。利维斯欣然地接受了这一任命，因为他认为詹姆斯与他有着相同的志趣。同时，利维斯也为能够参与约克大学所推行的一系列教育革新实验而感到十分荣幸。可以说，利维斯是一个明星级的人物，约克大学校刊《诺兹》（*Nouse*）后来还单独对他进行了采访。① 此外，从西印度群岛大学学院（University College of the West Indies）加入约克大学语言学院的鲍勃·勒·佩奇（Bob Le Page）同样致力于教育的创新与实验，他不仅鼓励该学院一年级的学生学习印地语等非西方语言，而且与印度的海得拉巴（Hyderabad）和坦桑尼亚的达累斯萨拉姆（Dar es Salaam）的大学建立了友好的合作关系。

英国新大学几乎都得到了大学拨款委员会的许可，可以在非常广泛的范围内自由选择和安排它们的跨学科学院。② 因此，其跨学科学院的运行方式非常灵活。一是设置了许多密切相关与相互结合的学科，并坚信具有关联的学科结合在一起更容易产生新知识；二是同一学科可由不同的学院提供；三是不同学院间的联系能通过多种方式实现；四是跨学科学院能够确保文理科之间进行富有成效的互动等。在所有的英国新大学中，只有肯特大学在组织形式上保留了传统的系科制，但其运行方式与跨学科学院十分相似，它们的革新方向和精神实质也是一致的。从这一层面上说，所有新大学都打破了老大学学科间的严格界限，强调建立更广泛的学科群，从而使学科得以重新组合，并为个体提供了更大范围的跨学科学习。

---

① CRANFIELD S. F. R. Leavis：the creative university[M]. Cham：Springer，2016：58-59.

② LAWLOR J. The new university[M]. London：Routledge & Kegan Paul Ltd.，1968：45.

新大学建立的跨学科学院并非盲目地追求广泛的教育，而是努力寻求学科间的内在联系，进而使个体能在较广博的教育基础上接受更深入的专业教育，以期在知识的广度与深度之间达到一种动态的平衡。同时，它也需要来自不同学科教师的共同监督与联合教学，因而对教师具有一定的约束力，这有利于减少行政或学术组织的“本位主义”。① 可见，新大学表达了以跨学科学院组织学科结构的强烈愿望，这种学科组织体制的广度和灵活性，能够促进不同学科间的交流与合作，而且与新大学的跨学科教育目标及理念相匹配。值得一提的是，当时的跨学科学院不仅在英国史无前例，在世界上也是独一无二的。

三、课程设置：跨学科课程

英国老大学的课程设置具有过度专门化与割裂文理科等特征，如古典大学普遍强调人文学科的重要性，城市大学则强调单一学科的重要性；而新大学则应超越困扰学术界的学科边界问题和孤立的学科体系，采取新的知识组织方式与课程设置等，以积极应对当代世界的挑战。英国学者彼得·斯科特曾指出，新大学的课程改革是使学术知识的传统分类适应现代需要的一种新的尝试，它能说明学科间新的动态联系；它并不是要真正放弃学科框架，而是使那些学科框架真正适应现代化的需要。② 为此，新大学制订了大胆和令人兴奋的计划，它们的课程设置既是新的又是富有挑战性的。③ 在英国所有新大学中，除了斯

---

① STEWART W A C. Higher education in postwar Britain[M]. London：The Macmillan Press，1989：102.

② SCOTT P. The future of general education in mass higher education systems[J]. Higher education policy，2002，15(1)：61-75.

③ LAWLOR J. The new university[M]. London：Routledge & Kegan Paul Ltd.，1968：29.

特林大学坚持采用苏格兰四年制荣誉学位和三年制普通学位的传统做法外，其他新大学不仅放弃了荣誉学位学生与普通学位学生的分流，而且普遍采用三年制本科课程（基尔大学为四年制）的做法。

英国大多数新大学都将本科生的课程划分为两个互相衔接的阶段，即通识教育和专业教育阶段，这样既推迟了学生对专业的选择，又为个体提供了较为广博的知识。正如有学者指出，大学的首要任务就是对整体知识的传授。① 在通识教育阶段（通常为第一年），学生需选择一门意向专业（Intended Major），但他们可以在一定范围内改变其选择。同时，学生还必须学习一门或多门公共课。在第一学年末根据学生评价的结果，能为他们第二阶段的课程选择提供参考，而不符合"大学"评价标准的学生将被转到其他教育机构，让他们接受进一步的高等教育培训。② 在专业教育阶段（通常为第二、三年），学生学习主修课程的同时，还要学习辅修课程、背景课程或广博课程等一系列跨学科课程，以培养个体思维的灵活性与广博性。

由于英国新大学采用了比其他大学更广泛的课程计划，因此它们在一定程度上避免了专业课程由于内部压力而拥有比普通课程更高的标准和声誉的趋势。同时，新大学优先考虑的是课程设置的灵活性与广博性，而不是过去那种刻板与僵化的荣誉课程。可见，新大学的课程设置体现了广泛的跨学科教育精神。通过课程设置，可以发现新大学为英国高等教育过度专门化等问题所提供的各种解决方案以及它们的教育目标与理念等。

（一）"基础年"课程

基尔大学是设立跨学科课程的先驱，它改变了以往英国大学本科

---

① KNELLER G F. Higher learning in Britain[M]. Berkeley: University of California Press, 1955: 206-207.

② LAWLOR J. The new university[M]. London: Routledge & Kegan Paul Ltd., 1968: 42.

课程三年制的做法，开设了四年制本科课程，其中学生在校学习的第一年为“基础年”。基尔大学“基础年”的诞生可以追溯至 1949 年。1949 年 7 月，林赛勋爵提出了他的最后一项创新性举措——“基础年”。1949 年 12 月，林赛勋爵指出“基础年”的目的是：“我们希望达到的主要目的之一便是让每名毕业生尽可能广泛地了解在构建我们现在文明的过程中所起作用的因素以及当今世界上的各种力量……”① 随后，林赛勋爵等人在与牛津大学、伯明翰大学和曼彻斯特大学的讨论中进一步明确了“基础年”课程的具体目标：第一，让学生熟悉欧洲的文化传统，并意识到文明发展的连续性；第二，使学生了解知识统一的概念、人文学科研究与科学家的相关性以及科学发现对现代社会的影响；第三，让学生能够明确现代世界的主要问题，并可以说明它们是如何出现的；第四，使学生掌握大学研究主要分支的性质、方法及其相互关系等。②

“基础年”要求所有一年级学生都要学习一些共同的课程，以便他们能从整体上了解西方文化的遗产、人文学科与科学家的相关性、现代社会与实验科学的方法及影响等。③ “基础年”开设了一门包括 230 多场讲座的公共课——“西洋文明的发展”，这门公共课贯穿于“基础年”的始终。该课程有三个基本要素：一是“主线”（Main Thread），即地球的演变和人类的发展；二是“发散性论述”（Discursive Treatment），即与“主线”相关的特定问题，如语言研究、数学特性以及人的权利与义务等；三是“经常性话题”（Recurrent Topics），包括哲学问题、

---

① PERKIN H J. New universities in the United Kingdom[M]. Paris: Organization for Economic Cooperation & Development Publications, 1969: 59-60.

② ILIFFE A H. The foundation year in the University of Keele: a report[M]. Keele: University of Keele Press, 1968: 37.

③ ILIFFE A H. The foundation year in the University of Keele: a report[M]. Keele: University of Keele Press, 1968: 37.

自然观念、创造性艺术、社会变革和宗教信仰等。可以说，这门公共课是关于自然、政治和文化事务等各方面的“视野之旅”。①

此外，学生还需在“基础年”学习两门学年课程（Sessional Course）和三门学期课程（Terminal Course），而且后者往往是学生在“基础年”后会继续主修的课程。大学的后三年称为“主攻年”（Principal Year），学生必须学习两门主修课程（每门为期三年）和两门辅修课程（每门为期一年，通常在“主攻年”的第一年完成），在这四门课程中至少包括一门文科课程和理科课程。值得注意的是，学生可以通过学习教育类课程和参加教育实践类工作来代替其中一门辅修课程，并获得教育学位和教育专业证书，通过类似的方式也可以获得应用社会科学的学位和证书等。以上正如基尔大学所强调的：“我们希望尽可能打破不同学科间的严格界限，以确保每名学生对人类主要活动的功能和重要性有一个切身体会。”②

基尔大学的“基础年”课程不仅注重特定研究与整体知识的关系，而且强调学科的发展对文明的影响以及学科在当今人类活动中的作用。③ 同时，为了使学生既具有专业的知识与技能，又拥有较宽的知识面和较强的应变能力，林赛勋爵特别重视“基础年”课程中的当代世界知识。但是，倘若一所大学不能通过教授让学生完整理解现代世界，至少它可以让学生对自己学科领域以外的至少一门“陌生”学科有着充分的理解。基尔大学显然非常重视这项任务，并将其作为学位课程设置的主要原则。从总体上看，基尔大学课程计划的主要目标是：培

---

① PELLEW J，TAYLOR M. Utopian universities[M]. London：Bloomsbury Publishing，2020：73.

② CAMPBELL M B. Nonspecialist study in the undergraduate curricula of the new universities and colleges of advanced technology in England[M]. Ann Arbor：University of Michigan，1966：37.

③ PERKIN H J. New universities in the United Kingdom[M]. Paris：Organization for Economic Cooperation & Development Publications，1969：59-60.

养一个具有普遍敏感性和理解力的人，并试图让他全面了解与理解他周围世界的各个方面。

1962年，纳菲尔德基金会资助了一个为期两年的研究项目，以测试基尔大学“基础年”的有效性。该研究项目由基尔大学心理学教师艾伦·伊利夫（Alan Iliffe）运营，主要将基尔大学一年级学生的经历和成就与一些城市大学一年级学生的进行比较。伊利夫于1968年公布了其研究结果，结果表明：基尔大学的学生在对周围世界的认知方面得分很高。[①] 伊利夫进一步指出：“在某种程度上，基尔大学‘基础年’的有效性在于，在最后的考试中，专攻数学和物理等专业的学生可以写一个小时关于文学符号的性质或自由民主的必要经济条件等方面的文章，而文科专业的学生则可以解决有关遗传规律或化学对预防疾病的贡献等方面的问题。”[②] 正如有学者指出，基尔大学的“基础年”课程是一种新的教授方式，它能将实验性课程与非实验性课程有效结合在一起。[③] 更重要的是，伊利夫在基尔大学的毕业生中发现了更为持久的反应，即无论是在处理其专业领域之外的书籍或文章等方面，还是在日常工作中与其他领域专家进行合作等方面，他们都感到更有信心。基尔大学对其他新大学产生了不可估量的影响，其雄心壮志使它几乎尝试了涉及跨学科学习的各个方面。

总之，基尔大学的“基础年”是20世纪英国高等教育领域中最具原创性的实验成果之一。即使是当时英国的其他新大学也没有效仿它，这并非因为它的失败，而是由于其他新大学根本无法说服英国政府为

---

① PELLEW J，TAYLOR M. Utopian universities[M]. London：Bloomsbury Publishing，2020：74.

② ILIFFE A H. The foundation year in the University of Keele：a report[M]. Keele：University of Keele Press，1968：53-54.

③ VICK F A. Science for the non-scientist[J]. Higher education quarterly，1957，11(3)：245-253.

它们的四年制课程提供资助。但是，基尔大学的“基础年”课程对其他新大学来说还是具有启发性与借鉴意义的，特别是在大学学位课程的普遍扩展和教学大纲中跨学科元素的构建等方面。此外，基尔大学所推行的一些非课程类实验，如灵活研究委员会的创建、提升非教授人员地位与作用的创新性举措等都在一定程度上被英国其他新大学所效仿。

（二）“学院结构制”课程

20 世纪 60 年代初，基尔大学“基础年”课程的设计理念已经广为人知并受到英国学者的高度关注。因此，它自然也受到了苏塞克斯大学校长约翰·富尔顿的青睐，并且富尔顿还向当时中国正在建立的香港中文大学推荐了它。①

受基尔大学“基础年”课程的影响，苏塞克斯大学也设立了灵活多样的跨学科课程，其课程主要由预备课程、主修课程与背景课程组成。其中预备课程相当于通识教育，主修课程即专业必修课，背景课程是学习专业课的基础课程，它旨在授予学生系统的知识结构，使他们能从更广阔的背景下理解所学的专业知识，如英美研究学院和欧洲研究学院的“现代欧洲思维”课程，社会研究学院的“当代英国”课程，亚非研究学院的“社会科学中的概念、方法和价值”课程等。苏塞克斯大学的所有本科生都要在第一年学习几门预备课程，如文科学院所有一年级学生要学习“语言和价值观”与“历史导论”课程。前者涉及当代社会的本质等哲学问题，旨在发展个体的逻辑思维能力；后者涉及历史学家的工作方式，旨在使个体掌握评估历史学家的方

① Fulton Commission. Report of the Fulton Commission to advise on the creation of a federal-type Chinese university in Hong Kong[R]. Hong Kong: Government of Hong Kong, 1963: 24.

法。[①] 理科学院的所有一年级学生不仅要学习“基础数学”与“物质的结构和性质”（Structure and Properties of Matter）等课程，还要从数学、化学和生物学等学科中选修一两门课程。此外，苏塞克斯大学所有一年级学生要学习一些非本学院开设的课程，如英美研究学院和欧洲研究学院的学生需学习社会研究学院和亚非研究学院开设的“经济与社会结构”（Economic and Social Framework）课程。

值得注意的是，在第一学年，学生需选择一门意向专业，但他们随时都可以在该学年结束之前改变其选择。据调查，在 20 世纪 60 年代，苏塞克斯大学约有 30％的本科生毕业时所选择的专业与他们最初申请的专业不同。[②] 也就是说，本科生只有在第一学年末的预备考试（Preliminary Examination）结束后才能选择他们的专业。

在第二、三学年，学生需学习五门主修课程，并选修其他学科领域的四五门背景课程。然而，无论学生主修什么专业，他们只需花一部分时间在主修课程上，其余时间则用于学习背景课程。[③] 在文科学院，最终获得学位的学生把大约一半的时间都花在他们的主修课程上，另一半时间则花在涉及其他学科领域的四五门背景课程上，其中一些背景课程实际上是多所学院共同开设的，从而促进了各学院之间的交流与联系。在理科学院，最终获得学位的学生把大约三分之二的时间都花在其主修课程上，其余时间要么全部花在数学上，要么部分花在数学上，部分花在相邻的科学或经济学类的课程上。[④]

---

① DAICHES D. The idea of a new university：an experiment in Sussex[M]. London：Andre Deutsch，1964：217-218.

② STEWART W A C. Higher education in postwar Britain[M]. London：The Macmillan Press，1989：103.

③ LAWLOR J. The new university[M]. London：Routledge & Kegan Paul Ltd.，1968：41.

④ DAICHES D. The idea of a new university：an experiment in Sussex[M]. London：Andre Deutsch，1964：124.

为了优化课程设置中各学科之间的关系，苏塞克斯大学实行了大文科和大理科制度，并把文科与理科课程结合起来开设。如文科专业开设了美国研究（包括历史、文学、社会学）、古典主义和中世纪研究、发展心理学、经济史、经济学、英语、法语、德语、意大利语、地理学、历史、艺术史、文化史、国际关系、语言学、语言哲学、政治学、宗教研究、俄罗斯研究、社会人类学、社会心理学、城市研究、音乐等课程；理科专业开设了应用科学（包括管理科学）、生物化学、生物学、物理化学、计算机科学、控制工程、电机工程、电子工程、电子学、环境科学、实验心理学、地理学、人文科学、逻辑和数学、逻辑和物理学、材料科学、数学物理学、机械工程、神经生物学、结构工程、理论化学等课程。①

此外，苏塞克斯大学还于 1963 年设立了一个著名的“文理渗透项目”（Arts-Science Scheme），它是由许多跨学科的讲座和课程组成的。通过该项目，文科专业的学生可以学习多门与理科直接相关的课程，而理科生也能够选修一些社会学科或人文学科的课程。因此，该项目能让学生跨越文科-理科界限探索问题。同时，该计划也是强制性的，它最初要求所有文理科学生都要参加，但 1972 年后因财政紧张不再适用于文科学生，而在理科学生中一直沿用至今。

“文理渗透项目”开设的课程范围很广，大致可以分为八类：一是技术、文化、社会学；二是管理学；三是政治、经济、历史学；四是哲学；五是自我研究；六是文学；七是艺术、电影、音乐学；八是外语。② 该项目的主要负责人迈克尔·布朗（Michael Brown）指出：“文理渗透项目”的目的就是要消除文理隔阂，使大学的发展适应现代社

---

① 易红郡．战后英国高等教育政策研究［M］．长沙：湖南师范大学出版社，2016：80.

② 易红郡．战后英国高等教育政策研究［M］．长沙：湖南师范大学出版社，2016：81.

会的需要。并且学习理工科的学生往往会忽视这样一个重要事实：高科技社会的发展不但给人类带来了物质文明，而且给人类带来了许多问题，如生态环境的破坏和污染等。这些问题的解决不能仅仅依靠科学本身，还要依靠掌握科学的人。让理科学生选修一些人文学科或社会学科的课程，这关系到我们未来的科学家是否能负起对社会乃至整个人类的责任的重大问题。① 除了“文理渗透项目”外，苏塞克斯大学的所有学生还需参加由不同学院共同组织的联合研讨会，这有利于促进个体的跨学科交流。

如果说牛津大学的课程设置关注古代文明，那么苏塞克斯大学的课程设置则明确“关注当代文化和历史文化以及正在创造的历史和已经创造的历史”②。总之，苏塞克斯大学灵活多样的课程设置体现了跨学科教育的理念，并且它的课程之间往往是连贯与相互关联的。③

英国的东英吉利大学的第一学年有一个预备计划（Preliminary Programme），即每所学院的学生都要学习同样的三四门课程。在第二、三学年则有一个荣誉计划（Honours Programme），即学生需主修一两门课程，并且他们通常还被要求或鼓励学习本学院其他学科领域的一两门课程或其他学院教学大纲中的一两门课程。④ 例如欧洲研究专业的学生可以主修历史或文学类课程的其中一门，或者主修一门历史类课程和一门文学类课程，或者主修历史或文学类课程的其中一门以及哲学、社会学、语言学、美术或经济学类课程的其中一门；此外，他们还必须学习一两门共同课程，如“欧洲国家体系”（The European

① 殷企平．两种文化与英国高等教育：下［J］．高等教育研究，1994（3）：98-101.

② BELOFF M. The plateglass universities[M]. London: Secker & Warburg, 1968: 89.

③ STEWART W A C. Higher education in postwar Britain[M]. London: The Macmillan Press, 1989: 102.

④ MOVRICH R F. The foundation and growth of the new British universities[J]. European education, 1975, 7(3): 5-29.

States System）或“欧洲浪漫主义”（European Romanticism）等。

一般说来，埃塞克斯大学的所有学生都将被授予荣誉学位，而非普通或合格学位，但偶尔出现的不太符合三等荣誉水平的学生可能会被授予合格学位。同时，埃塞克斯大学学生的某些研究项目、专业论文和书面作业等往往会作为期末成绩的一部分。①

在埃塞克斯大学有一个大规模的第一学年共同计划，该计划使得第二、三学年将有十几个专业计划可供学生选择。② 例如埃塞克斯大学的比较研究学院代表了文学、社会学、政治学与艺术的综合，该学院所有一年级学生都要学习两门公共课程，一门是关于当代社会的，另一门是关于 17 世纪末至 19 世纪初社会的，它们旨在向学生介绍西欧、北美、俄罗斯和拉丁美洲等地的社会状况以及它们之间的关系，并且在教学过程中教师还会配以适当的外语。正如埃塞克斯大学校长斯洛曼所言：“我们要研究国外的地区，这与我们通常研究的地区是不同的。我们将从俄罗斯、北美和拉丁美洲开始，而不是从希腊和罗马开始……这些都是现代世界的重要领域，但英国大学很少研究这些领域。”③

在第二、三学年，学生会继续专攻文学、社会学、政治学与艺术等课程，并且他们通常还会被要求选修一两门其他学院的课程。埃塞克斯大学比较研究学院院长 D. A. 戴维（D. A. Davie）教授曾指出：“比较研究是一项‘真正的创新’，因为在当时的英国和美国都没有这

---

① LAWLOR J. The new university[M]. London: Routledge & Kegan Paul Ltd., 1968: 43-44.

② MOVRICH R F. The foundation and growth of the new British universities[J]. European education, 1975, 7(3): 5-29.

③ JOHNSTON R. Institutions and disciplinary fortunes: two moments in the history of UK geography in the 1960s-I: geography in the “plateglass universities”[J]. Progress in human geography, 2004, 28(1): 57-77.

样的东西。”[①] 从这一层面上说，埃塞克斯大学的课程旨在教授世界各地的多样性。[②]

沃里克大学的学位计划同样着眼于课程设置的广度与灵活性，这能尽可能地推迟学生对专业的选择。同时，沃里克大学许多课程对多门学科都是通用的。例如沃里克大学有一门对所有一年级学生都通用的“探究与批评”（Enquiry and Criticism）课程。从总体上看，沃里克大学的课程设置分为更广泛的第一学年和更专业的第二、三学年。

其中，沃里克大学的历史课程以“广度而非时间的完整性”为特征。[③] 这有利于为学生提供一种健全的、非孤立的、有助于激发个体想象力的历史训练。沃里克大学没有设置中世纪的历史课程，也不会有对1650—1776年这段历史时期的详细介绍，也就是说，相比于早期的历史，现代史应该先被教授。这是由于大多数学生更熟悉现代时期，并且这种教授逻辑尤其适合那些攻读联合学位或学习选修课程的非历史学科学生。沃里克大学历史课的目的并不是培养历史学家，而是通过讨论历史知识所依据的证据来促进个体的批判性思考。

此外，沃里克大学的历史课还会对经济学和社会学的方法进行讨论，而且教师往往会将“伟大历史学家”的作品与历史期刊上的“最新文章”结合起来教授。同时，沃里克大学试图让每名学习历史的学生都能拥有一个短暂出国访学的机会（如访问意大利、美国或非洲的一些大学等），这是因为人们坚信，倘若在创造历史的地方研究历史，

---

① PERKIN H J. New universities in the United Kingdom[M]. Paris: Organization for Economic Cooperation & Development Publications, 1969: 123.

② JOHNSTON R. Institutions and disciplinary fortunes: two moments in the history of UK geography in the 1960s-I: geography in the “plateglass universities”[J]. Progress in human geography, 2004, 28(1): 57-77.

③ PELLEW J, TAYLOR M. Utopian universities[M]. London: Bloomsbury Publishing, 2020: 223.

那么则最有意义。[①] 沃里克大学的历史课程是具有一定广度与深度的世界性历史课程，也是一门适用于现代世界的历史课程。

值得注意的是，虽然“社会史”课程并没有明确地出现在沃里克大学早期的课程计划中，但在当时开设的许多课程中往往都隐含着社会史的方法。例如汤普森开设的“向工业化过渡”（The Transition to Industrialisation）与“1791—1848 年的无产阶级和社会主义者”（Sans-Culottes and Socialists，1791-1848）等课程都隐含了社会史的方法。

（三）“改良学院制”课程

英国学者哈罗德·珀金曾指出，英国新大学从一开始便享有在大学教育各方面进行实验的能力与自由。[②] 新大学的“改良学院制”课程能够确保文理科之间进行富有成效的互动，受其影响，本科生并非只是学习几门彼此间没有任何联系的学科，而是要把他们的专业学习和毗邻学科或相关学科联系起来。兰开斯特大学的课程设置对其他“改良学院制”大学产生了重要影响。

1. 兰开斯特大学的课程设置

兰开斯特大学的课程设置从一定程度上代表着英国大学对学科领域的理解发生了重大转变。[③] 兰开斯特大学所有本科课程都是荣誉级别的，所有学生都必须学习一些辅修课程和广博课程。同时，由于经济等因素的影响，兰开斯特大学并不会像基尔大学那样，拥有“称心如

---

① PELLEW J, TAYLOR M. Utopian universities[M]. London: Bloomsbury Publishing, 2020:223.

② PERKIN H J. New universities in the United Kingdom[M]. Paris: Organization for Economic Cooperation & Development Publications, 1969:17.

③ TROWLER P, SAUNDERS M, BAMBER V. Tribes and territories in the 21st century: rethinking the significance of disciplines in higher education[M]. London: Routledge, 2012:257.

意”的四年制本科课程。

就自然科学领域而言，兰开斯特大学主要开设了生物学、化学、环境研究、数学和物理学等课程。尽管其首任校长卡特为将医学纳入兰开斯特大学的课程计划付出了相当大的努力，但最后仍没有取得成功。值得注意的是，兰开斯特大学的物理学以其理论和应用为特色，并因后来在超低温和粒子物理学方面所取得的成就而闻名；化学则深入发展了聚合物科学的相关专业知识；生物学则增加了生态学和生物化学的相关内容。就人文科学和社会科学领域而言，兰开斯特大学的英语为该领域的创新引领了道路。兰开斯特大学的英语课程由喀土穆大学（University of Khartoum）的比尔·默里（Bill Murray）教授和来自伦敦玛丽女王大学（Queen Mary University of London）的中世纪研究专家斯坦利·赫西（Stanley Hussey）等共同设计，攻读英语专业的学生都要学习三门共同的课程：“英国文学”（English Literature）、“盎格鲁-撒克逊语言和文学”（Anglo-Saxon Language and Literature）和“现代语言”（Modern Language）。① 此外，兰开斯特大学还开设了戏剧研究、语言学、创意写作、历史学（包括科学史、中世纪研究以及后来的美国研究等）、社会史、法国研究、俄国和德国研究、中欧和东南欧研究、阿拉伯和伊斯兰研究、政治和国际关系（包括和平与冲突研究）、哲学、古典文学（最初要求学生阅读拉丁语和希腊语的文本）等课程。

兰开斯特大学对是否应该提供神学课程进行了冗长的讨论。1964年10月，英国布莱克本大教堂（Blackburn Cathedral）的神学家呼吁在兰开斯特大学设立一个研究人类基本问题的部门。同年12月，兰开斯特大学的首位哲学教授弗兰克·西布利（Frank Sibley）扩大了讨论

① PELLEW J，TAYLOR M. Utopian universities[M]. London：Bloomsbury Publishing，2020：244-245.

的范围，在其影响下，大学评议会决定设立一个宗教研究项目，该项目“不是为了说服学生相信一个已揭示的真理……而是以严谨和学术的方式研究人类宗教信仰和经验的多样性以及宗教对文化和文明的影响”[①]。该项目的首任主席职位将不会考虑候选人是否具有信仰。这一职位最后由来自伯明翰大学的尼尼安·斯玛特（Ninian Smart）担任，他是宗教研究而非神学的倡导者。斯玛特为兰开斯特大学的学生开设了富有挑战性的宗教课程，如宗教和无神论思想、宗教的科学方法和印度宗教史等。斯玛特不仅开创了兰开斯特大学宗教研究的新局面，而且成为“可转移学分”的创造者。1967 年，斯玛特利用自己在北美的人脉，让美国的本科生来到兰开斯特大学学习，学习完成后便将他们的“可转移学分”（不同大学间的某些学分是可以通用的或是可以进行转换的）带回其母校。后来，这一举措推广到了澳大利亚。

虽然大学拨款委员会并不鼓励新大学开设职业类课程，但校长卡特坚持要在兰开斯特大学的课程计划中引入法律。由于他的努力，当大学拨款委员会批准兰开斯特大学的第二批课程时，法律与其他应用型课程，如视觉艺术（Visual Arts）、教育研究（Educational Research）、社会管理（Social Administration）和管理型教师发展（Management Teacher Development）等一起被引入。从这一层面上说，创造性的文科更具可塑性。此外，兰开斯特大学的英语教授比尔·默里和法国研究的首位教授汤姆·劳伦森（Tom Lawrenson）在纳菲尔德基金会的资助下，共同建立了一个实验工作室，以便对世界戏剧进行实际调查。[②] 这个工作室配备了适当的设备，得到了当地一些美术、音乐和舞蹈工作室的支持，并展示了人文学科如何能够从实用的示范设施中受

---

① PELLEW J, TAYLOR M. Utopian universities[M]. London: Bloomsbury Publishing, 2020:245.

② LAWRENSON T E. The place of the theatre in the modern humanities[M]. Lancaster: University of Lancaster, 1967:63-64.

益，而这些设施此前通常被认为只与自然科学有关。

兰开斯特大学的学生可以学习联合课程，如物理和音乐、经济学和法国研究等。但是，联合课程往往对学生有着更高的要求，特别是需要学生在两门或三门主修课程之间建立起知识的联系。1966 年，兰开斯特大学针对未来课程的发展模式及学生所拥有的课程选择权等问题展开了一系列激烈的讨论。其中一些人倾向于采用传统的课程发展模式，如物理学领域的学术人员认为，进步往往是建立在已有知识的基础上的，所以需要有一个既定的统一课程结构；另一些人则主张给予学生更多选择课程的自由，并使他们有机会放弃既定的统一课程结构，从而让他们成为课程的生产者。[①] 后者的主张于 1973 年获得批准，随后成立了独立研究学院（School of Independent Studies），该学院的学生可以在教师的指导下设计自己的课程计划，他们所设计的每项计划都会得到单独的批准与评估。这种课程设置模式的风险可能会很高，但它的确吸引了一些学生，尤其是那些具有较强创新与批判意识的学生。

兰开斯特大学的课程设置不仅注重广度，也拥有足够的深度，而且具有一定的灵活性。1963 年 3 月，兰开斯特大学的学术规划理事会就曾向大学拨款委员会明确表示，希望“避免在单一学科或单一学科某些方面的过度专门化”[②]。在课程设置上，兰开斯特大学将本科生课程分为两个互相衔接的阶段。在第一阶段（第一学年），学生需要学习三门同等重要的课程，包括他的意向专业课程，如化学专业的学生所学习的化学课程，其余课程则选自其他专业领域。例如历史专业的学生除了学习历史，还要从经济学、法国研究、哲学、政治学中选修两

---

① MCCLINTOCK M E. The University of Lancaster: quest for innovation [M]. Lancaster: University of Lancaster, 1974: 112.

② MCCLINTOCK M E. The University of Lancaster: quest for innovation [M]. Lancaster: University of Lancaster, 1974: 107.

门课程，或者选修上述课程中的任意一门以及古典背景、英语、环境科学、宗教研究、俄罗斯和苏联研究中的任一门课程。无论学生的初衷是什么，直到第一学年底他们才会对其专业做出最终抉择。

在第二阶段（第二、三学年），学生需要选择第一阶段三门课程中的任意一门进行主修；如果是联合主修（Joint Major），学生则需要选择其中的两门或三门课程。[①] 非联合主修的学生往往需要花费九分之六的时间在其主修课程上；并且花费九分之二的时间学习辅修课程，如历史专业的学生需要学习政治学或英语等，数学专业的学生需要学习计算机科学等；剩下九分之一的时间则需要学习一些广博课程。[②] 例如历史专业的学生需要学习“生物学与人”（Biology and Man）、“物理环境导论”（Introduction to the Physical Environment）、“数学思想大纲”（Outline of Mathematical Ideas）、“化学原理”（Principles of Chemistry）或“物理原理”（Principles of Physics）等广博课程。联合主修的学生通常需要在主修课程上花费九分之四的时间，剩下的时间则花在广博课程上；倘若他们被认为已经满足广博课程的要求，便会将广博课程改为与主修课程有着密切关系的课程，如环境科学与物理学的联合主修学生需要学习“数学方法”（Mathematical Methods）课程。可见，兰开斯特大学的课程设置不仅广泛而且深入。

2. 其他新大学的课程设置

在所有的英国新大学中，只有肯特大学仍然保留了传统的系科制，但其运行方式与跨学科学院十分相似，它们的精神实质与内涵亦是一致的。肯特大学设有人文、社会科学和自然科学三所学院，所有学院都把课程分为两个阶段。第一阶段不仅包括第一学年的三个学期，而

---

① PERKIN H J. New universities in the United Kingdom[M]. Paris: Organization for Economic Cooperation & Development Publications, 1969: 127.

② MOVRICH R F. The foundation and growth of the new British universities[J]. European education, 1975, 7(3): 5-29.

且包括第二学年的第一个学期；第二阶段则包括第二学年的后两个学期以及第三学年的三个学期。也就是说，课程的第一阶段为四个学期，第二阶段为五个学期。

在第一阶段，学生往往需要学习几门公共课程，并找到它们之间的契合点，从而为他们第二阶段的专业学习奠定基础。例如肯特大学人文学院的所有学生在第一阶段必须学习一门叫“当代社会及其背景”（Contemporary Society and its Background）的公共课。该公共课由两门课程组成，一门是“英国与当代世界”（Britain and the Contemporary World）课程，它是关于历史和文学的系列讲座课程，另一门是涉及批判性思维、基本逻辑和科学方法以及道德和政治问题的哲学课程。可以说，“当代社会及其背景”课程旨在把科学方法、历史、文学、哲学、逻辑、伦理和政治融为一体。社会科学学院的所有学生在第一阶段也必须学习一门由经济学、会计学、社会学、经济和社会史、经济和社会统计学、法律等构成的共同课程及一门现代外语。同样，自然科学学院的所有学生在第一阶段必须学习数学、物理学和生物学等课程。

在第二阶段，学生需要在广泛的基础上进行更专业的学习，而且他们能够学习一系列跨学科的课程。例如肯特大学人文学院的所有学生可以从“教育与文化理念”（Education and the Idea of Culture）、“城市的演变”（The Evolution of the City）、“自由和权威”（Freedom and Authority）、“现实主义和自然主义”（Realism and Naturalism）、“浪漫主义”（Romanticism）、“科学与宗教”（Science and Religion）、“工人阶级运动”（Working-Class Movements）等课程中选择两门主修。[①] 它们不仅是真正的跨学科课程，而且都涉及了文学、历史和哲学等角度。

① MOVRICH R F. The foundation and growth of the new British universities[J]. European education, 1975, 7(3): 5-29.

同时，在适当的情况下它们还会使用外文文本，并由来自不同学科领域的教师联合授课。这不仅使肯特大学更接近美国本科的通才教育模式，而且充分彰显了其学术规划理事会的冒险精神及打破“本位主义”的决心。

肯特大学还设立了一些联合学位课程。社会学和英语的联合课程是真正意义上的联合，因为教师为社会学和英语课程做出了同等程度的贡献，而学生也学习了同等数量的社会学和英语课程。由于两名教师（一名是社会学领域的，另一名是英语领域的）经常在肯特大学凯恩斯学院的“教师公共房间”遇见，于是他们便提出了设立社会学和英语联合课程的想法，以反映其共同兴趣与利益。随后，这两位倡导者迅速招募了另外两名成员——来自英语领域的路易斯·詹姆斯（Louis James）和来自社会学领域的大卫·摩根（David Morgan）。在他们的共同努力下，他们成功地设立了社会学和英语的联合课程。后来，肯特大学的艾略特学院也设立了人类学和计算机的联合课程，该联合课程同样源于教师在公共休息室的对话。除了埃塞克斯大学，似乎没有任何一所大学能够在联合课程上维持如此持久的承诺。

此外，肯特大学社会科学学院的第二任院长莫里斯·维尔（Maurice Vile）还推行了一项大胆的革新实验，即他设置了 6 个以上的跨学科讲师职位，从事这一职位的教师往往会涉及开发、城市、种族和民族等多个领域的工作。同时，被任命担任这些职位的教师将有 3 年的时间致力于开发他们的课程，在此期间，他们的教学负担将大大减轻。可以说，肯特大学的课程设置提供了“一个前所未有，甚至可能无法重复的机会，即能把‘学科碎片’抛向空中，并让它们以全新的方式‘安顿’下来。这所大学以惊人的一致性支持了跨学科的倡议，尽管它也愿意响应从山脚古城中所传来的对过去的召唤”[①]。

约克大学虽然被人们称为“保守的新大学”，但它也设立了灵活多样的跨学科课程。就人文社科领域而言，作为当时约克大学历史领域的唯一成员，杰拉尔德·艾尔默必须在1962年秋季为第一批对历史感兴趣的申请者撰写招生简章，以便他们能够在次年10月入学。这一招生简章揭示了他的一些创新性想法：在约克大学，英国历史将不再作为一个独立的单元教授，而是在欧洲历史的框架内教授；美国历史将占据重要地位，非洲历史也将占据重要地位；教师和学生将不仅仅以政治的视角看待历史；比较历史的专题课程将被开发；历史讲座将不再是强制性的；历史教学将通过小组讨论等方式进行；历史的评估方法将是多元化的，包括历史研究论文评估的可能性；历史学和历史理论也将被考虑。

就自然科学领域而言，约克大学的生物学充分彰显了其跨学科的性质。1961年，大学拨款委员会指出，生物学对新大学来说是一门合适的学科，随后，约克大学的学术规划理事会便对“生物学”的相关事宜进行了讨论，最终采纳了校长埃里克·詹姆斯的观点，即“你要任命一个兴趣广泛的人”[②]。1963年，詹姆斯写信给学术规划理事会的成员奥格尔维夫人，请求批准任命马克·威廉姆森为约克大学生物学的首位教授。因为他强调各个领域的一流工作，换言之，他具有广泛的兴趣。威廉姆森上任后，立即建立了一个生物学部门，该部门虽然有着单一的学科名称，但它实际上却是一种现代的、跨学科的生物学研究中心。它开设了一些广泛的非传统课程，如第一学年的生物化学、遗传学、生物多样性和辅助化学等。第二、三学年的生物化学、微生

① PELLEW J, TAYLOR M. Utopian universities[M]. London: Bloomsbury Publishing, 2020:205.

② PELLEW J, TAYLOR M. Utopian universities[M]. London: Bloomsbury Publishing, 2020:182.

物学、生化遗传学、动植物生理学、胚胎学、生态学、群体遗传学、进化学、行为学、统计学、分类学、比较解剖学、古生物学、组织学和电子显微镜学等。从整体上看，约克大学的生物学部门是一个非传统的跨学科部门。①

约克大学的学位课程分为单一学科学位课程和联合学科学位课程两种。选择单一学科学位课程的学生自入学起便可以将所有时间都花在一门主修课程上，如历史或化学；选择联合学科学位课程的学生既可以将时间平均分配到两门主修课程上，也可以选择不平均分配，而是将这两门课程作为主修课程与辅修课程，分别花费他们三分之二和三分之一的时间。值得注意的是，有些联合学科学位课程的组合是跨学科的，如生物学和语言学或英语和社会学等。一般说来，无论是选择单一学科学位课程的学生还是选择联合学科学位课程的学生，都需要学习一些公共课程和一系列跨学科性质的开放课程（Open Course），如“现代建筑”“青少年犯罪”“今日音乐”“英国经济的未来”和“我们周围世界的化学”等。② 尽管约克大学开设了许多跨学科性质的课程，但与其他新大学的跨学科课程相比，它还是处于更专业而非更广博的一端。

斯特林大学也是一所注重跨学科课程设置的新大学。斯特林大学的所有学生都必须学习一门两个学期的“途径和方法”（Approaches and Methods）公共课。这门课程的第一学期一般涉及语言的性质及其各种用途，第二学期通常涵盖社会算术、问题分析、博弈论、科学方

① WILLIAMSON M, WHITE D. A history of the first fifty years of biology at York [M]. York: University of York, 2013: 9-13.

② ROSS M G. New universities in the modern world [M]. London: Macmillan, 1966: 42-43.

法等内容。[①]

四、教学方法：多学科联合

从教学方法看，牛津大学与剑桥大学等主要采取的是导师制，而大班授课制则是城市大学的鲜明特色。英国新大学所采取的既非导师制也非大班授课制，而是一种适合跨学科性质的多学科联合的教学方法。这不仅有利于促进师生之间的跨学科交流，而且有助于促使个体成为“整全的人”。此外，受《罗宾斯报告》的影响，英国几乎所有的新大学都有一个坚定的意图，那就是将生师比例保持在较低的水平（约为 8∶1）。[②] 这种较低的生师比例，有利于提高英国新大学的教学质量和学术声誉。

（一）多学科联合的基础

英国新大学的多学科联合教学方法是以讲座、导师辅导课与小组讨论课等教学形式为基础的。英国大学十分注重并渴望保持高标准的教学质量，为此它们愿意以牺牲教学成本、师资力量和更民主的录取程序等为代价。一般说来，当时英国大学的生师比例普遍低于其他任何国家，而且英国大学的上课时间往往比其他国家的大学少一两年。据统计，在 20 世纪 60 年代，英国大学的生师比例为 8∶1，瑞典为 12∶1，俄罗斯为 12∶1，美国为 13∶1，荷兰为 14∶1，法国为 30∶1，西德为 35∶1。法国和德国等国家的高生师比例主要是由于它们开设了

---

① PERKIN H J. New universities in the United Kingdom[M]. Paris: Organization for Economic Cooperation & Development Publications, 1969: 126.

② LAWLOR J. The new university[M]. London: Routledge & Kegan Paul Ltd., 1968: 45.

大量的公共讲座课程。[1] 生师之间的比例问题是新大学考虑的重点问题之一，因为这会影响它们对教学方法的选择。

另外，黑尔委员会（Hale Committee）认为，关于小组讨论规模对课程的影响研究，唯一客观的便是 T. L. 科特雷尔博士（Dr. T. L. Cottrell）的研究。他的研究结论是，在实验的背景下，小组讨论的规模变化（范围为 3—24 人）对大学生的考试成绩没有显著影响，但 12 人的小组讨论比 3 人的效果略好。[2] 基于此，科特雷尔博士指出，如果导师制的主要优点是促使学生养成规律学习的习惯，而师生讨论只占其中相对较小的一部分，那么导师制的规模并不重要这一说法便不足为奇了。[3] 然而，这一研究针对的仅仅是化学类课程，因而它未必适用其他学科的课程，尤其是“斯诺界线”（指斯诺在 1959 年对科学和人文这“两种文化”的不健康“分离”所提出的具有影响力的论断）另一边的“苏格拉底式”学科课程。在这些“苏格拉底式”学科课程中，讨论、辩论与批评是它们的核心。

因此，大学课程的规模往往会因学科、目的和学生类型而不同，如规模非常小的小组讨论课甚至是一对一的导师辅导课，往往特别适合那些最聪明和最迟钝的学生，因为这既可以将最聪明学生所创造的火花变成天才之火，也能够让最迟钝学生所散发的光芒在他人面前闪耀。换言之，大学课程的最佳规模主要取决于课程的性质、目的和学生的类型。例如历史或文学等课程，既需要大量的阅读，又需要学生有机会展示他们对复杂材料的批判性处理能力，因而这类课程最好是

---

① LAWLOR J. The new university[M]. London: Routledge & Kegan Paul Ltd. , 1968: 37.

② University Grants Committee. Report of the Hale Committee on university teaching methods[R]. London: HMSO, 1964: 63.

③ University Grants Committee. Report of the Hale Committee on university teaching methods[R]. London: HMSO, 1964: 63.

在小规模的导师辅导课上教授；政治或哲学等课程，需要学生具有提出并批判一些熟悉论点的能力，因而这类课程最好采用大班授课；自然科学类课程可能更合适在大型示例课程或实验室中教授，并由一名兼职导师负责指导学生。

以往关于大学教学形式的许多讨论都被一种潜在的假设所困扰，即必须在讲座、导师辅导课和小组讨论课等众多教学形式中做出选择。但在新大学看来，这主要取决于具体的教学情境，从而突破了传统的教学观念。同时，罗宾斯委员会也明确宣布支持多样性的教学方法，并相信在一个组织良好的课程中，不同类型的教学方法能够很好地结合起来。为此，新大学不仅十分重视讲座的价值，而且特别强调导师辅导课和小组讨论课等教学形式的重要性。

讲座不仅有利于教师对某主题进行综合与连续的阐述，而且有助于汇集他们广泛与最新的研究成果。有学者曾指出，教师不仅仅是“一本为声音编排的教科书”，就像学生不仅仅是“高跷上的大脑”。[①] 也就是说，教师和学生都是活生生的个体，而不是去人性化的教学和学习机器，教学过程也不是知识的简单与机械转移。从某种程度上说，我们对人类的学习方式知之甚少，但我们所知道的是，学生需要感觉到他们正在学习的东西是有价值与值得获得的，并且他们所学习的对象也是足够令人钦佩与值得效仿的。[②] 因此，教师总是在课堂上被学生模仿，因为至少从知识掌握的角度来说，教师是足够令人钦佩与值得效仿的。教师在小组讨论课和导师辅导课中往往扮演着论点分析者和学生行为表现评价者的角色，只有在讲座中教师才能充分展现出他们对知识的掌握，并传达出对研究的热情。但并不是什么课程都要采用

---

① MALLESON N. The influence of emotional factors on achievement in university education[J]. The sociological review,1959,7(1):141-159.

② MALLESON N. The influence of emotional factors on achievement in university education[J]. The sociological review,1959,7(1):141-159.

讲座这一教学形式，而是应考虑具体教学实践的需要。例如在基尔大学的“基础年”中，通常每名学生每周会参加 10 次讲座；在兰开斯特大学的第一学年，每名文科生每周有 6—8 小时的讲座课程。

苏塞克斯大学的导师辅导课是其一大特色。文科类学院为每两名学生配备一位导师，导师每周通常会对学生进行两小时的辅导，主要采用的是讨论性方法；理科类学院则为每 4 名或 5 名学生配备一位导师，学生通常是以 5 人一组的形式参加导师辅导课的，而且由于课程的跨学科性质，致使导师辅导课倾向于采用能够解决学生困难与增进个体理解的方法，而非适合文科的讨论性方法。有学者曾指出，导师制是促使学生形成主动而非被动学习态度的有力手段。① 可以说，开放的思想、积极的学习态度及探究的艺术等都是苏塞克斯大学的核心教学理念。②

受美国成功经验的影响，东英吉利大学校长西斯尔思韦特坚持认为，小组讨论课将是该大学采取的主要教学形式，它不仅比牛津大学和剑桥大学的导师制花费更少，而且能以其导师制所不具备的方式促进不同个体间的讨论，并可以确保学生在大学学习期间拥有更广阔的视野。东英吉利大学声称其重新“发明”了小组讨论课。东英吉利大学所有学生都必须在最后一学年至少主持一场跨学科的公开小组讨论课。同时，学校会根据学生在讨论课上的表现情况，给予他们一定的评价，这会影响他们最终学位等级的获得。有学者指出，在最好的情况下，小组讨论课将是真正的“探索之旅”，并且学科之间的传统界限也是流动的；而在最坏的情况下，小组讨论课则是由那些特拉普派

---

① DAICHES D. The idea of a new university：an experiment in Sussex[M]. London：Andre Deutsch，1964：27.

② HEYCK T W. The idea of a university in Britain：1870-1970[J]. History of European ideas，1987，8(2)：205-219.

（Trappist）的学生和喋喋不休的教师组成。[①] 然而，在短短 5 年内，这一实验成果便在英国大学的教学中司空见惯，同时它也受到了不同程度的欢迎，这表明西斯尔思韦特所“发明”的小组讨论课取得了成功。

兰开斯特大学会让每所学院自行选择合适它们的教学形式，包括小组讨论课、导师辅导课、实践课或范例课等。例如历史是在最多 4 名学生（第一年为 5 名学生）的导师辅导课中教授，而政治和哲学则是在多达十几名学生的小组讨论课中教授。并且在兰开斯特大学的第一学年，每名文科生每周有 6—8 小时的讲座课程以及约 3 小时的小组讨论课，此外，他们每两周还会花 6 小时参加许多采用不同教学方法的课程；理科生除了上述课程外，每周还会有两三次实验课，每次持续 4 个小时。通过多种教学形式，兰开斯特大学的教师不仅希望能向学生传授他们的技艺，而且希望可以不断地学习——一是通过学习扩充他们的知识储备，二是通过学习使他们更善于教授知识。从这一层面上说，大学教师本身就是学生，他们的部分学习正发生在教授学生的过程中。[②] 1964 年颇具影响力的《黑尔报告》（*Hale Report*）赞许地指出，兰开斯特大学与基尔大学、埃塞克斯大学和曼彻斯特大学一样，正在对大学的教学进行研究。[③]

在埃塞克斯大学，大多数学科的基础教学都是在小规模（最多 10 名学生）的讨论课上进行的，特别是在第一年。同时，自然科学类的导师辅导课则往往发生在实验室。在肯特大学，所有学院都灵活采用了讲座、导师辅导课和小组讨论课等教学形式，如在人文学科领域，

① SANDERSON M. The history of the University of East Anglia, Norwich[M]. London: Hambledon, 2002: 83.

② PELLEW J, TAYLOR M. Utopian universities[M]. London: Bloomsbury Publishing, 2020: 252.

③ University Grants Committee. Report of the Hale Committee on university teaching methods[R]. London: HMSO, 1964: 107.

一位导师所辅导的学生往往不超过两名。沃里克大学在适当的情况下会采取讲座、导师辅导课、小组讨论课及社会实践活动课等多种教学形式。可见，新大学普遍强调多种教学形式的灵活运用。

（二）多学科联合的实施

英国新大学在教学体制和课程设置上所进行的重大革新实验，无疑会影响到它们的教学方法。具体而言，新大学在公共讲座课与小组讨论课等教学形式的基础上，实施了多学科联合的教学方法，主要包括如下类型。

其一，不同学科的教师联合讲授。基尔大学在“基础年”开设的“西洋文明的发展”这门课程，共有约230场讲座，需要大约70位来自不同学科领域的教师轮流讲授，而且在每一专题结束后要开展小组讨论。[①] 这是因为该课程涉及内容十分广泛，包括地球科学、生命科学、生物学、物理学、数学、化学、计算机科学、哲学、政治学、经济学、历史学、教育学、心理学、语言学、文学艺术、音乐等。肯特大学第一阶段的讲座课程也是由一系列跨学科的主题组成，需要来自多个学科领域的教师联合讲授；与此同时，这些教师还会定期讨论教学方法和内容。如“探索现实”（Exploring Reality）这门课程囊括了英国文学、艺术史、社会学、哲学、电影研究、神学、生物化学和物理学领域的教师；同样，“大学的理念”（The Idea of the University）和“城市和建筑环境”（Cities and the Built Environment）等课程也需要来自多个学科领域的教师联合讲授。[②]

埃塞克斯大学比较研究学院在第一学年开设的公共课程，涵盖现代社会的文学、艺术、政治和社会学等各方面；肯特大学人文学院开

---

① 易红郡．英国大学通识教育的理念及路径［J］．华东师范大学学报（教育科学版），2012（4）：89-95．

② PELLEW J，TAYLOR M. Utopian universities[M]. London：Bloomsbury Publishing，2020：203.

设的“城市的演变”“科学和宗教”等课程需要从文学、历史和哲学等角度进行研究；斯特林大学开设的“途径和方法”等课程则涉及了语言学、社会算术、博弈论、科学方法等领域。[①] 它们都需要不同学科教师的联合教学。此外，沃里克大学开设的导论课程、约克大学开设的开放课程、苏塞克斯大学开设的背景课程等也都需要不同学科教师的联合教学。

其二，不同学科的导师联合主持。基尔大学在“基础年”开设的“西洋文明的发展”这门课程规定，每名学生要参加由 3 位不同学科导师联合主持的小组讨论课；苏塞克斯大学的文科学院也开设了类似性质的联合小组讨论课，如英国文学与经济史的导师会和学生一起讨论特定经济时期的小说等；类似的联合小组讨论课也出现在东英吉利大学的英语和哲学、英语和历史等联合课程以及“福利国家”等社会研究课程。

其三，不同学科的学生联合讨论。东英吉利大学的所有学生必须在最后一学年至少主持一场跨学科的公开小组讨论会；[②] 同样，兰开斯特大学开设的广博课程将来自不同学科的学生聚集在一起，既让人文和社会学科的学生一起学习科学课程，也让理科生共同学习文科课程；苏塞克斯大学的“文理渗透项目”和不同学院之间的联合小组讨论课也是如此。可以说，在新大学发展起来的教学文化，并不是那种宏伟的知识地图与孤立的学科，而是一种广泛和民主的学科联合，这无疑体现了师生之间更加平等与轻松的关系。[③] 从这种意义上说，新大学的

---

① ROSS M G. New universities in the modern world[M]. London: Macmillan, 1966: 42-43.

② SANDERSON M. The history of the University of East Anglia, Norwich[M]. London: Hambledon, 2002: 83.

③ 易红郡. 英国近现代大学精神的创新 [J]. 清华大学教育研究，2015 (5)：31-40.

教学方法比老大学更接近现代高等教育的核心理念。

值得一提的是，20 世纪 60 年代也是对英国大学的教学方法进行重新思考的改革时代。当时英国不仅设立了一个关于一般教学方法的委员会，而且成立了一个关于高等科学教育视听教具（Audio-Visual Aids in Higher Scientific Education）的委员会，并由赫尔大学（Hull University）的校长布林莫尔·琼斯爵士（Sir Brynmor Jones）担任主席。后一委员会建议大幅增加对教具的经费资助，并希望通过开发和宣传新的辅助设备、培训相关工作人员以及提供信息和咨询服务等来鼓励教师使用这些视听教具。①

大多数新大学都对机械化教具的某方面感兴趣，这通常是由教职工的热情所导致的。例如肯特大学的一位经济史教授热衷于使用教具，从而主持了一个鼓励使用教具的委员会，而其人文学院院长则热衷于电影，因而在每周六上午特别设置了一个经典电影的项目，内容涉及《威廉·布莱克的愿景》（*The Vision of William Blake*）与《蓝色天使》（*The Blue Angel*）等，该项目深受学生们的欢迎。兰开斯特大学英语领域的教授是大多数教具的狂热爱好者，而其物理领域的教授则是电视的狂热爱好者，他们共同创建了一座教具大楼，其中拥有语言实验室与演播室等。值得注意的是，埃塞克斯大学和约克大学都开创了以语言实验室为重要媒介的语言教学之先河。②

在机械化教具的使用这一领域，最具创新性的是苏塞克斯大学的学术服务中心（Centre for Academic Services）。该中心的主任诺曼·麦肯齐先生（Mr. Norman Mackenzie）不仅热衷于各种形式的教具，而且密切关注涉及教育交流的几乎所有问题。麦肯齐先生认为，苏塞克

---

① PERKIN H J. New universities in the United Kingdom[M]. Paris: Organization for Economic Cooperation & Development Publications, 1969: 178.

② PERKIN H J. New universities in the United Kingdom[M]. Paris: Organization for Economic Cooperation & Development Publications, 1969: 178.

斯大学的学术服务中心不仅能够为希望以特定方式教学的学者提供设备和建议，而且可以解决如何教授一门特别困难的课程的问题，因为该中心是一个由各种媒体专家所组成的团队。① 苏塞克斯大学所有理科生在第一学年学习的“物质的结构和性质”（Structure and Properties of Matter）课程对于教师来说就很难教授。该课程的教授难点在于，要把宇宙结构（包括从原子核到生物的大分子）复杂的、数学的与微观的观点传递给来自不同学科背景的大量学生。因而，苏塞克斯大学的学术服务中心为教授这门课的教师提供了各种援助，包括闭路（Closed-Loop）电影与闭路电视等，但最成功的援助还是一本简单的示例问题小册子。通过这本小册子，每个学生都可以自学课程，并根据自己的时间完成练习。可以设想，这或许会发展成一本类似教学机器程序的程序教学书。如果是这样，苏塞克斯大学学术服务中心的贡献将不仅在于能够提供复杂的机械辅助设备，更在于可以将教授课程学者所提出的新的、清晰的思想和阐述转移到“不言自明”的程序中。

另外，苏塞克斯大学的学术服务中心还通过对一位教授讲授的所有讲座课程进行录像，从而解决了他想要休假一年的问题。该中心将在苏塞克斯大学一座综合建筑楼中与教育学院连接起来。除开展上述工作外，该中心还对未来教师教育课程的运作进行了研究。类似苏塞克斯大学这样的视听辅助设备中心价格十分昂贵，但在新大学中至少已经拥有三个这样的中心，如约克大学和埃塞克斯大学的“现代媒体在语言教学和语言学中的应用”（Use of Modern Media in the Teaching of Language and Linguistics）中心以及苏塞克斯大学的“多媒体”（Multimedia）中心。从某种意义上说，这表明新大学对教育革新实验的热情是非常重要的。

---

① PERKIN H J. New universities in the United Kingdom[M]. Paris: Organization for Economic Cooperation & Development Publications, 1969: 178.

五、评价方式：连续评价制

英国老大学通常采用的是传统的一次性书面考试的评价方式。20世纪60年代，黑尔委员会通过对英国大学教师进行抽样调查发现，其中有五分之四的受访者认为现行的笔试制度是为学生提供创造性学习机会的最佳可行方法，并有四分之三的受访者认为笔试是评价本科生的最佳方法。[①] 但是，黑尔委员会却指出了这种笔试制度的缺点，并欢迎英国大学对不同类型的评价方式进行实验，如“开卷式”考试，或根据学生在课程期间的作业质量对他们进行评价等。学生的评价方式往往是大学教育中最容易被忽视的领域之一，但英国新大学恰恰在这一领域也做出了重大创新。

（一）连续评价制的实施

在跨学科教育理念的影响下，英国新大学放弃了传统的一次性考试制度，而实行了连续评价制（Continuous Assessment System）。

首先，连续评价制注重通过学生的书面作业、论文和课程参与度来评价他们的表现、学业与能力等。东英吉利大学在学生评价方面彻底背离了既定的做法，是实施连续评价制的先驱。它将学生评价分为两个相互衔接的阶段，即初步评价（Preliminary Assessment）和期末评价（Final Assessment）。每一阶段要根据学生的课程表现给予一定成绩；当课程结束时，教师会为每名学生推荐一个等级，再由学院教职工组成的课程评价委员会（Course Grading Committee）批准，并向全体学生公布。[②] 东英吉利大学文科学院对学生的评价主要基于书面作

① University Grants Committee. Report of the Hale Committee on university teaching methods[R]. London: HMSO, 1964: 87.

② PERKIN H J. New universities in the United Kingdom[M]. Paris: Organization for Economic Cooperation & Development Publications, 1969: 183.

业、课程论文和课堂互动，理科学院则在上述评价内容的基础上，增加了实验课的合作与习题课的写作。因此，当大学课程结束时，学生往往已经积累了一定数量的课程成绩，这些成绩通常占学生毕业总成绩的三分之一到二分之一。正如东英吉利大学的校长西斯尔思韦特所指出的那样，学生的平时成绩将会影响他们最终学位的等级。①

除东英吉利大学外，斯特林大学和兰开斯特大学是最致力于实施连续评价制的新大学。在斯特林大学，每门课程结束时，学生将根据连续评价（定期测试与课堂作业等）和考试（哲学课除外②）的共同结果获得一个成绩。同时，斯特林大学还试图不断实验除笔试以外的其他任何评价方式，包括口试、实习和规定的任务等。兰开斯特大学对学生的评价主要基于他们的书面作业和对讨论课的贡献等，该评价结果通常由学生的个人导师决定。值得注意的是，在兰开斯特大学的不同学院中，学生的平时成绩占期末成绩的百分比各不相同：最低为20％，最高为50％。③

其他新大学所实施的连续评价制，大多都不那么正式。在约克大学，各学院自行决定评价学生的方式。例如一些学院的学生可以提交他们最好的论文作为期末评价的一部分；教育学院则完全放弃了传统的一次性考试，而通过书面作业、论文及导师意见等对学生进行评价，这种评价方式在第三学年更为重要。沃里克大学有些学院实行了连续评价制，有些学院则没有实行。例如沃里克大学的科学学院便建立了一个累积评价体系，即课程作业在第一学年末评价中占10％，第二年

① PELLEW J，TAYLOR M. Utopian universities[M]. London：Bloomsbury Publishing，2020：130.

② 学习哲学课程的学生只有在不接受学科委员会（Subject Committee）的评价并希望提高其成绩的情况下才能参加考试，但他们并不会因为低于规定的分数而受到处罚，这是一个很重要的创新。

③ PERKIN H J. New universities in the United Kingdom[M]. Paris：Organization for Economic Cooperation & Development Publications，1969：185.

占25%，第三年占65%。[1] 即使是以笔试为主的基尔大学，也由于课程的跨学科性而采用了连续评价制，如“基础年”开设的“西洋文明的发展”课程，要求学生必须在自然科学、人文科学和社会科学领域中选题并各写三篇小论文，作为连续评价的主要内容。值得注意的是，由于受跨学科的影响，不同学院对同一学生的评价方式也有所不同。也就是说，受跨学科课程的影响，即使两名属于同一学院的学生，由于他们的专业背景不同，也可能面临不同的评价标准。

其次，连续评价制注重对学生假期的利用。黑尔委员会在一份关于学生利用假期的中期报告中发现：抽样调查的2000名大学生在1961年的暑假中，有53%的学生平均每天花费在学习上的时间不超过1小时，有31%的学生每天花费1—3小时，有11%的学生每天花费3—5小时，只有5%的学生每天花费超过5小时。[2] 这受到了许多媒体和公众的批评。因此，新大学的连续评价制在处理这个问题上主要采用了两种方式：一是在假期结束时上交书面作业，或在新学期开始时进行专门的考核，以评价学生的假期学习质量；二是通过延长学期或暑假中增加一个学期的方式延长学生的在校时间。肯特大学在7月下旬增加了一个4周的学期，用于学生的阅读和自学等，且由教职工轮流监督与评价。斯特林大学则采用了“两学期制”（System of Two Semesters）来延长学期，即每学期为15周，而非传统的3个为时10周的学期。同时，“两学期制”还要求学生在新学期开始前两周到校，用于开展一段时间的自学或阅读等。以上充分说明新大学尤为关注评价的连续性，并将评价的内涵从大学校园扩展至个体的整个学习生涯（包括假期），从而突破了评价的时空限制。

---

① PERKIN H J. New universities in the United Kingdom[M]. Paris: Organization for Economic Cooperation & Development Publications, 1969: 184.

② University Grants Committee. Interim report of the Hale Committee on university teaching methods[R]. London: HMSO, 1963: 9-10.

（二）连续评价制的意义

英国新大学无论采用何种评价方式，对学生来说都是一件极其严肃的事情。因为在第一阶段（通常为第一学年），它往往决定着学生能否继续在大学学习；而在第二阶段（通常为第二、三学年），它在确定学生最终学位的等级方面发挥着相当大的作用，并且这一学位等级甚至会影响到他们之后的整个职业生涯。因此，至关重要的是，学生的评价方式不仅要公平，而且要被视为公平，从而让学生能在“状态不佳”时，有机会根据他们的实际努力而不是偶然表现取得相对公正的评价。也就是说，学生的最终学位等级应代表着教师深思熟虑和负责任的判断，而非作为一套幸运或不幸运的试题的纯粹体现。

另外，据有关统计，在 1957 年入学的学生中，至少有 82％的学生是由于“学术原因”而流失的，而且考虑到大学生是因能力而被录取的，因而这一问题至少从理论层面上说是可以避免的。[①] 从政府和社会的角度看，其不仅为大学生支付过费用，而且在未来也需要大学生的服务，因而将大学生的“流失率”（Wastage Rate）降至最低也尤为重要。当时英国几乎所有大学都在密切关注着这一问题，特别是新大学。新大学通过一系列策略，如在第一阶段对那些“即将流失”的学生给予重新评价以及积极采用多元化的评价标准等，将学生的“流失率”控制在较低水平。当然，没有什么能够阻止某些因学术失败和“非学术原因”而导致的学生流失，但新大学已设法将学生的“流失率”降低至人们可接受的范围内。

一般说来，大学所采用的评价方式对学生的学习生涯和他们之后的职业生涯的影响肯定不会减弱，并且它也会对学生的教育、思想和心理习惯等产生相当大的影响。因此，好的评价方式应尽可能地全面

---

① Robbins Committee. Report of the Robbins Committee on higher education[R]. London:HMSO,1963:190-191.

衡量出一名学生所掌握的一门或多门学科的知识以及一个学位及其等级所能代表的思想品质与习惯等。同时，好的评价方式还应能鼓励良好的教学。① 英国新大学所实行的连续评价制，不仅提供了一种更为可靠的评价手段，而且与传统的考试制度相比，它给学生带来的压力更小，因为传统的考试制度将一切成绩都取决于大规模的期末笔试。更重要的是，连续评价制一方面有利于个体学习习惯的培养与实现教育公平，可以更客观与全面地衡量学生的学业，并能使学生经常了解自身的学习情况；另一方面，它也有助于降低学生因“学术原因”导致的“流失率”，并能提高个体跨学科学习的有效性。总之，连续评价制已被证明是一项成功且有用的创新，它完全可以被其他大学所采用。

第二节　科学研究：新的“研究导向”

英国新大学不仅对于优秀的研究人员来说具有强大的吸引力，而且在科学研究职能的发挥上也具有独特优势。这一独特优势便是其跨学科的研究导向。一方面，新大学十分重视研究生工作，注重培养研究生的跨学科能力，因此它们的研究生比例相对较高；另一方面，新大学具有许多跨学科性的多元化研究机构。前文已述，新大学已然突破了传统的束缚，即它们不必经历一段作为学院的“学徒期”，并且它们从建校伊始便具有培养研究生的职能。必须指出的是，新大学研究生的教学计划与本科生的是同时发展的，尽管前者并没有后者那么强调课程设置的广度与灵活性。事实上，1965 年 12 月在兰开斯特大学阿什顿大厅（Ashton Hall）所颁发的第一个学位就是硕士学位；并且兰开斯特大学从 1964 年便开始招收科学领域的博士生，他们一开始位于

---

① University Grants Committee. Report of the Hale Committee on university teaching methods[R]. London：HMSO，1964：92-93.

一个临时性的实验场所，随后于 1968 年搬到了贝里格。另外，兰开斯特大学的物理学也因其在创造研究经费方面所取得的成功而闻名。例如 1968 年 9 月 30 日，兰开斯特大学的 379 330 英镑研究经费中，有 134 239 英镑是用于物理学研究的。① 可见，新大学尤为注重科学研究职能。

一、个体层面：培养研究生的跨学科能力

英国新大学不仅普遍强调教学与研究之间的密切关系，而且极力主张提高研究生的招生规模。例如埃塞克斯大学在建校初期，就计划将本科生与研究生的比例提高到 3∶1，而当时英国其他大学的本科生与研究生的比例只有 7∶1。② 为此，埃塞克斯大学希望越来越多的本科生能够再进行一年的研究生学习，以获得文学硕士或理学硕士学位。同时，埃塞克斯大学还希望能够吸引其他机构的研究生加入。③

一般说来，新大学的各个学术规划理事会都坚定地支持新的教育事务。为此，新大学不仅开设了一些传统的学科，如古典文学、神学、历史、哲学和英国文学等，而且开设了一些新兴的学科，如非洲和加勒比文学、社会学、社会政策、人类学、心理学、法律、电机和控制工程、陶瓷工艺和结构社会史等。同时，正如各研究评估排名所显示的那样，新大学对这些学科的研究取得了一些亮眼的成果。④ 更重要的

---

① PELLEW J，TAYLOR M. Utopian universities[M]. London：Bloomsbury Publishing，2020：256.

② WARNER D，PALFREYMAN D. The state of UK higher education：managing change and diversity[M]. Buckingham：SRHE and Open University Press，2001：51.

③ LAWLOR J. The new university[M]. London：Routledge & Kegan Paul Ltd.，1968：44.

④ PELLEW J，TAYLOR M. Utopian universities[M]. London：Bloomsbury Publishing，2020：204.

是，新大学开创了一个全新的研究领域——商业技术（Business Technologies）。受其影响，20 世纪 60 年代的兰开斯特大学设置了运筹学、市场营销、系统工程和财务控制等专业，并计划将这些专业合并为一个商业研究中心，该中心将拥有与其他跨学科学院相同的地位和职权。这有利于使商业技术更快地发展为一般大学意义上的（即完全可以被其他大学所接受与认同的）学科与研究领域。

埃塞克斯大学的校长斯洛曼不仅指出以大型跨学科学院开展研究的优势与必要性，而且认为研究是大学的首要职责。第一，由于现代研究往往需要专家团队合作开展，因此，大型的跨学科学院能容纳更多的研究人员，这有利于更好地开展研究。第二，大型的科研项目一般都需要大量昂贵且精密的设备，而这些设备通常是小型学院所无法负担的。第三，只有当大学建立起如此强大的大型跨学科学院时，政府和工业界等才会向它们提供大规模的研究合同。第四，大型跨学科学院能够吸引更多的研究人员，因为研究人员需要并渴望与更多著名学者进行合作。基于此，斯洛曼坚信，在大型跨学科学院的影响下，新大学无疑会创造出大量的研究成果。值得注意的是，虽然斯洛曼认为，与社会科学或人文科学相比，自然科学对大型跨学科学院的需求更为迫切，但他也指出，自然科学不仅对计算机、语言实验室等设备的使用日益增多，而且往往需要大量的书籍和期刊等。可以说，新大学的大型跨学科学院打破了学科间的界限，从而使不同学科的研究得以关联。也就是说，倘若新大学想要成为全国性乃至国际性机构，它们就必须学会合作，并“在狭窄的战线上进攻，在有突破的地方拼命前进”①。

在商业和管理研究领域，兰开斯特大学校长卡特的热情得到了充

① LAWLOR J. The new university[M]. London: Routledge & Kegan Paul Ltd., 1968: 43.

分的发挥。由于卡特获得了英国市场营销研究所（Institute of Marketing）的资助，致使运筹学（Operational Research）这门适用于研究生阶段的新学科于1965年得以成立。为此，卡特成功说服帕特里克·里韦特（Patrick Rivett）离开国家煤炭委员会（National Coal Board），来到兰开斯特大学担任运筹学的首位教授。可以说，运筹学是兰开斯特大学的“明星学科”。随后，其他的一些“创新者”也来到兰开斯特大学。例如格威利姆·詹金斯（Gwilym Jenkins）来自帝国理工学院，负责建立兰开斯特大学的系统工程学。他曾向有抱负的入学者说道：“系统工程学的主要目标是对系统的整体行为进行优化，它需要不同背景的人之间的合作，如不同类型的工程师、数学家、计算机专家、化学家、经济学家和会计师。”①

20世纪60年代，苏塞克斯大学共开设了22门文学硕士课程，如管理学与非洲研究等，还有8门理学硕士课程，如控制和机电动力学、科学史与科学哲学等。东英吉利大学所开设的文学硕士课程主要涉及了1870年以来现代社会的演变以及理论力学等内容。埃塞克斯大学所开设的文学硕士课程主要涉及了应用语言学、文学翻译理论与实践等内容，其理学硕士课程则包括统计学与运算学等。肯特大学为文学硕士颁发社会学硕士学位，其理学硕士则获得电子与通信（Electronics and Communications）硕士学位。沃里克大学为文学硕士颁发商学硕士学位，为理学硕士颁发自动控制硕士学位。兰开斯特大学开设了具有创新性的运筹学、系统工程、市场营销和现代结构社会史等文学硕士课程。基尔大学开设了少量的硕士课程，如为文学硕士开设的“维多利亚研究”（Victorian Studies）课程以及为理学硕士开设的“陶瓷工艺基础”（Fundamentals of Ceramic Technology）课程等。斯特林大学开

---

① PELLEW J，TAYLOR M. Utopian universities[M]. London：Bloomsbury Publishing，2020：247.

设了数学心理学和技术经济学等理学硕士课程。阿尔斯特大学在其首批课程计划中为理学硕士开设了社会学课程，并为文学硕士开设了当代国际史课程等。可见，新大学十分注重培养研究生的跨学科能力。

可以说，几乎所有的新大学都旨在拓宽本科阶段的课程，这意味着许多高深的专业课程必须推迟至研究生阶段。为此，新大学开设了广泛的跨学科学士学位课程，并将高水平的专业课程推迟至研究生阶段。这种做法既是罗宾斯委员会所建议的，也是大学拨款委员会所鼓励的。① 新大学在开设文学硕士与理学硕士课程方面都表现出了极大的主动性与热情，但是，它们并没有开设很多适用于研究生阶段的课程。因为当时英国大学的惯例是研究生不再致力于课程的学习，而是将其主要精力用于研究。为此，新大学都拥有研究层面的跨学科讲座、小组讨论课和导师辅导课，还有硕士项目与硕士学位论文等。当时新大学的许多硕士生在学业结束时便从事教学工作、工业研究或其他行业，而对学术感兴趣的学生通常会继续攻读为期两年的博士学位。

简言之，英国新大学科学研究职能的跨学科导向意味着，不仅能让研究生学习由不同学科领域教师所讲授的跨学科课程，而且能够允许他们在可能的情况下建立起不同学科研究之间的联系，这使得新大学的研究生教育很快便领先于当时许多小型城市大学。也正因如此，新大学才能够开展许多世界级的研究，并维持着对跨学科教学与研究的承诺。可以说，新大学将传统大学的院系成功地从“学科孤岛”中解放出来，并开创了新的研究领域。②

---

① Robbins Committee. Report of the Robbins Committee on higher education[R]. London：HMSO，1963：278-279.

② PELLEW J，TAYLOR M. Utopian universities[M]. London：Bloomsbury Publishing，2020：25.

二、组织层面：成立跨学科性的研究机构

英国新大学成立了许多具有跨学科性质的研究机构。例如东英吉利大学的生物科学学院与其诺里奇食品研究所（Food Research Institute in Norwich）、洛伊斯托夫特渔业实验室（The Lowestoft Fisheries Laboratory）以及与土壤和植物营养有关的约翰·因内斯研究所（The John Innes Institute）进行了合作，并共同开展了一些跨学科研究。当时埃塞克斯大学拥有现代研究领域最重要的创新之一：社会科学研究委员会数据库（The Social Science Research Council's Data Bank）。该数据库于1967年10月正式运作，是一个社会调查数据的存储中心，它所储存的数据主要来自政府部门、商业组织和学术研究人员等。① 可以说，社会科学研究委员会数据库对于从事研究的人员尤其是从事社会调查的人员来说十分重要，它既可以为他们的进一步分析提供重要的数据支撑，又可以为他们的跨学科研究提供智力支持。此外，埃塞克斯大学成立的语言中心（Language Centre）和创意艺术中心（Creative Arts Centre）既是教学机构又是科研机构，它们都开展了一些跨学科研究。前者不仅能够教授6—7种语言，而且涉及应用语言学和新的语言教学方法等；后者的基本原则是：大学应为创作艺术家和评论家提供一个共同的场所。②

（一）苏塞克斯大学：创建多个跨学科研究中心

1965年，进化生物学家约翰·梅纳德·史密斯（John Maynard Smith）成为苏塞克斯大学生物科学学院的首任院长。他的教学计划

---

① PERKIN H J. New universities in the United Kingdom[M]. Paris: Organization for Economic Cooperation & Development Publications, 1969: 137.

② LAWLOR J. The new university[M]. London: Routledge & Kegan Paul Ltd., 1968: 45.

是，将分子生物学（遗传学和生物化学的交叉学科，在今天的生物学中占主导地位）、行为学与大脑研究等结合起来教授。[①] 在这一计划的影响下，很快便产生了7门学科，分别为生物学、生物化学、神经生物学、地理学（主要是自然地理与生物学的结合）、人文科学、欧洲研究（主要是欧洲研究与生物学的结合）、认知科学（Cognitive Sciences）。值得注意的是，苏塞克斯大学生物科学学院所开设的认知科学主要受到了斯图尔特·萨瑟兰（Stuart Sutherland）的影响。

1965年，萨瑟兰被任命为苏塞克斯大学的心理学教授，随后他便开始研究实验心理学。萨瑟兰曾在麻省理工学院担任过客座教授，受其经历影响，他坚信人工智能和计算建模能为认知心理学等问题的解决提供全新的方法与途径。[②] 20世纪60年代中期，英国大学的电子存储程序计算机的供应达到了顶峰。正如1966年的《弗劳尔斯报告》（*Flowers Report*）所指出的那样，计算机对于研究甚至教学至关重要，因此必须大量供应。同时，从20世纪60年代中期开始，技术的革新使得20世纪50年代的大型机发展为更小、更便宜、更网络化的机器。[③] 于是，在此背景下，萨瑟兰规划了一所认知研究学院（School of Cognitive Studies），该学院主要包括认知科学、人工智能和计算机科学、心理学、语言学、逻辑学以及可能在实验基础上的英语语言学和文学等。[④] 受此影响，史密斯将认知科学成功地纳入苏塞克斯大学的生物科学学院。但是，萨瑟兰的这一计划却于1972年转变成一个认知研

---

① BLIN-STOYLE R. The Sussex opportunity: a new university and the future[M]. Brighton: Harvester Press, 1986: 128-129.

② MACKINTOSH N. Obituary: Professor Stuart Sutherland[N]. Independent, 1998-11-18(6).

③ VERDON F, WELLS M. Computing in British universities: the computer board 1966-1991[J]. The computer journal, 1995, 38(10): 822-830.

④ BLIN-STOYLE R. The Sussex opportunity: a new university and the future[M]. Brighton: Harvester Press, 1986: 178.

究项目，而不是一所跨学科学院。这一项目主要是基于“计算机即思维”（Computer-as-mind）和“思维即计算机”（Mind-as-computer）的理念，它在20世纪70年代中期资金缺乏的情况下得以幸存，并于20世纪80年代蓬勃发展。

1961—1964年，利兹大学的哲学教授史蒂芬·图尔明和苏塞克斯大学副校长阿萨·布里格斯就一项跨学科研究进行了讨论，这次讨论涉及了自然科学、社会科学和人文科学的交叉领域。① 当图尔明认为苏塞克斯大学的研究经费水平不够时，布里格斯便任命克里斯托弗·弗里曼负责领导一个新机构——科学政策研究所。它是一个具有企业精神的跨学科研究机构，其中几乎所有的人员和项目都有合同的支持，其资金主要来自政府（英国和外国）、研究委员会、基金会和企业等。值得注意的是，它拥有由英国政府部门和国际机构等资助的各种项目，如经济合作与发展组织（OECD）科学事务理事会（Directorate of Scientific Affairs）资助的国际贸易研究项目。弗里曼曾指出：“更长期、更基础的学术研究和更短期的合同研究之间的平衡问题是最难处理的问题之一。”② 1967年，布里格斯称赞了苏塞克斯大学科学政策研究所所带来的商业利益，并指出“该研究所主要在合同的基础上研究与我们国家和国际福祉直接相关的问题”③。事实上，随着跨学科研究成为英国大学共同关注的话题后，科学政策研究所将发挥更重要的作用。

此外，苏塞克斯大学还成立了一些跨学科性的研究机构。例如苏

---

① BLIN-STOYLE R. The Sussex opportunity：a new university and the future[M]. Brighton：Harvester Press，1986：191.

② BLIN-STOYLE R. The Sussex opportunity：a new university and the future[M]. Brighton：Harvester Press，1986：200.

③ PELLEW J，TAYLOR M. Utopian universities[M]. London：Bloomsbury Publishing，2020：313.

塞克斯大学成立了一个天文学中心（Astronomy Centre），该中心与附近的赫斯特蒙休皇家格林尼治天文台（Royal Greenwich Observatory at Hurstmonceux）进行了合作；苏塞克斯大学成立的当代欧洲研究中心（Centre for Contemporary European Studies）特别关注欧洲一体化的问题和前景等；苏塞克斯大学创建的多种族研究中心（Centre for Multi-Racial Studies）得到了巴塔鞋业组织（Bata Shoe Organisation）的支持，该中心在巴巴多斯（Barbados）设有一个分支机构；苏塞克斯大学设立的人类精神病理学研究中心（Centre for Research in Collective Psychopathology）得到了哥伦布信托基金（Columbus Trust）的支持，其旨在调查潜伏在全人类中的破坏性潜能；苏塞克斯大学成立的发展研究所（Institute of Development Studies）旨在查明和研究英国国内外有关经济和社会发展以及管理等问题；苏塞克斯大学创建的保险研究中心（Centre for Insurance Studies）得到了英国保险协会（British Insurance Association）和特许保险协会（Chartered Insurance Institute）的联合支持，这是当时英国唯一的大学保险学术研究中心。①

（二）东英吉利大学：成立气候研究中心

东英吉利大学的气候研究中心（Climatic Research Unit）为跨学科研究创造了空间，尽管它的起源是相当偶然的。1966 年，在布拉克内尔气象局（Meteorological Office at Bracknell）工作了 30 年的休伯特·拉姆（Hubert Lamb）在浏览女儿申请东英吉利大学的文件时，注意到有人提议开办一所环境科学学院。拉姆对此很感兴趣，他想知道自己在气候预测（与短期天气预测不同）方面的研究是否还有空间。他说："我对气候发展和趋势影响因素的研究已经为气候预测奠定了基础……气候预测这项工作必须要协调历史学、考古学、植物学、卫星气象学

---

① PERKIN H J. New universities in the United Kingdom[M]. Paris: Organization for Economic Cooperation & Development Publications, 1969: 136.

和太阳物理学等不同学科的研究。”① 拉姆认为，由于气象局的服务重点是短期天气预报，因而其机会有限，气候预测这项高度跨学科的研究只可能发生在大学中。

基思·克莱顿（Keith Clayton）被任命为东英吉利大学环境科学学院的首任院长后，拉姆便向克莱顿提出了他的建议——建立一个气候研究中心。鉴于英国气象局不愿意让其工作人员研究气候预测等超长期的气象问题，因而该中心的建立亟须得到外部的支持。幸运的是，后来拉姆告诉克莱顿：“现在情况出现了一个新的转变——我已经成功争取到壳牌石油公司的资金支持，以帮助建立拟议的中心。”② 克莱顿回答道：“我完全同意你的观点，而且这一中心肯定能很好地与我们在这里试图开展的一些跨学科研究相适应。”③

必须指出的是，当时东英吉利大学的大部分资金往往都是用于发展教学的，但由于拉姆的这项跨学科研究的提议特别适合东英吉利大学的兴趣与理念，从而使这一跨学科气候研究中心的发展成为可能。气候研究中心的建设资金主要是来自壳牌石油公司，而且它得到了英国石油公司（British Petroleum）、中央发电局（Central Electricity Generating Board）、电力委员会（Electricity Council）以及纳菲尔德基金会的资金支持。在这些机构的支持下，拉姆气候研究中心（Lamb's Climate Research Unit）最终于1971年成立。可以说，直至20世纪90年代和21世纪初，东英吉利大学一直是全球气候变化的专家调查中心。

另外，东英吉利大学还形成了一个独特而强大的跨学科生物研究

---

① PELLEW J, TAYLOR M. Utopian universities[M]. London: Bloomsbury Publishing, 2020: 185.

② PELLEW J, TAYLOR M. Utopian universities[M]. London: Bloomsbury Publishing, 2020: 185.

③ PELLEW J, TAYLOR M. Utopian universities[M]. London: Bloomsbury Publishing, 2020: 185.

（包括生物物理学、生物化学、遗传学、海洋生物学等）网络，这个网络的组成部分都特别适合东安格里亚地区。[①] 主要包括诺里奇食品研究所、约翰·因内斯研究所与洛伊斯托夫特渔业实验室等研究机构。可以说，人们已经充分认识到，生物研究提供了与传统意义上的文科一样好的通识教育，并将重点从自然史转向了基于实验的跨学科研究，这极大地提高了从事生物研究的个体的适应能力。[②]

（三）沃里克大学：设立多元化的研究机构

和几乎所有的首批教授一样，埃里克·克里斯托弗·塞曼（Erik Christopher Zeeman）于1964年来到沃里克大学，想要建立一个以研究为导向的部门。[③] 塞曼不仅为沃里克大学所有本科生都要学习的“探究与变革”（Enquiry and Change）课程做出了重要贡献，而且在拓扑、代数和分析等专业领域培养了大量的工作人员。1965年，他成立了一个数学研究中心（Mathematical Research Centre），这为世界顶尖级专家举办研讨会提供了场所。必须指出的是，塞曼在沃里克大学进一步发展了勒内·托姆（René Thom）的突变理论（Catastrophe Theory）。托姆将突变理论（本质上是纯数学的专业）应用到了胚胎学。为此，塞曼对突变理论的扩展与延伸无疑是具有跨学科性的。从他的回忆中可以看出这一点：“在我对突变理论的应用中，我特别喜欢屈曲、倾覆、胚胎学、进化论、心理学、厌食症、动物行为、意识形态、委员会行为、经济学和戏剧。”[④]

---

① SANDERSON M. The history of the University of East Anglia, Norwich[M]. London: Hambledon, 2002: 103.

② MCCLINTOCK M E. The University of Lancaster: quest for innovation [M]. Lancaster: University of Lancaster, 1974: 134.

③ SHATTOCK M. Making a university: a celebration of Warwick's first 25 years[M]. Warwick: University of Warwick, 1991: 102-103.

④ PELLEW J, TAYLOR M. Utopian universities[M]. London: Bloomsbury Publishing, 2020: 186.

塞曼认为，突变理论还有利于自然哲学的发展，正如他所言：“自从自然哲学从我们的大学中消失以及数学家被分裂为纯粹的和应用的两派以来，我们的‘画布’就一直在稳步地变得越来越小。至少突变理论标志着‘自然哲学’的复兴，无论如何在一段时间内它将会再次受到人们的喜爱。”① 引人注目的是，突变理论研究理性地分析了20世纪六七十年代突然出现的一些看似不合理的问题，如股票交易的不稳定和人们的厌食症等。塞曼本人不仅成为一名公共科学家（Public Scientist），而且鼓励人们制作他们自己的“突变机器”，即一个由“两根橡皮筋、两根图钉、半根火柴棍、一块纸板和一块木头”组成的装置。这一装置既展示了连续的力量是如何导致突变性的跳跃的，也是20世纪70年代人们希望和恐惧的具体化，如对突然变化的恐惧、对理性解释的希望以及人们可能通过自我实验实现的希望等。

此外，沃里克大学还成立了一些跨学科性的研究机构，并与一些社会研究机构进行了密切合作。例如沃里克大学的工程科学学院建立在汽车工业的中心地带，并与汽车工业研究协会（Motor Industries Research Association）的实验室密切合作，该协会的主任是沃里克大学的副教授；沃里克大学还与帝国化学工业中心仪器实验室（Central Instrument Laboratory of Imperial Chemical Industries）进行了类似的合作，它们对理科硕士课程和自动控制方面的研究工作有着特别的兴趣，该实验室的过程分析主管也是沃里克大学电气科学的副教授；沃里克大学建立了一个欧洲文献中心（European Documentation Centre），该中心被公认为是欧洲理事会（Council of Europe）、欧洲自由贸易区（European Free Trade Area）和西欧联盟（Western European Union）的官方藏书库；沃里克大学成立了一个强大的商业研究研究生院

① PELLEW J, TAYLOR M. Utopian universities[M]. London: Bloomsbury Publishing, 2020:187.

(Postgraduate School of Business Studies)，该研究生院涉及管理、运筹学、劳资关系和市场营销等领域，同时拥有不少于8个教授职位，并受到了英国董事协会和一些大型基金会、银行和工业公司的支持。

英国新大学具有“与生俱来”的研究职能。正如有学者所指出的那样，新大学从一开始便能够同时授予学士学位和研究生学位，它们的课程也是从零开始设计起来的。[①] 大多数重大发现和进步都是在学科间的边界上取得的，如由生物学家、生物化学家、晶体学家、电子工程师和计算机科学家组成的团队对DNA遗传密码的“破解”。从这一层面上说，跨学科研究既是专业研究人员的进步之路，也是科学研究的未来发展之路。同时，研究生需要具有将看似无关的事物联系起来的本领以及将不同领域的经验结合起来的能力。为此，新大学既注重培养研究生的跨学科能力，又成立了许多具有跨学科性的多元化研究机构。

第三节　社会服务：新型“社区服务站”

英国新大学的支持者希望它们能够为所在社区服务，并可以促进当地的经济与文化发展等。这些期望也是英国城市大学社会服务职能的重要体现，有学者曾把城市大学描述为“社区服务站”[②]。但新大学不仅是“社区服务站”，更是一种新型“社区服务站”。它主要“新”在三个方面：第一，新大学是在相对较小的社区附近建立的，以前很少或根本没有大学教师和学生生活在这些较小的社区，这与英国历史上的其他大学都不同。因此，新大学与当地的关系经历了某种程度的

---

① 克拉克．建立创业型大学：组织上转型的途径［M］．王承绪，译．北京：人民教育出版社，2003：10.

② PERKIN H J. New universities in the United Kingdom[M]. Paris: Organization for Economic Cooperation & Development Publications, 1969: 209.

转变：始于具有远大期望的“蜜月期”，迅速退化为失望的“幻灭期”，最后恢复到清醒认知的“现实期”，并接受彼此的作用和贡献。第二，从一定意义上说，新大学更强调大学和社区之间的平等合作关系。第三，社区尤其是当地工业更注重新大学社会服务的跨学科性。调查发现，传统大学的许多科学部门都是建立在单一学科的基础上的，而许多工业研究和开发却是多学科的。因此，工业界希望新大学的科学家接受过更多的通识教育，拥有更广泛的技术经济学知识，而非只拥有专门的科学知识。①

一、新型“社区服务站”的诞生

英国新大学的规划者希望它们能与邻近社区保持着密切联系：一些学生住在社区，并参加社区的娱乐和文化活动，而社区居民能在校园事务与活动中受到欢迎；另外，大学能在成人教育与研究等方面与工商界进行合作。必须指出的是，新大学的规划者还希望学校能够与更广泛的外部世界建立并保持一种健康的张力。② 可见，新大学自建校的第一天起就被赋予了社会服务的职能。正如大学拨款委员会所要求的：“我们深深地感到，如果一个大学要充分发挥它的效用，它就应该成为它所在社区的一部分。大学不但要从它所处的环境中有所收获，而且要有所贡献。不能把大学放在真空中规划，不然就有把它们办成与世隔绝的封闭型实体的危险……一旦大学在某一地区建立起来，它

---

① SANDERSON M. The universities and British industry, 1850-1970[M]. London: Routledge and Kegan Paul, 1972: 383-384.

② LAWLOR J. The new university[M]. London: Routledge & Kegan Paul Ltd., 1968: 39.

就应该在许多方面对当地的生活起到激励作用。”[1] 确实，新大学为其所在的社区做出了重要贡献，但双方经过了一个磨合的过程；历经磨合过程后，新大学作为新型“社区服务站”的这一角色才得以诞生。

新大学刚建立之时所面临的主要问题之一便是如何与几乎没有任何大学教师和学生生活过的社区建立良好和令人满意的关系。几乎所有新大学都位于一个较小的社区附近，因而师生的涌入会显得更加明显，这使得新大学与社区之间良好关系的建立变得愈加重要。在新大学处于宣传阶段时，当地人都非常欢迎并热切期盼新大学的到来。正如新大学一位教务长所说：“这种善意是巨大的。”[2] 然而，在拥有新大学后，大部分当地人对此都感到十分失望。这种热情和失望的原因本质上是一致的：新大学的创办运动致使当地人们对大学的前途和贡献过分乐观与过度期望。因为当地机构和人们在支持新大学创建的同时，无意间或不可避免地会期望大学能够解决当地社区存在的几乎所有经济和文化等问题，并成为艺术的殿堂、知识分子讨论的论坛、科技合作的来源及当地就业和贸易的经济增长点等。但是，这些期望是需要一定的实现时间的，它并非大学章程的即时创造就能实现。

随后，当地媒体通过信件谴责了大学教师在商店里要求打折的“无礼”行为，并批评了身着“离谱”服饰的学生们。可见，当大学教师不再是“身着文化盔甲的知识骑士”，而是有家庭、会精明地看待商品的普通男女时；当大学生不再是有礼貌、有着无可挑剔行为的青年楷模，而是“特立独行”、会批判传统观念的普通青少年时，新大学与当地公众良好关系的“幻灭”是迅速而激烈的。

一般说来，学者们对时间的界定往往没有那么明确。也就是说，

---

① University Grants Committee. University development: report on the years 1957-62 [R]. London: HMSO, 1964: 97.

② PERKIN H J. New universities in the United Kingdom[M]. Paris: Organization for Economic Cooperation & Development Publications, 1969: 210.

他们通常不把时间分为在办公室的正常工作时间和可以自由沉迷于“消遣”的正常可支配休闲时间，而是很可能在晚上和周末工作，然后在其他人工作时休息。同时，他们通常并不以赚钱多少或在社区的地位如何来衡量他们所取得的成就，而是以全国乃至全世界学者的“好感”作为衡量依据。这对于当时英国小城镇的中产阶级居民来说是完全无法理解的，因为他们的视野往往只局限于自己和邻居的事务。也许引起小企业和那些“视域狭隘”人员不满的最大原因是：许多新大学的教师并没有立即在当地社会生活的等级制度中占据一定位置，最好是屈从和从属的位置。当然，那些视野开阔的大企业家和专业人士往往也是大学毕业生，因此他们并没有受到这种“怨恨”的影响；并且他们往往会作为大学理事会或大学校务委员会的非专业成员参与新大学的管理工作，或者他们至少是新大学的常客。因此，他们十分清楚新大学的目标和理念等。然而，新大学与其附近社区大多数人员的相互不理解恰恰是两种不同生活方式和价值体系相互碰撞的结果，这一结果促成了当地人们对新大学的失望。由此，新大学与当地的关系从短暂的“蜜月期”迅速转化为“幻灭期”。值得注意的是，与其他新大学相比，基尔大学的“蜜月期”更长，而“失望期”也更长，因为作为当时唯一的新大学，人们对它的期望值更高，失望也不可避免会更大。①

后来，当地居民看到他们的新大学因为一些新的发展而在全国性的媒体上被提及，或者看到一个学生团队出现在电视问答节目中时，就会觉得他们的小镇在全国中有了一个稍大的位置。为此，他们开始将绝大多数表现良好、体贴和乐于助人的学生与少数爱大声喧哗、爱示威、爱与警方发生冲突的学生区别对待；他们也不再将个别教师或

---

① PERKIN H J. New universities in the United Kingdom[M]. Paris: Organization for Economic Cooperation & Development Publications, 1969: 212.

学生的不当言语行为归咎于“大学”这一整体。简言之，他们越来越像英国老大学城的居民，并已经学会为了大学所创造的美好事物而应承担大学所带来的不良影响。

历经“蜜月期”和“幻灭期”后，新大学与附近社区的关系处于更加清醒的现实阶段。双方已经适应了彼此的生活，相互尊重和善意开始在更合理的基础上回归。因此，新大学作为新型“社区服务站”的这一角色才得以正式诞生，也就是说，新大学正在尽其所能为社区服务。如它们开始在各领域定期举办图片、书籍、科学仪器等展览，并定期开展主题广泛的公开讲座，特别是一系列就职讲座；在这些讲座中，新大学的教授们试图用最简单的语言阐明他们的主张。基尔大学积极举办了公开的讲座、展览、戏剧和音乐会等活动，甚至为其附近社区提供了免费巴士服务。用一名学生的话来说：“基尔大学长期以来一直是象牙塔，现在它开始从窗户上扔下几根绳子。”① 同样，东英吉利大学的食品研究所、渔业实验室和土壤研究所等，直接为当地社区服务。②

二、新型“社区服务站”的实践

英国新大学通过多种方式与当地中小学校建立了平等的合作关系，并将附近地区的教育机构与新大学的学术服务中心联系起来。同时，新大学还承担起当地教育学院的学术责任，并负责附近地区教育学士学位的学术监督工作。新大学与工人教育协会合作开设的校外夜校（Extra-mural Evening Class）也是一种很好的社区服务形式。新大学不仅负责为该夜校配备导师，而且负责为渴望接受进一步教育的人提供

---

① PERKIN H J. New universities in the United Kingdom[M]. Paris: Organization for Economic Cooperation & Development Publications, 1969: 213.

② 殷企平. 英国高等科技教育［M］. 杭州：杭州大学出版社，1995：108.

公开讲座和短期住宿课程（Short Residential Course），如为商人开设了运筹学、市场营销、商业研究等课程。新大学最成功的社区服务之一是为当地教师、教育学院和技术学院的讲师以及其他人员提供非全日制研究生教育的机会。从这一层面上说，新大学在激励其附近社区的智力活动方面发挥了最直接与专业的作用。

约克大学的教育学院与当地中小学校保持了密切的联系，约克大学不仅要求教育学院的教师每周去当地中小学校教学一天，而且为当地教师提供到大学进修的机会；约克大学的历史研究所和高级建筑研究所为当地的专业人士提供了设施；约克大学音乐学院的人员会与当地的音乐团体一起生活；约克大学的政治学院则为当地居民开设课程，包括在地方政府为市议员和地方议员举办课程。

埃塞克斯大学校长斯洛曼明确表示了他打算与工业界建立密切关系。他指出，大学应与工业界进行更紧密的合作，这样才有希望从大学选拔出工业界所需要的那种人——热衷于将他们的知识用于工业问题的科学家。① 基于此，埃塞克斯大学在聚合物领域与工业界建立了牢固的联系，尤其是与英国的伊尔福德等地区。②

沃里克大学成立的工商研究中心专注于与台卡导航系统公司（Decca）、布里斯托·西德利发动机有限公司（Bristol Siddeley）、穆拉德公司（Mullard's）等进行合作。沃里克大学与英国电气公司（English Electric）和阿尔弗雷德·赫伯特公司（Alfred Herbert's）共同研究了玻璃和陶瓷在工程中的应用，并开发了自动测试内燃机和机床的方法，这与考文垂的当地工业明显相关。由中部地区土木工程师组成的中部地区计算机联盟（Midlands Computer Consortium）在沃里

① SANDERSON M. The universities and British industry, 1850-1970[M]. London: Routledge and Kegan Paul, 1972: 369-370.

② SANDERSON M. The universities and British industry, 1850-1970[M]. London: Routledge and Kegan Paul, 1972: 370.

克大学成立了一个小组，以推进计算机在结构设计中的应用。此外，沃里克大学还成立了考文垂市大学联合会（City of Coventry Confederation of Colleges），该大学联合会与当地政府和工业都有着密切的联系，特别是在对汽车工程、控制工程方面的联合研究和交通问题研究上。① 更重要的是，沃里克大学很快便通过与外界的多方合作，实现了西米德兰兹郡（West Midlands）附近工业的预期目标。② 可以说，其他新大学都没有在广泛的学科领域与工业界建立起如此密切和富有成效的联系。③

兰开斯特大学在各个层面上都与外界有着大量的平等合作。兰开斯特大学早期承担的一项任务便是对西北部的教师培训机构进行认证、评估，并负责为其学生颁发毕业证书等。后来，经英国教育和科学部（Department of Education and Science）批准，将“地区培训组织”（Area Training Organisation）的身份从曼彻斯特大学转移至兰开斯特大学。随后，兰开斯特大学便成立了一所教育学院（School of Education），以负责相关地区的教育及培训等工作。教育学院由来自埃克塞特大学的教育学家亚历克·罗斯（Alec Ross）领导。罗斯于1966年来到兰开斯特大学，担任一个新成立的教育研究部门的负责人，一年后他同时又被任命为教育学院的首任院长。该教育学院早期的合作伙伴主要包括位于奥姆斯柯克（Ormskirk）的知山教育学院（Edge Hill College of Education），位于兰开斯特的圣马丁学院（St. Martin's College）以及位于乔利（Chorley）、布莱克浦和安布尔赛德

---

① PERKIN H J. New universities in the United Kingdom[M]. Paris：Organization for Economic Cooperation & Development Publications，1969：214.

② SANDERSON M. The universities and British industry，1850-1970[M]. London：Routledge and Kegan Paul，1972：370-371.

③ SANDERSON M. The universities and British industry，1850-1970[M]. London：Routledge and Kegan Paul，1972：371.

（Ambleside）的3所较小的学院。由于罗斯既是兰开斯特大学教育学院的首任院长，又是其新成立的教育研究部门的负责人，因而这种共同的领导方式有利于让双方受益。为此，兰开斯特大学的教育学院很快就享有良好的声誉，而其教育研究部门的研究范围则从幼儿园教育至大学教育，从而使兰开斯特大学能够对国家政策做出重大贡献。值得注意的是，罗斯也是兰开斯特大学校长卡特和其校长继任者菲利普·雷诺兹（Philip Reynolds）的密友。

兰开斯特大学还为成年学生或终身学习者提供了校外学习项目。但是，这一学习项目的提供经历了一个复杂的过程。因为当兰开斯特大学评议会在对校外学习的优点进行辩论时，利物浦大学和纽卡斯尔大学已经为兰开夏郡和坎布里亚郡（Cumbria）提供了对兰开斯特大学来说具有竞争性的校外学习项目。① 1973年12月，兰开斯特大学校长卡特向大学理事会宣布，他将任命一名校外学习的组织者，并将与利物浦大学重新讨论兰开斯特大学接管其北部成人教育区的责任问题。最终，兰开斯特大学的校外学习项目得以设立，该项目主要是由个人导师和一系列定制课程所组成的广泛学习系统。

此外，兰开斯特大学的首任校长卡特还担任西北地区规划委员会的主席，并就西北地区的就业政策和兰开夏郡中部新城市的规划等问题提供咨询。这一新城市位于兰开斯特大学以南几英里处，并作为西北地区的增长点。卡特不仅是一位校长也是一名经济学家，他主动发起了“企业兰开斯特”（Enterprise Lancaster）项目，该项目旨在为当地引进新的科技型工业企业（Science-based Industrial Enterprises），并为它们提供位于怀特隆德市交易区（City's Trading Estate at White Lund）的工厂空间及实验室等大学设施，以取代日渐衰落的油毡产业

① MCCLINTOCK M E. The University of Lancaster: quest for innovation [M]. Lancaster: University of Lancaster, 1974: 302.

(Linoleum Industry)。①

公民协会（The Civic Society）是一个由热心公益的市民和兰开斯特大学的教师所组成的团体，其旨在改善城市的外观和设施等，是由早期的保护设施协会（Amenity Society）② 发展而来的。可以说，公民协会是兰开斯特大学与其社区友好、平等合作的产物。兰开斯特大学的教职工已经“渗透”到当地的许多俱乐部和社团中，如地方戏剧社团以及当地中小学校的家长与教师联谊会等。兰开斯特大学一些学者的妻子组织了学前儿童游戏小组，并在妇女协会、义卖和花展等方面发挥了带头作用。兰开斯特大学的学生们在当地发起了慈善活动，如为医务室的心脏监测装置设立基金，帮助 1967 年被洪水摧毁的村庄设立雷伊灾难基金（Wray Disaster Fund）等。③ 该领域最具创新性的事物是“城镇与长袍俱乐部”（Town and Gown Club）。它是由兰开斯特大学校长和当地镇书记共同发起的，并由当地商界人士、专业人士和学者组成，它每月开展一次讨论的自助午餐会议。该俱乐部做了许多有益的建设性工作，如“企业兰开斯特”项目最初便是在“城镇与长袍俱乐部”中提出的。但是，它不仅仅是一个友好讨论的论坛，它还可以接受来自双方的不满和意见。从这一层面上说，或许这个俱乐部最重要的成就是，它充当了一个“避雷针”，可以防止双方的偏见和怨恨的爆发。与其他大学城相比，兰开斯特大学和其社区之间无疑更能够相互理解、平等共处。

然而，在当今世界，大学与附近社区的关系问题已不再是大学的福祉和生存的关键。一所大学倘若与附近社区相处得非常和谐，却没

---

① SANDERSON M. The universities and British industry, 1850-1970[M]. London: Routledge and Kegan Paul, 1972: 370.

② 保护设施协会是一个志愿者组织，其旨在保护具有历史意义的艺术品和建筑等。

③ PERKIN H J. New universities in the United Kingdom[M]. Paris: Organization for Economic Cooperation & Development Publications, 1969: 215.

有培养出优秀的学生，也没有有用的研究成果，那它就不配称为大学；相反，倘若一所大学与附近社区存在冲突，却培养出有能力的学生和存在享誉国内外的研究成果，那么它就能充分证明其存在的价值。正如前文所述，新大学的学生不仅仅来自邻近地区，更是来自全国各地甚至是海外；新大学的财政支持不仅仅依靠地方政府和地方慈善家，而是主要依靠中央政府和全国性的工业和研究机构；[①] 新大学取得成功的衡量标准是它们能为国家甚至国际培养出优秀的知识分子，而非立足于本地的劳动力市场；新大学的研究成果并非仅仅用于本地，而是供全国乃至全世界的工业、政府和其他学者使用。为此，新大学一方面努力为其附近社区服务，如为当地产业提供研究服务，与当地中小学校建立教育联系，并在某些情况下为它们提供学术援助等；另一方面，新大学也向更广阔的外部世界提供服务，如为国家工业及政府部门提供研究服务和咨询工作等。

---

① University Grants Committee. University development：report on the years 1957-62 [R]. London：HMSO，1964：45.

第五章　英国新大学的影响

英国新大学为其高等教育发展乃至更广泛的社会解放做出了重要贡献。“如果没有新大学，就会产生一种不平衡，并导致两种痛苦的结果——一部分是更加精英化和封闭的‘老’大学，另一部分是更加功能化和俗气的‘新’大学。”[①] 但是，新大学也有其局限性，它们会产生一些消极影响。斯诺曾称那些帮助创建和管理新大学的人为“新人”(New Men)。[②] 而那些“新人”大部分都在牛津大学或剑桥大学等古典大学接受过教育，他们认为：“第一，新大学提供了一个更大的、受过更好教育的劳动力队伍，使英国能够跟上美国和苏联的步伐；第二，新大学能为战后‘婴儿潮’导致的相当多有能力的应届生提供接受高等教育的机会；第三，新大学是可以将人们关于高等教育的创新想法付诸实践的地方。”[③]

---

① SCOTT P. The meanings of mass higher education[M]. Buckingham: SRHE and Open University Press, 1995: 56.

② EDGERTON D. CP Snow as anti-historian of British science: revisiting the technocratic moment, 1959-1964[J]. History of science, 2005, 43(2): 187-208.

③ PELLEW J, TAYLOR M. Utopian universities[M]. London: Bloomsbury Publishing, 2020: 127-128.

第一节　新大学的积极影响

新大学既缓解了英国大学教育的过度专门化，也加强了英国大学文理科之间的交流。正如基尔大学所强调的：“我们希望尽可能地打破不同学科间的严格界限，以确保每个学生对人类主要活动的功能和重要性有一个切身体会。”① 同时，新大学也有力地推动了英国高等教育大众化的进程，并在一定程度上使 20 世纪 60 年代成为自中世纪以来，英国建立大学较多的时期。②

一、避免英国大学教育的过度专门化

正如当时一份报告所指出的那样：“许多迹象表明，在英国大学中普遍存在的过度专门化现象可能是多余的，而且有人表示，这甚至可能对毕业生的后续表现有害。”③ 据统计，20 世纪 60 年代，英国大学的本科生只攻读单一学科荣誉课程的比例非常高：在一年级学生（1961 年）中占 56%，至毕业年级时（1963 年）这一比例已经高达 68%。造成这种现象的主要原因是：从当时的实际情况看，同时攻读多门学科课程的学生在就业方面远不如攻读单一学科荣誉课程的学生，并且前者的表现也难以令人满意，因此不仅许多大学不愿开设此类课程，学生大多也不愿攻读此类课程。

---

① CAMPBELL M B. Nonspecialist study in the undergraduate curricula of the new universities and colleges of advanced technology in England[M]. Ann Arbor: University of Michigan, 1966: 37.

② PERKIN H J. New universities in the United Kingdom[M]. Paris: Organization for Economic Cooperation & Development Publications, 1969: 15.

③ SANDERSON M. The universities and British industry, 1850-1970[M]. London: Routledge and Kegan Paul, 1972: 383.

大学教育的过度专门化既是英国战后高等教育领域争论的最重要与最激烈的问题之一，也是英国大学制度中存在的最主要问题之一。“由于新机构在成立初期并没有创新者必须接受的传统，所以它们可能比已建立的老大学更适合进行此类实验。”① 因此，解决英国大学教育过度专门化问题的重任就落在了新大学的身上，并由它们推行教育革新实验。正如当时大学拨款委员会主席默里勋爵所指出的那样，新大学的教育革新实验是缘于三分之一的数字和三分之二的新想法。② 所谓新想法就是，要解决英国大学教育过度专门化的问题，并加强英国大学文理科之间的交流与合作。

为了避免英国大学教育的过度专门化，新大学在建筑空间、组织管理、教学体制、课程结构、课程内容、教学方法与评价方式等方面进行了大胆实验。这一实验最初源于基尔大学学院（1949 年以学院之名开办，1962 年升格为大学），因而学者一般将其归入新大学之列，甚至称之为“新大学之母”。③ 首先，新大学以空间的邻近来促进不同学科间的交流，同时弱化了不同学院之间的边界，从而避免了英国大学教育的过度专门化，以使“跨学科”镌刻在新大学的建筑之中。

其次，跨学科学院是新大学实现跨学科教育的最佳方式。对此，苏塞克斯大学的做法最具创新性，它明确表示了大学教育的过度专门化决不允许。具体说来，苏塞克斯大学既没有设“牛桥”这类中世纪大学所设置的学系，也没有设诺丁汉这类城市大学所设置的学部，而是代之以一种新型的结构——进行学科新组合的跨学科学院。这些跨

---

① University Grants Committee. University development: report on the years 1957-62 [R]. London: HMSO, 1964: 93.

② SMITH D. Eric James and the “Utopianist” campus: biography, policy and the building of a new university during the 1960s[J]. History of education, 2008, 37(1): 23-42.

③ 胡建华. 19 世纪以来英国大学制度改革的基本特征及其分析 [J]. 现代大学教育，2004 (2): 58-62.

学科学院一方面综合设置了许多密切相关的学科，如数学和物理科学学院设有物理学、天文学、数学、逻辑学等，还有一些相互结合的学科，如逻辑学和物理学、物理学和化学、数学与经济学等。另一方面，同一学科也可以在不同的跨学科学院中开设，如历史学能同时在社会科学学院、文化与社区研究学院、英美研究学院、欧洲研究学院、亚非研究学院中开设；政治学则可以同时在社会科学学院、英美研究学院、欧洲研究学院、亚非研究学院中开设。这与“牛桥”一个系通常只设一个学科以及诺丁汉大学各门学科不跨学部的做法大不相同。

值得注意的是，苏塞克斯大学于 1965 年任命进化生物学家梅纳德·史密斯为生物科学学院的首任院长。这是一个“有灵感的选择”，因为他具有跨学科的“本能”，即他是一名“受过数学家和工程师训练的博物学家”。[①] 史密斯曾言：“新大学的建立，尤其是约克大学和苏塞克斯大学生物科学学院的建立，打破了以 19 世纪动物学和植物学为主导，并以比较解剖学为基础的大学生物学教学模式。”[②] 正如有学者指出，新大学的基本组织单位不是“单一学科系，而是跨学科学院”[③]。

再次，由于跨学科学院的影响，本科生并非只是学习几门彼此间没有任何联系的学科，而是要把他们的专业学习和毗邻学科或相关学科联系起来。这不仅对于从事专业研究的学生来说十分有益，而且对于谋求非研究性职业的学生来说也大有裨益。为此，新大学普遍效仿了基尔大学的做法，即在学生进行专业学习之前先为他们提供一年的通识教育课程，并要求他们在专业课程的学习过程中，还要学习辅修

① GRAY F. Making the future: a history of the University of Sussex[M]. Falmer: University of Sussex, 2011: 183.

② BLIN-STOYLE R. The Sussex opportunity: a new university and the future[M]. Brighton: Harvester Press, 1986: 126.

③ DAICHES D. The idea of a new university: an experiment in Sussex[M]. London: Andre Deutsch, 1964: 61.

课程、背景课程或广博课程等一系列跨学科课程，以培养个体思维的灵活性与广博性。[①] 例如苏塞克斯大学的每门主修课程基本上都配有背景课程，而且同一门课程可能会由不同的跨学科学院开设。同时，苏塞克斯大学的课程设置十分灵活，可为学生提供转向的机会。据调查，20 世纪 60 年代，苏塞克斯大学约有 30%的本科生毕业时所选择的专业与他们最初申请的专业不同。[②] 可以说，苏塞克斯大学的课程能够提供一种全新的"自由教育"。正如其副校长布里格斯所说："苏塞克斯大学的学生，不管他就读的是哪所学院，在 3 年的时间里，都将受到良好的教育，这使他能够比较、联系和判断。这将是一个更广泛的教育，比他所接受的传统的单一学科课程，甚至联合学科课程都更广泛。"[③]

同样，东英吉利大学要求所有本科生必须参加两个学期的预备课程，以便为他们主修课程的选择提供参考。同时，他们可以灵活选择所要学习的课程，如英美研究学院中两名攻读同样学位的学生，一名学生可能会主修历史课程，并辅修英语课程，而另一名学生可能会主修文学课程，并辅修历史课程。在肯特大学的人文学部，第一学年所有学生都要学习一门"当代社会及其背景"的公共课，旨在把哲学、逻辑、政治、伦理、历史、文学和科学方法融为一体。1963 年 3 月，兰开斯特大学的学术规划理事会向大学拨款委员会明确表示，希望"避免在单一学科或在单一学科的某些方面的过度专门化"[④]。可见，几乎所有新大学都试图解决自第一次世界大战以来一直困扰英国学术界的大学教育过度专门化问题。正如苏塞克斯大学的副校长布里格斯所

---

① BELOFF M. The plateglass universities[M]. London: Secker & Warburg, 1968: 5-6.

② STEWART W A C. Higher education in postwar Britain[M]. London: The Macmillan Press, 1989: 103.

③ DAICHES D. The idea of a new university: an experiment in Sussex[M]. London: Andre Deutsch, 1964: 63.

④ MCCLINTOCK M E. The University of Lancaster: quest for innovation[M]. Lancaster: University of Lancaster, 1974: 107.

指出的那样，新大学教育革新实验的目的乃是绘制一幅新的“学习地图”。然而，学生的专业化仍被认为是必要的，但同样重要的是理解本专业与其他学科的关系。

综上所述，英国新大学教育革新实验的方向不仅是正确的，而且在实践中是可行的。同时，它也撼动了老大学的根基，并“迫使”老大学走上跨学科的道路，从而有效地避免了英国大学教育的过度专门化。正如布里格斯所说：“我认为新大学的成绩非常好，它们在广泛的领域为教育的进步做出了真正贡献。如果只有苏塞克斯这一所新大学，那么根本不会影响到英国大学系统的运行……但有了一系列新大学后，就不可避免地会发生一些改变。”① 布里格斯声称，新大学不仅是机构革新与体制创新的典范，而且它有助于在英国高等教育体系中实现更广泛的变革。②

二、加强英国大学文理科之间的交流

据统计，1961 年，英国大学中 40%的文科生都没有普通水平的理科课程证书，三分之一以上的理科生都没有学习过历史和地理。③ 同时，有学者指出，自“斯诺之争”以来，英国大学文理隔阂的现象非

---

① TAPPER T. Policymaking and the politics of change in higher education: the new 1960s universities in the UK, then and now[J]. London review of education, 2016, 14(1): 11-22.

② TAPPER T. Policymaking and the politics of change in higher education: the new 1960s universities in the UK, then and now[J]. London review of education, 2016, 14(1): 11-22.

③ 王承绪. 英国高等教育发展的历史和现行体制述略 [J]. 现代教育论丛, 1983 (2): 54-66.

但没有缓减，反而日趋严重。[①] 基于此，英国新大学通过开展一系列教育革新实验，有效地弥合了大学文理科之间的差距，并加强了两者之间的交流。

其一，跨学科学院能够确保文理科之间进行富有成效的互动。例如约克大学的每所学院都是由数门科学学科和人文学科组成。同样，苏塞克斯大学于1962年成立的物理科学学院规定，本科生需主修物理、化学、数学与哲学。该学院的首任院长罗杰·布林-斯托伊尔（Roger Blin-Stoyle）指出，这一做法的基本理念是，“在大学接受教育的潜在物理科学家和数学家将是复合型人才，这意味着他们学习的课程将给予其基本的‘理解’（一种以跨越‘文理鸿沟’的姿态掌握理论和方法的精髓）和‘探究精神’（一种怀疑、质疑与探究的心态）”[②]。同时，布林-斯托伊尔也认为，文科生和理科生都无法逃避他们生活在科技时代的事实。必须指出的是，新大学试图通过建筑使文理科的整个领域得以融通。例如埃塞克斯大学将整个校园看作一个综合体，并在建筑之间形成了一个相互连接的“网络”，从而弱化了文科学院与理科学院之间的边界。

其二，新大学设置了许多跨越“文理鸿沟”的课程。苏塞克斯大学于1963年设立了一个“文理渗透项目”，它由许多跨学科的讲座和课程组成，如开设了“科学与工业”“科学与政府”“科学家的道德责任”和“科学对当代思想的影响”等课程。[③] 通过该项目，文科专业的学生可以学习多门与理科直接相关的课程，而理科生也能够选修一些社会

---

① 易红郡. 战后英国高等教育政策研究［M］. 长沙：湖南师范大学出版社，2016：81.

② DAICHES D. The idea of a new university: an experiment in Sussex[M]. London: Andre Deutsch, 1964: 121-122.

③ DAICHES D. The idea of a new university: an experiment in Sussex[M]. London: Andre Deutsch, 1964: 27.

学科或人文学科的课程。[①] 这一项目的主要负责人迈克尔·布朗指出，“文理渗透项目”的目的就是要消除文理隔阂，使大学的发展适应现代社会的需要。[②] 同样，埃塞克斯大学的所有文科生在第一年都必须学习一些理科课程，同时还要写一篇关于“社会算术或基本统计学”的课程论文，而理科生也要学习一些文科课程。

此外，兰开斯特大学的学术规划理事会要求所有学生都应跨越所谓的“斯诺界线”。为此，兰开斯特大学开设了一系列跨越“文理鸿沟”的课程。这一措施的部分灵感是来自其学术规划理事会成员杰克·拉特克利夫（Jack Ratcliffe）的。拉特克利夫是一名无线电物理学家，也是斯劳无线电研究站（Slough Radio Research Station）的主要负责人。早先他曾试图在剑桥大学开展不同文化的交叉渗透工作，并热衷于将兰开斯特大学作为一个实验基地与实验平台。令人震惊的是，兰开斯特大学对开设跨越“文理鸿沟”课程的承诺非常认真，而且资深学者和大学管理者在这一课程的规划、实施和后续审查方面投入了大量资金。正如兰开斯特大学的第一份招生简章宣称，一个受过良好教育的人应该对科学和人文的思维习惯都有所了解，为此应教授文科生一些科学常识，并使理科生掌握一些文科知识。同时，师生应该更加注意那些跨越传统学科界限的学习与研究。[③] 其他新大学的课程设置也在一定程度上强调了文理科之间的交流。总之，新大学从一开始便设置了广泛的文理科课程，文科生通过课程能够学习与理科相关的知识，而理科生通过课程则可以学习人文和社会学科的相关知识。同时，

---

① SMITH B. Life through a plate-glass window[N]. Times higher education supplement, 2001-08-10(22).

② 殷企平. 两种文化与英国高等教育：下［J］. 高等教育研究，1994（3）：98-101.

③ MCCLINTOCK M E. The University of Lancaster: quest for innovation［M］. Lancaster: University of Lancaster, 1974: 131.

新大学能够允许学生跨越文理科界限探索问题，并有机会与不同学科领域的师生进行交流。

据大学拨款委员会统计，1961—1966 年英国大学理科本科生增长了 53%，工科本科生增长了 120%；理科研究生增长了 61%，工科研究生增长了 94%。[①] 可见，这个增长速度是相当快的。另外，文理科教育的互相渗透的趋势日益明显。“文科生选修数理学科以及学习信息技术的机会比以前更多，工程专业的学生提高表达和论证能力的机会也比之前更多。”[②] 因此，新大学的教育革新实验无疑使英国大学以往那种重文轻理的局面在一定程度上得到了扭转（参见表 5-1）。

表 5-1 按研究领域划分的英国大学学生百分比[③] （单位：%）

研究领域	本科生		研究生	
	1961—1962 年	1966—1967 年	1961—1962 年	1966—1967 年
人文科学	30.9	24.1	36.2	32
社会科学	11.3	19.5	9.8	14.9
纯科学	24.6	23.1	29.1	28.3
应用科学	15.2	20.6	15.5	18.2

① STEWART W A C. Higher education in postwar Britain[M]. London: The Macmillan Press, 1989: 111.

② BALL C, EGGINS H. Higher education into the 1990s: new dimensions [M]. Buckingham: Open University Press, 1989: 128.

③ SANDERSON M. The universities and British industry, 1850-1970[M]. London: Routledge and Kegan Paul, 1972: 365.

三、促进英国高等教育的大众化进程

新大学是英国对于高等教育大众化的一种特有反应，它们有力地推动了英国高等教育大众化的进程。新大学关于其招生规模的计划各不相同，它们认为校园的初期规划应为容纳 20 000 人提供保障，但容纳 10 000 人应是其校园规划的最低限额。① 具体而言，苏塞克斯大学的长期目标是招收 5000 人；埃塞克斯大学计划在建校 20 年内招收 6000 名学生，并设想最终学生人数为 10 000—20 000 人；② 兰开斯特大学计划在初期招收 7000—10 000 名学生；沃里克大学计划为 15 000—20 000 名学生提供教育服务；阿尔斯特大学设定的目标是至 1980 年学生人数应在 5000—6000 人。③ 这些新大学深受欢迎，以至于它们面临着沉重的压力，并需要用更快的速度进行扩张。从最初 10 年的发展情况看，所有新大学的学生人数都已超过其原初计划；特别是苏塞克斯大学，它在第 7 年就已超过了其制订的长期目标。因此，新大学对高等教育的扩张做出了比预期更大的贡献。

据大学拨款委员会统计，1949—1979 年这 30 年，英国大学的全日制学生人数在 1964—1967 年增加最多，分别为 9.7%（1964—1965）、21.6%（1965—1966）和 9.6%（1966—1967）。④ 1958—1968 年，英国全日制大学生（其中包括研究生）人数增长了 110%，总人数达到了 205 195 人；1968—1978 年，这一数字仅增加了 35%，即从约 20.5 万

---

① LAWLOR J. The new university[M]. London：Routledge & Kegan Paul Ltd.，1968：39-40.

② SLOMAN A E. A university in the making[M]. London：BBC，1964：9.

③ Lockwood Committee. Report of Lockwood Committee on higher education in Northern Ireland[R]. Belfast：HMSO，1965：67.

④ STEWART W A C. Higher education in postwar Britain[M]. London：The Macmillan Press，1989：268.

增至27.7万。[①] 值得注意的是，1951年英国大学的全日制本科生为67 843人，全日制研究生为11 327人；1955年全日制本科生为72 526人，全日制研究生为12 668人；1962年全日制本科生为89 219人，全日制研究生为19 362人；1968年全日制本科生为164 653人，全日制研究生为35 019人。[②] 可以说，大学生人数的迅速增长与新大学的教育革新实验密不可分，如果仅靠扩充原有大学或只按照原有大学的办学模式创办新大学，就不可能达到以上数字。必须指出的是，在20世纪60年代，高等教育的发展速度比任何大型国有企业都要快（除电子工业和天然气之外）。[③] 此外，1952—1982年，英国高等教育全日制学术人员人数共增加了232%，全日制学生人数共增加了260%，并且学术人员人数的增长率在20世纪60年代最高。[④]

总之，从人才培养数量看，新大学为促进英国高等教育大众化做出了比预期更大的贡献。从人才培养质量看，新大学注重营造多元化的复合育人空间，强调广泛的跨学科教育，主张实施多学科联合的教学方法，积极采用多元化的评价标准等，从而将学生的“流失率”控制在较低水平。从这种意义上说，新大学为英国高等教育大众化提供了质量保障。新大学不仅打破了学术保守主义，而且为人们提供了一个重新思考新时代大学教育宗旨和原则的机会。

---

① SCOTT P. British universities 1968-1978[J]. European journal of education，1978，13(2)：29-43.

② SANDERSON M. The universities and British industry，1850-1970[M]. London：Routledge and Kegan Paul，1972：365.

③ STEWART W A C. Higher education in postwar Britain[M]. London：The Macmillan Press，1989：275.

④ STEWART W A C. Higher education in postwar Britain[M]. London：The Macmillan Press，1989：284.

第二节 新大学的消极影响

英国新大学由于自身的局限性，侵害了新大学管理人员的研究权利，而且新大学在一定程度上迫使传统大学出现“职业漂移”。

一、侵害新大学管理人员的研究权

“事实上，自两次世界大战以来，英国学者便经常抱怨大学在晋升和任期问题上对研究的重视程度不够。”① 从前文可以清楚地看出，研究是新大学的重要职能之一，并且显然已经成为新大学理念的重要组成部分。但是，新大学的“学院结构制”在实践中却产生了这样一个问题，即它给院长和其他管理人员带来了更大的负担。“学院结构制”大学几乎所有的学院都是由庞大的学科集群构成，致使学院本身成为一个非常大的“学系”。正如苏塞克斯大学生物科学学院院长史密斯所说的那样，学院本身就是一个“超级系”（Super-Department）。② 这必然会给新大学的管理人员带来沉重的负担，而这些管理人员往往也是研究人员中的中流砥柱。例如苏塞克斯大学的资深导师只能在休假期间进行研究；同样，东英吉利大学的学生院长背负着“无法忍受的负担”，根本无暇顾及研究；埃塞克斯大学的学生院长也是一位非常忙碌的“系主任”（Chairman of Department），他将大部分时间花费在管理工作上，因而很少有时间进行研究。③ 更重要的是，随着新大学的不断

① MOBERLY W. The crisis in the university[M]. London：SCM Press，1949：182-183.

② PERKIN H J. New universities in the United Kingdom[M]. Paris：Organization for Economic Cooperation & Development Publications，1969：146.

③ PERKIN H J. New universities in the United Kingdom[M]. Paris：Organization for Economic Cooperation & Development Publications，1969：148.

发展，他们势必将几乎全部的时间与精力用于管理，这无疑会侵害其研究权利。

“改良学院制”大学通过将教职工和学生划分成更易于管理的单位，并通过增加他们沟通的渠道而减少了“超级系”所带来的不利影响——少数人承担着绝大多数的管理任务。然而，即使是这个制度也不是完全没有问题的。从管理的角度看，“改良学院制”大学的院级组织除了研究委员会与研究学院之外，还增加了一层院级职员代表机构，如约克大学的学院事务委员会、肯特大学的高级学院委员会、兰开斯特大学的学院联合会等。这导致的直接结果便是学院委员会和会议的激增，从而使得新大学的管理人员需要参加更多的会议，进而损害了他们的其他权利，尤其是研究权。因此，重要的是，拥有优秀研究能力的人员不应该同时承担那些会消耗一个人很多时间的职位与事务等。然而不幸的是，无论是否有意，新大学的“学院结构制”与“改良学院制”都侵害了其管理人员的研究权利。

二、迫使传统大学出现“职业漂移”

英国新大学的创建对牛津大学、剑桥大学和伦敦大学的“金三角”地区造成了强有力的挑战，同时也撼动了传统大学的自足感，从而迫使它们出现“职业漂移”。英国传统大学的“职业漂移”尽管会受到内部因素的影响，但外部因素——新大学所带来的影响不可低估。从某种意义上说，新大学打破了“牛桥”等传统大学所建立的“象牙塔”。

新大学作为时代发展的产物，能够很好地适应时代的召唤与社会的经济发展。由于大多数学生刚来大学时并不清楚他们所选择的专业涉及什么，或者他们想要从事何种职业，因此，新大学往往采用推迟一年选择专业的做法，并普遍强调个体的跨学科学习。这不仅有助于将学生所学的专业知识与其未来职业联系起来，而且有利于提高学生适应多变社会的能力及灵活应变的能力等。罗宾斯委员会也认为，大学将专业的选择推迟到第一学年结束后的做法对学生来说只有好处。[①]

当时的传统大学作为“象牙塔”，是一种“精英教育”，这种“精英教育”并不适合20世纪60年代学生人数不断增长的现实，而且这些学生需要的是更广泛的教育，以适应日益复杂的世界。同时，传统大学也不能为越来越多的非学术职业的学生提供基础。也就是说，传统大学的教育缺乏对学生需求的认识，尤其是那些不寻求以学术为职业的学生。因为在一个新的、更复杂和瞬息万变的世界中，大多数学生在其工作生涯中往往需要多次变更职业，因此，他们需要的乃是一种更广泛的教育与更灵活的课程体系。在此背景下，P. 麦瑞思（P. Marris）选取了英国剑桥大学等4所传统大学进行了长达4年的跟踪调查，其旨在调查英国大学生对大学课程设置的满意程度以及他们的职业规划。调查结果显示，在选取的4所大学中，有42%的大学生对本校的课程设置不是很满意，他们认为其就读大学的课程设置与他们自身的职业选择缺乏相关性，并且对其未来职业的选择帮助不大。[②]

综上所述，传统大学的教育无法很好地满足英国现代社会发展的需要，而新大学的出现与其声誉的不断增加，加之政府、社会和广大公众的关注，极大地刺激了传统大学，从而迫使它们出现“职业漂移”，开始走向促进职业教育发展的道路。1969年，剑桥大学迈出了职业教育的第一步——计划在校园内引进科研型企业。于是，剑桥大学开始设置实用性课程，并主动按照企业的相关需求对课程进行调整。在剑桥大学的引领下，其他传统大学纷纷建立科学院，这一现象常被

① Robbins Committee. Report of the Robbins Committee on higher education[R]. London：HMSO，1963：89.

② MARRIS P. The experience of higher education[M]. London：Routledge Press，1964：202.

称为“剑桥奇迹”[①]。后来，传统大学“职业漂移”的倾向越发明显。1996年，苏塞克斯大学、约克大学、埃塞克斯大学、兰开斯特大学和沃里克大学等新大学成功进入英国研究型大学排名的前十二，其中约克大学的教学质量被认为仅次于剑桥大学。[②] 从这一层面上说，新大学无疑进一步撼动了传统大学的地位。

---

① 张建新. 高等教育体制变迁研究：英国高等教育从二元制向一元制转变探析[M]. 北京：教育科学出版社，2006：143.

② WARNER D, PALFREYMAN D. The state of UK higher education: managing change and diversity[M]. Buckingham: SRHE and Open University Press, 2001: 52.

结　语

20 世纪 60 年代是自 19 世纪七八十年代城市学院兴起以来，在英国大学历史上出现的又一分水岭。由于各种因素的影响，战后英国的高等教育进行了强有力的扩张，并成功创建了 20 世纪 60 年代的新大学，这些都是在一个致力于科学和教育的政府领导下发生的。可以说，20 世纪 60 年代这一时期的高等教育问题，引起了学术界和公众的广泛关注。① 人们普遍认为，20 世纪 60 年代的新大学是英国高等教育革新实验的先锋，它们只会在一定范围内使用“牛桥”和“红砖”大学的范例。② 可见，新大学在一定程度上代表了战后英国高等教育发展中最为激进的创新。首先，它们是当时唯一作为新机构而成立的英国大学，并非来自既存机构；其次，它们提供了一种全新的“学习地图”，以作为组织知识的新范式；最后，不可否认的是，此次高等教育革新实验的规模非常大，包括了 10 所大学。因此，20 世纪 60 年代的新大学被视为英国高等教育发展史上出现的一次独特的教育现象。有学者认为，大学拨款委员会不可能再次凭借多方资源和创新理念，重新创建一系列高等教育机构；这些机构也不会被赋予真正的实权来进行高等教育

---

① SANDERSON M. The universities and British industry, 1850-1970[M]. London: Routledge and Kegan Paul, 1972: 360.

② LAWLOR J. The new university[M]. London: Routledge & Kegan Paul Ltd., 1968: 29.

的革新实验。①

一、英国老大学的基本概况

与英国新大学相对应，英国老大学的基本概况在此主要涉及起源、建筑、管理与职能四方面。

第一，英国老大学起源层面的基本概况如下：首先，它们几乎都是依靠国家以外的力量创办的。从“牛桥”等古典大学的诞生到达勒姆大学、伦敦大学的建立再到曼彻斯特大学、利兹大学等城市大学的兴起，依靠的几乎全都是团体或个人的力量。如曼彻斯特大学、利物浦大学、利兹大学、伯明翰大学、布里斯托大学、纽卡斯尔大学和谢菲尔德大学等都是起源于当地的需求、主动性，得益于工商界人士、私人慈善机构、地方当局和社区的巨额资金支持。这种大学与城市相互依存的关系在其“城市大学”这一名称中得到了充分的体现。因此，城市大学往往致力于服务其所在地的文化、学术及经济等。从某种程度上说，它们既建立在城市中，又是为了这些城市而建立的。② 其次，虽然不同的老大学的诞生原因有所差异，但它们无疑都没有面临学生人数如此多的压力，相反许多老大学都曾缺少生源。最后，中世纪大学的诞生具有一定的“母子关系”；③ 近代大学几乎都或长或短地经历过一个从学院到大学的过渡期，即“学徒期”，同时它们从一开始并没有同时获得皇室特许状、学位授予权与“大学”称号等。

---

① VERNON K. Engagement,estrangement or divorce? The new universities and their communities in the 1960s[J]. Contemporary British history,2017,31(4):501-523.

② VERNON K. Engagement,estrangement or divorce? The new universities and their communities in the 1960s[J]. Contemporary British history,2017,31(4):501-523.

③ WARNER D, PALFREYMAN D. The state of UK higher education: managing change and diversity[M]. Buckingham:SRHE and Open University Press,2001:23-24.

第二，英国老大学建筑层面的基本概况如下：首先，牛津大学、剑桥大学、达勒姆大学等老大学普遍选址于各种小社区当中，城市大学多位于大工业城市。其次，各类老大学具有它们鲜明的时代物理特征。牛津大学、剑桥大学等古典大学深受基督教会的影响，它们的建筑通常带有明显的宗教色彩——灰白石料并配以教堂式塔尖；城市大学的建筑主要是大型的维多利亚式建筑——色调鲜明的红砖并配以红色涂料。利物浦大学教授埃德加·A. 佩尔斯（Edgar A. Peers）于1943年根据城市大学的建筑特点，明确提出了“红砖大学”之说。① 因此，城市大学“红砖”之名的由来便是基于它们的建筑风格。最后，老大学的建筑布局往往是传统的功能分区模式。

第三，英国老大学管理层面的基本概况如下：首先，牛津大学、剑桥大学等古典大学主要采用的是“直接民主”的管理方式，即学者直接参与大学管理；而城市大学往往采用“寡头政治和代表性民主相结合”的管理模式，即城市大学的校长是大学的主要管理者，教师代表和市民代表共同参与大学管理。② 其次，老大学的院级组织管理主要是通过学系或学部实现的。最后，牛津大学、剑桥大学等实行了寄宿制，近代大学则实行走读制。尽管部分近代大学为学生提供了住宿，但这种住宿模式与“牛桥”等“学院制大学”的寄宿制有着本质的不同，它与美国大学宿舍的管理模式更相似。③ 也就是说，近代大学在一定程度上将教学、学习与住宿进行了分离。

第四，英国老大学职能层面的基本概况如下：一是从培养对象上

① SILVER H. The universities' speaking conscience:“Bruce Truscot” and Redbrick University[J]. History of education,1999,28(2):173-189.

② KNELLER G F. Higher learning in Britain[M]. Berkeley:University of California Press,1955:25.

③ KNELLER G F. Higher learning in Britain[M]. Berkeley:University of California Press,1955:30.

看，老大学的培养对象相对而言较为保守，即古典大学的培养对象主要来自上层社会与精英阶层；城市大学主要服务于当地的城市，其培养对象往往来自当地中产阶级。二是从教学体制上看，“牛桥”等老大学主要采用的是学院制，而城市大学则采取了系科制。三是从教学内容上看，“牛桥”等古典大学注重对学生实施自由教育，近代大学的教学内容往往更关注与当地工业的结合。四是从教学方法上看，“牛桥”等古典大学主要采用了导师制（Tutorial System），而城市大学则采取了更注重规模与效益的大班授课制。[①] 五是从评价方式上看，老大学通常采用的是正规的一次性书面考试制度，并根据学生的考试成绩将他们分为一级、二级、三级、四级与不及格几种类型。值得注意的是，对于那些介于两类之间的学生，有些老大学也主张采用口试或书面作业的方式对他们进行评价。

二、英国新大学的重要特征

20 世纪 60 年代的新大学在英国大学系统中已经是一个公认的类别。这是因为，尽管它们在细节上有所不同，但彼此间的共同点远多于其他大学。新大学在一定程度上代表着对大学传统的更新，它们不仅重构了大学生活，而且建立起一种新的高等教育范式。在当时英国所有的大学中，只有新大学拥有最充分的机会、手段和动力尝试新的教育事务，以摆脱老大学的保守主义。这些新大学普遍位于远离城市的处女地之上，但它们却能够依靠自己的能力吸引许多来自外地的学生。同时，这些新大学具有独立的学位授予权，它们并不像早期的城

---

① KNELLER G F. Higher learning in Britain[M]. Berkeley：University of California Press，1955：30.

市大学那样受制于伦敦大学。① 因此，新大学无论是在大学的办学方向上还是在日常事务的管理层面都具有相当独立的地位。

从物理层面上说，新大学的重要特征体现在以下两个维度。第一，新大学并非建立在大都市的工业区，而是建立在县城的边缘地带。唯一的例外是沃里克大学，它位于考文垂。但是，新大学也不是在一种刻意的反工业精神下建立起来的，毕竟，20 世纪 60 年代是“技术革命的白热化”时代。同时，新大学从一开始就被设想为国家机构。尽管当地的政治家和实业家努力确保新大学的建立，但他们并没有试图重建城市大学的“地方主义”。从某种程度上说，保守的英格兰正在被现代英国所“排挤”。② 第二，新大学既是一个学术的村落，也是坐落在山上或湖边的学术之城。它们自给自足，独立提供自己的社会和文化等设施，没有学生会乘坐电车穿过布满鹅卵石的烟雾弥漫的街道前往新大学，新大学可以说是世外桃源与乌托邦的结合。新大学的校园模式强调跨学科平台的建设，注重探索以不同的方式组织建筑，关注学术、生活与建筑的结合以及大学生活的完整性。它往往不始于明确的功能分区，而是更注重在各种确定地点之间所发生的活动以及个体之间的联系，以促进学习、科研、生活与社交等不同活动混合化发生的可能，进而有利于实现个体的全面性教育。其核心在于，使大学不仅可以成为个体学习和教学的重要场所，而且能够成为他们居住和生活的美好场域。③ 新大学所创建的校园模式极具影响力，其他“老”和

---

① PELLEW J，TAYLOR M. Utopian universities[M]. London：Bloomsbury Publishing，2020：47.

② SCOTT P. The meanings of mass higher education[M]. Buckingham：SRHE and Open University Press，1995：53-54.

③ SMITH D. Eric James and the “Utopianist” campus：biography，policy and the building of a new university during the 1960s[J]. History of education，2008，37(1)：23-42.

"新"大学都在努力效仿。[①] 可见，新大学对大学的空间组织和视觉表征的影响无疑是具有决定性的。

从管理层面上说，新大学的重要特征体现在它们的社会和学术管理领域。在社会管理领域，新大学坚信为学生提供尽可能多的住宿设施有利于获得更多的社会和教育价值，并且它们的目标是以尽可能低的成本提供尽可能全面的住宿设施。因此，新大学放弃了传统的学生住宿模式，充分利用它们充足的场地优势，创造出更为灵活的住宿模式，即"学习-卧室制"与"新住宿学院制"。这能够让居住者全天候使用大学的公共设施，从而在很大程度上避免了城市大学的"朝九晚五"现象。同时，新大学也希望为个体创造出更加社会化的生活，并使不同学科的师生有更多互动的机会，从而为新大学的学术创新做出有力贡献。在学术管理领域，新大学通常采用的是单层结构——要么是大型的研究学院，要么是广泛的研究委员会，以取代传统大学教育中盛行的院系两层结构的模式。其结果是削减了学术组织中最保守一层的院系，并增加了研究学院或研究委员会的影响力。此外，新大学主张学生应尽可能多地参与到大学事务的管理中，尤其是在政策制定和纪律等方面。在实践中，新大学通过多种措施真正做到了让学生参与大学管理，从而在一定程度上规避了大学管理中的一些问题。

从职能层面上说，新大学的重要特征体现在它们精心绘制的新的"学习地图"中。新大学所绘制的新的"学习地图"不仅是为了确保学生能够了解足够多的人类文明，而且是为了确保他们可以对可能具有潜在危险性的新知识进行人道应用。为此，新大学采用了一种跨学科的学院组织结构，跨学科学院是其最基本的学术单位。也就是说，几乎所有的新大学都脱离了传统大学那种严格的学科或学系结构，并强

---

① SCOTT P. The meanings of mass higher education[M]. Buckingham: SRHE and Open University Press, 1995: 53.

调更广泛的学科集群，以为个体的跨学科学习与研究提供更广阔的空间。[①] 为了适应课程的跨学科性质，新大学实施了多学科联合的教学方法，其培养对象主要是中产阶级和工人阶级的子弟，并且后者往往是家庭的第一代大学生。[②] 同时，新大学也实行了连续评价制，即在学位等级的最终分类中，学生的课程作业会与考试成绩同等考虑。这尽管会给学生造成一些额外的压力，但仍受到了他们的广泛欢迎，并且连续评价制通过一系列补救措施有效地降低了学生的“流失率”。

此外，新大学突破了传统的束缚，即它们自建校伊始便具有培养研究生的职能；并且它们也是连接学术界与外部世界的“实验室”。由于新大学是在相对较小的社区附近建立的，以前很少或者根本没有大学教师和学生生活在其中，因此，新大学与其附近社区的关系经历了一定程度的演变。从文化的角度看，新大学并非从一张白纸开始设计的，因为它们的创始人往往来自老大学，这些老大学有着深厚的组织文化，因而他们无疑会受到这些文化的影响。新大学的组织文化似乎是工人教育协会、美国大学和英国自由教育的混合体。同时，新大学也形成了一种独具特色的知识文化。这种文化是以宏伟的知识地图为指导，并植根于富有想象力的学科集群和更为宽松的师生关系中。总之，新大学体现了一种在高度严肃的态度中夹杂着玩世不恭的反传统思想，并代表着一种全新的高等教育组织范式。

三、英国新大学何以为“新”

新大学在诸多领域推行了一系列令人瞩目的革新实验，引起了当

---

① 易红郡. 英国近现代大学精神的创新 [J]. 清华大学教育研究，2015 (5)：31-40.

② 王承绪. 英国高等教育发展的历史和现行体制述略 [J]. 现代教育论丛，1983 (2)：54-66.

时英国高等教育界的广泛关注。前文已述，新大学的革新主要包括三方面：建筑的革新、管理的革新与职能的革新。有学者曾言，新大学不仅是机构革新与体制创新的典范，而且它们有助于在英国高等教育体系中实现更广泛的变革。[①] 那么，英国高等教育的革新实验何以发生在新大学？新大学又何以为“新”？

在瞬息万变的世界中，科学知识的增长给教育者带来了越来越多的难题，因此有必要在大学的教学组织与课程设计等方面不断进行实验；由于新大学在成立初期并没有创办者必须接受的传统，所以它们可能比已建立的老大学更适合进行此类实验。[②] 一般说来，一所大学越古老，规模越大，它就越保守，也越抗拒任何较大规模的革新。一方面，由于这些大学没有必要进行大规模的教育革新实验，而去走一条“前途未卜”的道路，因为它们已经形成了具有一定优势的传统；另一方面，由于它们是自治的机构，有权决定该怎么做，而大规模的教育革新实验在这些大学往往会导致各种利益冲突。

同样，由城市学院演变而来的“红砖大学”也难以进行大规模的教育革新实验。它们在漫长的“学徒期”，以“前辈”大学为楷模，努力提高自身的办学水平，因此它们所承袭的乃是“前辈”大学的办学思想，而无法进行大规模的教育革新实验。在20世纪60年代升格为大学的高级技术学院（Colleges of Advanced Technology），也不可能进行大规模的教育革新实验。它们的主要目标是培养社会所需的科技人才，但它们也要竭力证明自己在各方面都不亚于老大学，因此发生了“学

① TAPPER T. Policymaking and the politics of change in higher education: the new 1960s universities in the UK, then and now[J]. London review of education, 2016, 14(1): 11-22.

② TAPPER T. Policymaking and the politics of change in higher education: the new 1960s universities in the UK, then and now[J]. London review of education, 2016, 14(1): 11-22.

术漂移”。也就是说，高级技术学院与老大学的同质性，使它们难以进行大规模的教育革新实验。正如有学者所言：“如果要有根本性的变化，甚至是有趣的实验，似乎只能出现在最新的大学里，而老大学对它们原有的系统过于执着。”① 可见，这种大规模的教育革新实验必然由新大学承担，这也使得它们成为当时英国高等教育创新的最大希望。为此，新大学具有两个与生俱来的优势：第一，它们是由国家建立的，并从一开始就得到了国家的全力支持；第二，它们从创建伊始就获得了大学地位，并享有独立的学位授予权，这在很大程度上使它们能够决定自身的发展。以上优势不仅使新大学自创办起就享有在大学教育各方面进行革新的自由，同时也使它们成为当时英国高等教育创新的“实验田”。因此，新大学大刀阔斧地在许多领域进行了一系列令人瞩目的教育革新实验。

事实上，20 世纪 60 年代的 10 所新大学本身就是全新的，这是它们能被称为新大学的无可争议的原因所在，它们的存在无疑对英国整个高等教育体系产生了重要影响。那么，英国新大学何以为“新”？首先，新大学是植根于英国大学体系的实验中心，并在许多方面都进行了富有成效的教育革新实验，从而在一定程度上重构了英国的高等教育体系。其次，新大学的新颖性、灵活性与进行教育实验的自由，给英国其他大学带来了深刻的影响，即新大学能从老大学中吸引许多对变革感兴趣的学者，导致了他们的大规模迁移，这一迁移规模是自中世纪以来从未有过的。换言之，新大学在招聘高素质教职工方面的成功主要归因于它们为个体提供了自由创新和实验的机会。再次，新大学的创新之处在于，它们在整个高等教育领域系统地且全面地应用以前在其他地方只能零星实施的新事物。最后，新大学尤为强调跨学科

---

① BUTTERFIELD H. The universities and education today[M]. London: Routledge & Paul, 1962: 15.

教育，并致力于解决老大学难以避免的过度专门化与“文理鸿沟”等问题，最终打破了学科之间的壁垒，“拯救”了处于对峙中的文理学科。

总之，大学发展并非是一个静止不动的历史终点，而是一个不断前进的时代进程。个体意义上的大学如此，群体意义上的大学亦然。如果把“大学”一词置于英国高等教育的历史长河中考察，便可清晰地看出每一类“大学”都是各自时代的产物，它们都适应了当时社会发展的需求，并都有其各自的时代特征与风格。当“老”大学不能适应社会发展，而其传统地位又不便动摇时，“新”大学便应运而生。20世纪60年代的英国新大学突破了原有大学的办学模式，开辟了创办高等教育的新路径，体现了英国高等教育的一种新思路和新的组织范式。在当时英国所有的大学中，只有新大学拥有最充分的机会与动力不断尝试新的事物，以摆脱老大学的保守主义。可以说，英国新大学无论是在建筑、组织领域，还是在课程设置、教学方法和评价方式等方面，都尤为注重实验与创新。① 同时，从某种程度上说，它们亦是一个不断进行实验的群体。

四、英国新大学的成功经验

有学者曾指出，英国新大学在极力尝试与众不同的过程中，创造出一个“神话”。② 可以说，20世纪60年代的所有新大学都拥有特殊与充分的机会，能够在学习、教学和评估等方面做出它们自己的选择，并设置其要走的道路，同时它们从一开始就是面向全国的具有独立学位授予权的大学。因此，新大学不仅在人文、自然和社会科学等领域

① 易红郡. 英国近现代大学精神的创新［J］. 清华大学教育研究，2015（5）：31-40.

② PERKIN H J. Dream, myth and reality: new universities in England, 1960-1990[J]. Higher education quarterly, 1991, 45(4): 294-310.

设置了广泛的跨学科课程，而且鼓励研究生工作和研究。更重要的是，它们建构了一种组织知识的新范式，并提供了全新的“学习地图”。同时，它们也代表着对英国过去本科教育的一种警醒，即大学应通过创建跨学科学院、开设更广泛的课程内容、采用更灵活的教学方法和评价方式等来更好地促进学生的发展；而且，大学在管理上也应减少等级划分，从而为更多非教授人员创造机会，使他们在大学的发展中发挥更积极和更具创造性的作用。总之，在早年媒体的聚光灯下，新大学自由地开展实验，教职工和学生都拥有空前的自由与主动权。新大学正是在这种环境中得以蓬勃发展的。

新大学大胆而颇具原创性的跨学科学术规划已经对英国的大学系统造成了广泛的影响；毫无疑问，其他英联邦国家甚至美国，都会在一定程度上研究和效仿它们。① 从现实的角度来说，学科与专业中心的教育体制存在两大弊端：从横向角度看，缺乏应有的宽度，割裂了知识的整体性，不利于学生整体世界观和知识观的形成；从纵向角度看，缺乏应有的高度，过于注重专业知识以及技术的运用，不利于学生整全人格的形成和对真善美的欲求。② 英国新大学的跨学科教育理念及实施路径，无疑为我国当前的大学教育提供了一种新的视角。另外，英国新大学与我国的“新文科”具有内在一致性，即都强调大学的跨学科建设。英国新大学在建校初期就构建了一个跨学科课程体系，并致力于解决大学教育的文理分离与过度专门化等问题，这无疑会对我国“新文科”建设的推进有所裨益。具体说来，英国新大学跨学科课程体系构建的成功经验主要包括以下三方面。

---

① LAWLOR J. The new university[M]. London:Routledge & Kegan Paul Ltd.,1968:48.

② 刘振天，杨雅文. 论“通识”与“通识教育”［J］. 高等教育研究，2001（4）：16-20.

（一）重视三维保障对跨学科课程体系构建的促进作用

研究发现，英国新大学十分注重建筑、组织与制度对跨学科课程体系构建的促进作用。首先，新大学重视学术规划理事会对跨学科课程体系构建的指导作用。一是学术规划理事会于成立之初就指出，英国大学教育的“最大敌人”乃是“本位主义”与过度专门化，因此它不仅主张新大学以跨学科的方式避免上述问题，而且热衷于将新大学作为跨学科教育的“实验基地”；二是学术规划理事会建议新大学通过多种方式融通自然科学、社会科学与人文科学，极大地拓宽了学科领域；三是学术规划理事会要求所有学生通过选修一门或几门跨学科课程来跨越“学科间的鸿沟”。可以说，新大学为构建跨学科课程体系所采取的诸多措施主要来自学术规划理事会的指导。

其次，新大学重视以复合化物理空间与混合型住宿模式促进不同学科间的师生交往，从而形成具有跨学科意义的个人话语。“如果大学里的人都小心翼翼地将自己封闭起来，不与他人交流……那么大学的智力生活就会衰落。”① 从空间维度而言，新大学将泾渭分明的功能区调整为混合交错的复合区，以促进学习、科研、生活与社交等不同活动连续发生的可能性，从而为个体的跨学科交流提供了平台。也就是说，相比于如何在大学布置不同功能的建筑，新大学更关心的是如何激发不同学科间的个体交往活动。从时间维度而言，新大学有意将学生在校时间延长到最大限度，混合型住宿就是一种重要的实现方式。它既使不同学科的住校人员之间的交流时间得以延长，也意味着晚上和周末可以继续开放休息室、图书馆与食堂等公共设施，以此吸引许多来自不同学科的非住校人员，从而为师生跨学科交流提供了条件。可见，新大学不仅构建了一个整体性的复合“网络”，而且成为不同学科的师生交流的重要平台。

① JASPERS K. The idea of the university[M]. London: Peter Owen Ltd., 1965: 77.

最后，新大学创设的复合化物理空间以空间的融通与邻近沟通了不同学科，从而弱化了不同学院之间的边界，并使文理科得以贯通。正如有学者所说：“将集服务、休闲和学术于一体的区域连接起来，有利于使不同学科得以融通。”[①] 另外，混合型住宿模式通过多种措施使非住校人员获得了住校人员所拥有的福利，避免了住校人员与非住校人员之间的不平等状况，无疑彰显了平等的教育理念，这对于跨学科课程体系的构建尤为重要。由上可知，新大学不仅强调跨学科的平台建设，而且积极关注学术、生活与建筑的结合。

（二）将教学体制改革作为跨学科课程体系构建的切入点

其一，从理论层面看，斯诺、布里格斯等学者都将传统教学体制的改革视为解决学科之间割裂的根本途径；从实践层面看，英国许多学者受到了传统教学体制的影响，这一体制极大地限制了个体在学科边界取得的成就。[②] 新大学如果要构建一个跨学科的课程体系，就应当将知识的整体传授作为大学的首要任务，并努力创造一个更包容与灵活的教学体制，而不是成立数量众多且相互割裂的院系。基于此，新大学将教学体制改革作为跨学科课程体系构建的切入点，从而打破了传统的系科制并建立了多学科学院。

其二，为了更好地构建跨学科课程体系，新大学创建的多学科学院规定学生在进行专业学习之前必须先接受一年的通识教育，而学生在进行专业学习的同时也要选修多门跨学科课程，以培养个体思维的广度与灵活性。也就是说，这种多学科学院并非盲目地追求广泛的教育，而是以多种方式不断地寻求学科之间的内在联系，从而使学生能在较广博的教育基础上接受更深入的专业教育，最终在知识的广度与

---

① INGERSOLL R. World architecture 1900-2000：a critical mosaic［M］. Vienna：Springer，2001：159.

② THISTLETHWAITE F. Origins：a personal reminiscence of UEA's Foundation［M］. Colchester：Palladian Press，2000：2.

深度之间达到一种动态平衡。正如有学者所言，无论何种学科，跨学科的研究都必须建立在对本学科专业知识的深入掌握之上。[①] 在多学科学院的影响下，学生并非学习几门彼此间没有任何联系的学科，而是要把专业学习和同专业有内在关联的学科联系起来，从而为个体的跨学科学习与研究提供广阔的空间。

其三，新大学创建的多学科学院可以在广泛的范围内自由地安排学科。多学科学院注重不同学科间的互动，强调不同学院间的联系与交流，从而打破了传统的学科划分，这不仅能允许个体以一种更全面的方式解决问题，而且有利于减少大学的“本位主义”。此外，只有在多学科学院的影响下，才能更好地实施具有跨学科性质的课程、方法与评价等。

（三）注重教学方法、评价制度与跨学科课程的衔接

英国新大学跨学科课程体系的构建，需要通过各要素的衔接而实现，包括课程设置、教学方法与评价制度等。第一，新大学注重教学方法与跨学科课程的衔接。为了适应课程的跨学科性质，新大学建构并实行了多学科联合的教学方法。一是由来自不同学科的教师轮流开设讲座课程；二是由两名以上不同学科的导师共同主持小组讨论课；三是安排不同学科的学生参加同一讨论小组，使他们产生相互激励的火花，以期消除“学科鸿沟”。第一种教学方法主要运用于第一阶段的课程，因为来自不同学科的一年级学生汇聚在一起时，需要不同学科领域的知识，而且这类课程的听课人数较多，不可能只依靠某一学科教师的力量，因而需要不同学科教师的联合教学；后两种教学方法主要运用于第二阶段的课程，由于这类课程的开课人数较少，并且课程内容具有一定的深度与跨学科性，因此需要不同学科的师生联合讨论。

---

① 李立国，赵阔. 跨学科知识生产的类型与经验：以 21 世纪诺贝尔自然科学奖为例［J］. 大学教育科学，2021（5）：14-23.

可见，新大学的多学科联合法也具有跨学科性质，它能使教学方法与跨学科课程得以衔接。同时，它也打破了学科之间的传统界限，使学生具有更广阔的视野。

第二，新大学注重评价制度与跨学科课程的衔接。为了适应课程的跨学科性质，新大学实施了连续评价制。从实施原因看，两者的衔接主要体现在以下方面：一是跨学科课程设置较为灵活，难以确立一个固定的评价标准，而更需要采用过程性的连续评价；二是学习跨学科课程的个体专业背景差异较大，用传统的一次性考试进行评价有失公允，也难以保证评价的有效性；三是跨学科课程注重个体思维的训练，这与强调个体学习习惯培养的连续评价制相契合。从实施策略看，两者的衔接主要体现在以下方面：一是在通识教育阶段，学生连续评价的结果既决定了他们能否继续在大学学习，也为他们第二阶段的课程选择提供了参考；二是在专业教育阶段，跨学科课程的主要考核形式是论文，而论文的题目不仅应跨越至少两门相关的学科，而且需在不同学科教师的指导下完成；三是教师会酌情考虑每名学生的专业背景而采用不同的评价标准，以更好地契合跨学科课程。以上表明，新大学已建立起评价制度与跨学科课程衔接的内在机制。

通过跨学科课程体系的构建，新大学不仅为个体提供了较为广博的知识，还突破了各学科之间的藩篱，从而“拯救”了处于对峙中的文理科，最终建构起人类知识的完整体系。更重要的是，新大学构建的跨学科课程体系并非仅停留于普遍知识的获得层面，而是通过不同学科间的师生交往实现个体精神生活的价值，这无疑是大学安身立命的根本所在。

参考文献

一、译著

[1] 阿什比. 科技发达时代的大学教育 [M]. 滕大春，滕大生，译. 北京：人民教育出版社，1983.

[2] 奥尔德里奇. 简明英国教育史 [M]. 诸惠芳，李洪绪，尹斌苗，译. 北京：人民教育出版社，1987.

[3] 勃里格斯. 英国社会史 [M]. 陈叔平，刘城，刘幼勤，等译. 北京：中国人民大学出版社，1991.

[4] 鲍尔. 政治与教育政策制定：政策社会学探索 [M]. 王玉秋，孙益，译. 上海：华东师范大学出版社，2003.

[5] 巴葛. 英国大学 [M]. 张芝联，译. 北京：商务印书馆，1987.

[6] 博伊德，金. 西方教育史 [M]. 任宝祥，吴元训，译. 北京：人民教育出版社，1986.

[7] 布列钦卡. 教育科学的基本概念：分析、批判和建议 [M]. 胡劲松，译. 上海：华东师范大学出版社，2001.

[8] 比尔. 英国社会主义史：下卷 [M]. 何新舜，译. 北京：商务印书馆，1959.

[9] 巴特斯. 欧美近代教育史 [M]. 刘伯骥，译. 台北：台湾中

华书局，1978.

［10］邓特. 英国教育［M］. 杭州大学教育系外国教育研究室，译. 杭州：浙江教育出版社，1987.

［11］范富格特. 国际高等教育政策比较研究［M］. 王承绪，等译. 杭州：浙江教育出版社，2001.

［12］佛罗斯特. 西方教育的历史和哲学基础［M］. 吴元训，张俊洪，宋富钢，等译. 北京：华夏出版社，1987.

［13］弗莱克斯纳. 现代大学论：美英德大学研究［M］. 徐辉，陈晓菲，译. 杭州：浙江教育出版社，2001.

［14］格林. 教育与国家形成：英、法、美教育体系起源之比较［M］. 王春华，王爱义，刘翠航，译. 北京：教育科学出版社，2004.

［15］盖尔. 交往与空间［M］. 何人可，译. 北京：中国建筑工业出版社，2002.

［16］赫胥黎. 科学与教育［M］. 单中惠，平波，译. 北京：人民教育出版社，2005.

［17］吉登斯. 社会学［M］. 赵旭东，齐心，王兵，等译. 北京：北京大学出版社，2004.

［18］金. 别国的学校和我们的学校：今日比较教育［M］. 王承绪，邵珊，李克兴，等译. 北京：人民教育出版社，2001.

［19］康内尔. 二十世纪世界教育史［M］. 张法琨，方能达，李乐天，等译. 北京：人民教育出版社，1990.

［20］康德尔. 教育的新时代：比较研究［M］. 王承绪，等译. 北京：人民教育出版社，2001.

［21］克拉克. 高等教育新论：多学科的研究［M］. 王承绪，徐辉，郑继伟，等译. 杭州：浙江教育出版社，2001.

［22］克拉克. 探究的场所：现代大学的科研和研究生教育［M］. 王承绪，译. 杭州：浙江教育出版社，2001.

[23] 克拉克．建立创业型大学：组织上转型的途径［M］．王承绪，译．北京：人民教育出版社，2003.

[24] 卡扎米亚斯，马西亚拉斯．教育的传统与变革［M］．福建师范大学教育系，等译．北京：文化教育出版社，1981.

[25] 卡瓦纳．英国政治：延续与变革［M］．刘凤霞，张正国，译．北京：世界知识出版社，2014.

[26] 莱文．教育改革：从启动到成果［M］．项贤明，洪成文，译．北京：教育科学出版社，2004.

[27] 赖斯纳．近代西洋教育发达史［M］．陈明志，等译．上海：商务印书馆，1933.

[28] 罗伯兹．英国史：1688年至今［M］．鲁光桓，译．广州：中山大学出版社，1990.

[29] 拉普钦斯卡娅．现代英国普通中学［M］．朱立人，段为，译．北京：人民教育出版社，1980.

[30] 劳伦斯．现代教育的起源和发展［M］．纪晓林，译．北京：北京语言学院出版社，1992.

[31] 米亚拉雷，维亚尔．世界教育史：1945年至今［M］．张人杰，等译．上海：上海译文出版社，1991.

[32] 马库斯，弗朗西斯．人性场所：城市开放空间设计导则［M］．俞孔坚，孙鹏，王志芳，等译．北京：中国建筑工业出版社，2001.

[33] 马威克．一九四五年以来的英国社会［M］．马传禧，韩高安，尹鸿鹏，译．北京：商务印书馆，1992.

[34] 麦卡洛克．教育史学：教育史研究的斗争历程［M］．武翠红，译．武汉：华中科技大学出版社，2019.

[35] 摩根．牛津英国通史［M］．王觉非，等译．北京：商务印书馆，1993.

［36］马里欧特．现代英国：中卷［M］．姚曾廙，译．北京：商务印书馆，1973.

［37］诺伍德．英国教育制度［M］．李鼎声，译．上海：商务印书馆，1934.

［38］纽曼．大学的理想［M］．徐辉，顾建新，何曙荣，译．杭州：浙江教育出版社，2001.

［39］萨里莫娃，约翰宁迈耶．当代教育史研究与教学的主要趋势［M］．方晓东，等译．北京：教育科学出版社，2001.

［40］市川昭午．教育的效果［M］．李守福，译．南昌：江西教育出版社，1993.

［41］斯克德，库克．战后英国政治史［M］．王子珍，秦新民，译．北京：世界知识出版社，1985.

［42］桑普森．最新英国剖析［M］．唐雪葆，等译．北京：中国社会科学出版社，1988.

［43］特鲁汉诺夫斯基．英国现代史［M］．秦衡允，秦士醒，译．北京：生活·读书·新知三联书店，1979.

［44］维尔斯马，于尔斯．教育研究方法导论［M］．袁振国，等译．北京：教育科学出版社，2010.

［45］沃纳姆．新编剑桥世界近代史：第3卷［M］．中国社会科学院世界历史研究所组，译．北京：中国社会科学出版社，1999.

［46］伍德沃德．英国简史［M］．王世训，译．上海：上海外语教育出版社，1990.

［47］希勒．建筑经济学［M］．郝建新，等译．天津：南开大学出版社，2006.

［48］雅斯贝尔斯．什么是教育［M］．邹进，译．北京：生活·读书·新知三联书店，1991.

［49］雅斯贝尔斯．大学之理念［M］．邱立波，译．上海：上海人

民出版社，2007.

二、中文著作

[1] 别敦荣. 世界一流大学教育理念 [M]. 厦门：厦门大学出版社，2016.

[2] 程汉大. 英国政治制度史 [M]. 北京：中国社会科学出版社，1995.

[3] 陈厚丰. 中国高等学校分类与定位问题研究 [M]. 长沙：湖南大学出版社，2004.

[4] 陈向明. 教育研究方法 [M]. 北京：教育科学出版社，2013.

[5] 陈晓律，于文杰，陈日华. 英国发展的历史轨迹 [M]. 南京：南京大学出版社，2009.

[6] 陈炳才，许江萍. 英国：从凯恩斯主义到货币主义 [M]. 武汉：武汉出版社，1995.

[7] 陈林，林德山. 第三条道路：世纪之交的西方政治变革 [M]. 北京：当代世界出版社，2000.

[8] 褚宏启. 教育现代化的路径 [M]. 北京：教育科学出版社，2000.

[9] 褚宏启. 走出中世纪：文艺复兴时代的教育情怀 [M]. 北京：北京师范大学出版社，2000.

[10] 迟恩莲，曲恒昌. 中外教育改革的指导思想与对策 [M]. 北京：北京师范大学出版社，1996.

[11] 丁建定. 从济贫到社会保险：英国现代社会保障制度的建立：1870-1914 [M]. 北京：中国社会科学出版社，2000.

[12] 丁冰. 当代西方经济学流派 [M]. 北京：北京经济学院出版社，1993.

［13］符华兴，王建武．世界主要国家高等教育发展研究［M］．长沙：湖南人民出版社，2010．

［14］顾明远．教育大辞典：第 3 卷［M］．上海：上海教育出版社，1991．

［15］顾明远．教育大辞典：第 12 卷［M］．上海：上海教育出版社，1992．

［16］顾明远，梁忠义．世界教育大系：英国教育［M］．长春：吉林教育出版社，1998．

［17］顾明远．民族文化传统与教育现代化［M］．北京：北京师范大学出版社，1998．

［18］黄福涛．外国高等教育史［M］．上海：上海教育出版社，2003．

［19］贺国庆，王保星，朱文富，等．外国高等教育史［M］．北京：人民教育出版社，2006．

［20］贺国庆．西方大学改革史略［M］．石家庄：河北教育出版社，2011．

［21］胡康大．英国的政治制度［M］．北京：社会科学文献出版社，1993．

［22］江山野．英国学校课程［M］．石家庄：河北教育出版社，2000．

［23］金世柏．发达国家中小学教育改革的现状与趋势［M］．石家庄：河北教育出版社，1990．

［24］李秉德．教育科学研究方法［M］．北京：人民教育出版社，1996．

［25］李家永．当今英国教育概览［M］．郑州：河南教育出版社，1994．

［26］李成智．公共政策［M］．北京：团结出版社，2000．

[27] 李强. 自由主义 [M]. 北京：中国社会科学出版社，1998.

[28] 林本. 世界各国中学教育制度 [M]. 台北：台湾开明书店，1976.

[29] 刘军宁. 保守主义 [M]. 北京：中国社会科学出版社，1998.

[30] 刘晖. 二十国研究生教育 [M]. 长春：东北师范大学出版社，1989.

[31] 刘宝存. 大学理念的传统与变革 [M]. 北京：教育科学出版社，2004.

[32] 刘铁芳. 保守与开放之间的大学精神 [M]. 北京：北京师范大学出版社，2010.

[33] 梁小民. 西方当代经济思想 [M]. 北京：人民出版社，1994.

[34] 裴娣娜. 教育研究方法导论 [M]. 合肥：安徽教育出版社，1995.

[35] 瞿葆奎. 教育学文集：英国教育改革 [M]. 北京：人民教育出版社，1993.

[36] 瞿葆奎. 教育学文集：教育与社会发展 [M]. 北京：人民教育出版社，1989.

[37] 启良. 西方自由主义传统：西方反自由至新自由主义学说追索 [M]. 广州：广东人民出版社，2003.

[38] 钱乘旦，陈晓律，陈祖洲，等. 日落斜阳：20 世纪英国 [M]. 上海：华东师范大学出版社，1999.

[39] 钱乘旦，陈晓律. 在传统与变革之间：英国文化模式溯源 [M]. 杭州：浙江人民出版社，1999.

[40] 钱乘旦. 第一个工业化社会 [M]. 成都：四川人民出版社，1988.

［41］滕大春．外国教育通史：第6卷［M］．济南：山东教育出版社，1994.

［42］滕大春．外国教育史和外国教育［M］．保定：河北大学出版社，1998.

［43］滕大春．外国近代教育史［M］．北京：人民教育出版社，1989.

［44］唐霞．英国高等教育质量保证体系［M］．北京：北京师范大学出版社，2012.

［45］汤志民．学校建筑与校园规划［M］．台北：五南图书，2006.

［46］谭力文．伦敦学派［M］．武汉：武汉出版社，1996.

［47］《外国教育丛书》编辑组．六国教育概况［M］．北京：人民教育出版社，1979.

［48］王振华，刘绯．变革中的英国［M］．北京：社会科学文献出版社，1996.

［49］王承绪，徐辉．战后英国教育研究［M］．南昌：江西教育出版社，1992.

［50］王觉非．近代英国史［M］．南京：南京大学出版社，1997.

［51］王桂．当代外国教育：教育改革的浪潮与趋势［M］．北京：人民教育出版社，1995.

［52］王义高．当今世界教育思潮与各国教改趋势［M］．北京：北京师范大学出版社，2000.

［53］王章辉．英国文化与现代化［M］．沈阳：辽海出版社，1999.

［54］王英杰，刘宝存．世界一流大学的形成与发展［M］．太原：山西教育出版社，2008.

［55］王保星．外国教育史［M］．北京：北京师范大学出版社，2008.

[56] 王承绪．英国教育［M］．长春：吉林教育出版社，2000.

[57] 王伟宜．高等教育入学机会变迁研究［M］．北京：清华大学出版社，2015.

[58] 吴浩．自由与传统：二十世纪英国文化［M］．北京：东方出版社，1999.

[59] 吴易风，王健．凯恩斯学派［M］．武汉：武汉出版社，1996.

[60] 吴雪．英国高等教育质量管理制度变迁研究［M］．福州：福建教育出版社，2013.

[61] 吴式颖，任钟印．外国教育思想通史：第4卷［M］．北京：北京师范大学出版社，2017.

[62] 武翠红．英国教育史学：创立与变革［M］．北京：中国社会科学出版社，2015.

[63] 韦洪涛．高等教育质量评价与保证体系研究［M］．长春：吉林人民出版社，2006.

[64] 谢维和．教育活动的社会学分析：一种教育社会学的研究［M］．北京：教育科学出版社，2000.

[65] 夏之莲．外国教育发展史料选粹［M］．北京：北京师范大学出版社，1999.

[66] 徐育苗．当代西方政治思潮评析［M］．武汉：武汉出版社，1992.

[67] 徐大同．西方政治思潮［M］．天津：天津人民出版社，1991.

[68] 徐辉，郑继伟．英国教育史［M］．长春：吉林人民出版社，1993.

[69] 徐志明．社会科学研究方法论［M］．北京：当代中国出版社，1995.

［70］夏天阳．各国高等教育评估［M］．上海：上海科学技术文献出版社，1997.

［71］许明．高等教育质量保障体系的国际比较［M］．大连：辽宁师范大学出版社，2004.

［72］姚蒙．法国当代史学主流：从年鉴派到新史学［M］．香港：香港三联书店，1988.

［73］殷企平．英国高等科技教育［M］．杭州：杭州大学出版社，1995.

［74］杨春梅．英国大学课程改革与发展［M］．北京：北京理工大学出版社，2006.

［75］易红郡．从冲突到融合：20 世纪英国中等教育政策研究［M］．长沙：湖南教育出版社，2005.

［76］易红郡．英国教育的文化阐释［M］．上海：华东师范大学出版社，2009.

［77］易红郡．战后英国高等教育政策研究［M］．长沙：湖南师范大学出版社，2016.

［78］易红郡．英国教育思想史［M］．上海：华东师范大学出版社，2017.

［79］袁振国．对峙与融合：20 世纪的教育改革［M］．济南：山东教育出版社，1995.

［80］余家菊．英国教育要览［M］．上海：中华书局，1925.

［81］阎照祥．英国政治制度史［M］．北京：人民出版社，2012.

［82］赵中建，顾建民．比较教育的理论与方法：国外比较教育文选［M］．北京：人民教育出版社，1994.

［83］张泰金．英国的高等教育：历史·现状［M］．上海：上海外语教育出版社，1995.

［84］张建新．高等教育体制变迁研究：英国高等教育从二元制向

一元制转变探析［M］. 北京：教育科学出版社，2006.

［85］钟金明. 中外学位制度与学位申请［M］. 武汉：武汉大学出版社，1988.

［86］周愚文. 英国教育史近代篇：1780-1944［M］. 台北：学富文化事业有限公司，2008.

［87］赵祥麟. 外国现代教育史［M］. 上海：华东师范大学出版社，1987.

［88］祝怀新. 英国基础教育［M］. 广州：广东教育出版社，2003.

［89］朱镜人. 英国教育思想之演进［M］. 北京：人民教育出版社，2014.

［90］庄欣，张险峰，王玮. 剖面重构：功能、空间与形式［M］. 北京：海洋出版社，2012.

［91］郑文. 英国大学权力协调与制衡［M］. 北京：北京大学出版社，2011.

［92］中央教育科学研究所比较教育研究室. 六国高等教育结构［M］. 贵阳：贵州人民出版社，1989.

三、中文期刊论文

［1］陈厚丰. 英国高等教育"双重制"分层政策案例分析［J］. 比较教育研究，2006（7）：47-51.

［2］陈厚丰. 英美高等教育分类政策比较：以英国高等教育"双重制"和美国加州"高等教育总体规划"为例［J］. 高等教育研究，2009（12）：88-93.

［3］陈宝华. 英国高等教育体制变迁及其启示［J］. 高教探索，2009（4）：71-73.

［4］陈先哲．新时代中国高等教育空间转型［J］．高等教育研究，2021（8）：20-27.

［5］陈炜．教育研究的空间转向：基于社会理论空间转向的视角［J］．教育研究，2022（9）：150-159.

［6］陈亮，石定芳，张啟胜．大学学术文化生态及其治理［J］．现代大学教育，2021（5）：7-14.

［7］程猛，李嘉怡．象牙塔尖的忧郁：博士生抑郁体验的叙事研究［J］．教育研究，2022（7）：88-103.

［8］曹玉杰．英国双重制兴衰原因的探析及启示［J］．理工高教研究，2007（5）：49-50.

［9］段丽，肖晓春，肖贻杰．英国大众高等教育面临的问题及其对策分析［J］．高等建筑教育，2003（2）：26-29.

［10］付八军．学术资本转化：创业型大学的组织特性［J］．教育研究，2016（2）：89-95.

［11］冯磊．英国政府与大学关系演变历程：基于大学合法性地位获取的角度［J］．外国教育研究，2019（8）：15-29.

［12］阚阅．英国高等教育科研评估：政策、实践与反思［J］．高等教育研究，2009（9）：104-109.

［13］贺国庆，何振海．成就完整的大学：习明纳的历史及现实意义［J］．教育研究，2019（2）：41-49.

［14］胡建华．19世纪以来英国大学制度改革的基本特征及其分析［J］．现代大学教育，2004（2）：58-62.

［15］胡安娜．走出“象牙塔”的英国大学［J］．广东广播电视大学学报，2005（3）：94-98.

［16］胡钦晓．英国“新大学”的演变及其特征分析［J］．苏州大学学报（教育科学版），2014（3）：86-95.

［17］黄福涛．从自由教育到通识教育：历史与比较的视角［J］.

复旦教育论坛，2006（4）：19-24.

［18］黄兆信，张中秋，赵国靖，等．英国高校创业教育的现状、特色及启示［J］．华东师范大学学报（教育科学版），2016（2）：39-44.

［19］惠转转，程铭．英国高等教育机构经费来源结构研究：基于罗素集团大学与非罗素集团大学的比较［J］．高教探索，2020（9）：71-79.

［20］霍利生．英国高等教育大众化及标准探析［J］．中国冶金教育，2014（5）：89-92.

［21］江庆．英国高等教育财政模式及其启示［J］．复旦教育论坛，2004（2）：81-84.

［22］李成明．大学与政府的关系：英国模式之研究［J］．南京社会科学，2003（4）：75-82.

［23］李培凤．基于知识图谱的创业型大学国际研究动态分析［J］．比较教育研究，2015（4）：51-56.

［24］李立国，赵阔．跨学科知识生产的类型与经验：以21世纪诺贝尔自然科学奖为例［J］．大学教育科学，2021（5）：14-23.

［25］刘晖．从《罗宾斯报告》到《迪尔英报告》：英国高等教育的发展路径、战略及其启示［J］．比较教育研究，2001（2）：24-28.

［26］刘晖．高等教育大众化进程中的教育质量评估问题：兼论英国高等教育质量监督与评估的经验和启示［J］．外国教育研究，2001（3）：42-46.

［27］刘娅．英国高等教育机构经费收支结构研究：以部分研究型大学为例［J］．高教探索，2008（3）：65-69.

［28］刘振天，杨雅文．论“通识”与“通识教育”［J］．高等教育研究，2001（4）：16-20.

［29］梁淑红．二战后影响英国高等教育政策制定的因素分析［J］．

比较教育研究，2008（9）：56-61.

［30］梁淑红，蒲沿洲. 战后英国高等教育政策变迁：主题、动力、制约因素［J］. 湖南师范大学教育科学学报，2012（1）：10-14.

［31］柳清秀，付光槐. 英国高等教育大众化对我国的启示［J］. 教育学术月刊，2011（3）：93-95.

［32］庞辉. 大众化条件下英国高等教育可持续发展问题研究［J］. 煤炭高等教育，2006（4）：92-94.

［33］齐象贤. 亟须加强学校建筑研究［J］. 教育科学研究，2015（11）：1.

［34］任魏娟，徐国庆. 英国双重制演变的文化动因及对我国发展技术本科的启示［J］. 职教论坛，2009（22）：59-61.

［35］邵兴江，赵中建. 革新学校建筑设计：建构新的研究视角［J］. 全球教育展望，2012（9）：37-40.

［36］孙施文. 后现代城市规划［J］. 规划师，2002（6）：20-25.

［37］孙冰红. 论社会发展与西方大学理念的嬗变［J］. 兰州大学学报，2006（4）：139-142.

［38］吴结. 英国高等教育拨款中介机构的演变及其启示［J］. 黑龙江高教研究，2009（2）：45-47.

［39］吴结. 简论英国政府与大学的关系［J］. 有色金属高教研究，2001（2）：58-61.

［40］王承绪. 英国高等教育发展的历史和现行体制述略［J］. 现代教育论丛，1983（2）：54-66.

［41］王绽蕊. 从英国高等教育双重制的兴衰看我国高等教育大众化的制度选择［J］. 江苏高教，2003（5）：111-113.

［42］王来武. 英国高等教育机构的研究水平评估及其借鉴意义［J］. 比较教育研究，2005（12）：68-72.

［43］王萌萌. 英国高等教育大众化过程中教育结构的演变与政府

的职能［J］. 化工高等教育，2007（2）：5-8.

［44］王健，刘东敏. 英国高等教育大众化进程中的质量保障及启示［J］. 湖南文理学院学报（社会科学版），2006（3）：115-118.

［45］王立科. 从精英到大众：战后英国高校招生政策评述［J］. 清华大学教育研究，2008（5）：72-77.

［46］王正青，徐辉. 论学术资本主义的生成逻辑与价值冲突［J］. 高等教育研究，2009（8）：38-42.

［47］王刚. 英国私立高等教育机构类型及其质量保障体系探析［J］. 中国高教研究，2010（7）：55-57.

［48］王正惠. 英国高等教育经费改革政策解读［J］. 国家教育行政学院学报，2011（3）：86-94.

［49］王英杰. 大学文化传统的失落：学术资本主义与大学行政化的叠加作用［J］. 比较教育研究，2012（1）：1-7.

［50］王旭东. 英国大学理念的传统、嬗变及启示［J］. 中国高等教育，2019（7）：62-64.

［51］王彦，陈宇. 回归日常生活：埃塞克斯大学校园规划 50 年思考［J］. 住区，2017（1）：152-157.

［52］徐辉. 英国新大学教学体制和课程设置的革新［J］. 高等教育研究，1986（3）：105-110.

［53］宣葵葵，王洪才. 创业型大学的人才培养特色探索：基于英国沃里克大学的成功经验［J］. 中国高教研究，2017（6）：77-81.

［54］肖维. 中世纪大学的“场所精神”及其现代启示［J］. 大学教育科学，2013（6）：83-87.

［55］杨春梅. 英国新大学课程改革与发展：苏塞克斯大学个案分析［J］. 黑龙江高教研究，2006（12）：53-55.

［56］杨秀治. 西方大学建筑文化及其教育意蕴［J］. 全球教育展望，2017（5）：81-90.

[57] 易红郡，缪学超．扩招·公平·质量：英国高等教育大众化政策取向［J］．中国地质大学学报（社会科学版），2012（1）：114-119.

[58] 易红郡，缪学超．战后英国高等教育政策决策过程、影响因素及特点分析［J］．大学教育科学，2012（2）：40-45.

[59] 易红郡．英国近现代大学精神的创新［J］．清华大学教育研究，2015（5）：31-40.

[60] 易红郡，姜远谋．19世纪英国古典大学自由教育传统的坚守与变革［J］．高等教育研究，2019（3）：86-94.

[61] 易红郡．英国大学通识教育的理念及路径［J］．华东师范大学学报（教育科学版），2012（4）：89-95.

[62] 颜兴中，胡铁辉，刘道强．高等教育理念在大学校园建筑规划中的应用［J］．现代大学教育，2006（1）：71-74.

[63] 闫建璋，孙姗姗．论大学非正式学习空间的创设［J］．高等教育研究，2019（1）：81-85.

[64] 殷冬玲，朱镜人．古希腊自由教育思想的嬗变及对英国大学通识教育的影响［J］．高教探索，2015（12）：41-45.

[65] 殷企平．两种文化和英国高等教育：上［J］．高等教育研究，1994（2）：91-94.

[66] 殷企平．两种文化与英国高等教育：下［J］．高等教育研究，1994（3）：98-101.

[67] 张德祥．政府与高等学校之间的“缓冲器”［J］．高等教育研究，1995（4）：37-41.

[68] 张晓琴．从英国的中介拨款看大学自治与政府干预［J］．建材高教理论与实践，1998（4）：58-60.

[69] 张建新，陈学飞．英国高等教育改革法述评［J］．清华大学教育研究，2004（2）：69-74.

［70］张建新，陈学飞．从二元制到一元制：英国高等教育体制变迁的动因研究［J］．北京大学教育评论，2005（3）：80-88.

［71］张斌贤．教育史观：批判与重构［J］．教育学报，2012（6）：3-14.

［72］张斌贤，钱晓菲．学校空间史：场所位移与教育演变［J］．教育研究，2022（7）：65-78.

［73］张涛，李如密．教学空间的实践意义及其建构［J］．教育学报，2021（6）：38-47.

［74］赵中建，邵兴江．学校建筑研究的理论问题与实践挑战［J］．全球教育展望，2008（3）：60-68.

［75］朱镜人．80 年代以来英国高等教育政策背景及其走向［J］．教育与现代化，2004（3）：69-74.

［76］赵恒平，龙婷．20 世纪 60 年代以来英国高等教育政策的文本分析［J］．理论月刊，2007（5）：151-153.

［77］詹盛如．高等教育机构的聚合与分化：台湾与英国之比较［J］．山东科技大学学报（社会科学版），2010（4）：85-96.

［78］郑明仁．大学校园规划整合论［J］．建筑学报，2001（2）：59-64.

［79］张凯．提升我国大学校园建设质量路径初探［J］．中国高等教育，2019（7）：25-27.

四、中文学位论文

［1］程灵．二战以来美国对英国高等教育影响的研究：理念迁移与政策借鉴的宏观考察［D］．福州：福建师范大学，2010.

［2］崔艳丽．20 世纪 80 年代以来英国高等教育治理研究［D］．南京：南京师范大学，2014.

［3］曹尚丽. 英国高校教育质量保障体系研究［D］. 哈尔滨：黑龙江大学，2018.

［4］桂文玲. 英国大学的自治传统与现行自治模式研究［D］. 福州：福建师范大学，2015.

［5］蒋晖. 论英国大学与政府关系的历史演变［D］. 长沙：湖南师范大学，2007.

［6］姜远谋. 19 世纪下半叶英国古典大学自由教育传统的变革［D］. 长沙：湖南师范大学，2019.

［7］梁淑红. 利益的博弈：英国高等教育大众化政策的制定过程研究［D］. 武汉：华中师范大学，2008.

［8］骆栋岩. 英国大学拨款委员会历史研究［D］. 上海：华东师范大学，2011.

［9］刘剑. 20 世纪英国宏观大学制度演变研究［D］. 长沙：湖南师范大学，2012.

［10］米丽芳. 英国高等教育发展趋同化趋势研究［D］. 石家庄：河北师范大学，2009.

［11］冉旭. 从英国高等教育发展看英国教育政策的演变［D］. 重庆：重庆师范大学，2012.

［12］沈文钦. 近代英国博雅教育及其古典渊源：概念史的视角［D］. 北京：北京大学，2008.

［13］司俊峰. 英国大学自治样态的流变研究［D］. 上海：华东师范大学，2017.

［14］田洪芳. 英国高等教育制度评介［D］. 苏州：苏州大学，2003.

［15］万湘. 英国大学制度演变的研究［D］. 长沙：湖南师范大学，2006.

［16］万萍. 沃里克大学治理结构的有效性研究［D］. 长沙：中南

大学，2010.

［17］吴结．英国政府与大学关系问题研究［D］．广州：华南师范大学，2002.

［18］吴薇．英国创业型大学发展政策研究［D］．福州：福建师范大学，2015.

［19］王彦．日常生活维度：英国1960年代“新大学”校园规划研究［D］．北京：清华大学，2018.

［20］许园．英国大学博雅教育理念及其课程研究［D］．合肥：安徽大学，2016.

［21］杨继霞．英国高等教育质量保障体系发展研究［D］．保定：河北大学，2006.

［22］杨婷．高等教育大众化背景下英国高等教育政策走向研究［D］．合肥：安徽大学，2014.

［23］朱丰良．学术资本主义理论的批判与重构［D］．武汉：华中科技大学，2012.

［24］曾鸣．英国大学治理机构发展研究［D］．福州：福建师范大学，2015.

五、中文电子文献

［1］教育部．大力发展新工科、新医科、新农科、新文科 优化学科专业结构［EB/OL］．(2019-02-26)［2021-01-30］．https://baijiahao.baidu.com/s?id=1626513734309189719&wfr=spider&for=pc.

［2］教育部．教育部启动实施“六卓越一拔尖”计划2.0［EB/OL］．(2019-04-30)［2021-01-30］．http://www.moe.gov.cn/jyb_xwfb/xw_zt/moe_357/jyzt_2019n/2019_zt4/tjx/mtjj/201904/t20190430_380202.html.

六、外文著作

[1] AINLEY P. Degrees of difference: higher education in the 1990s [M]. London: Lawrence & Wishart, 1994.

[2] AMBROSE D. The history of education in Lesotho: six brief subsectoral studies[M]. Roma: House 9 Publications, 2007.

[3] ANDERSON R. British universities: past and present [M]. London: Hambledon Continuum, 2006.

[4] ANNAN N. Our age: portrait of a generation [M]. London: Weidenfeld and Nicolson, 1990.

[5] ASHBY E. Technology and the academics: an essay on universities and the scientific revolution[M]. London: MacMillan, 1958.

[6] ASHBY E. Adapting universities to a technological society [M]. London: Jossey-Bass Publishers, 1974.

[7] BALL C, EGGINS H. Higher education into the 1990s: new dimensions[M]. Buckingham: Open University Press, 1989.

[8] BAMMER G. Disciplining interdisciplinarity: integration and implementation sciences for researching complex real-world problems [M]. Canberra: ANU Press, 2013.

[9] BANTING K. Poverty, politics, and policy: Britain in the 1960s [M]. London: Macmillan, 1979.

[10] BARNARD H C. A history of English education from 1760 [M]. London: University of London Press, 1961.

[11] BARR N. Financing higher education: answers from the UK [M]. London: Routledge, 2005.

[12] BECHER T. British higher education [M]. London: Allen &

Unwin,1987.

[13] BECHER T, KOGAN M. Process and structure in higher education[M]. London:Routledge,1992.

[14] BELOFF M. The plateglass universities[M]. London: Secker & Warburg,1968.

[15] BIRKS T. Building the new universities[M]. Newton Abbot: David and Charles,1972.

[16] BLIN-STOYLE R. The Sussex opportunity: a new university and the future[M]. Brighton: Harvester Press,1986.

[17] BOMONT R G. Beginnings and today[M]. Stirling: University of Stirling,1995.

[18] BOYS C. Higher education and the preparation for work[M]. London: The Falmer Press,1988.

[19] BRENNAN J, MCGEEVOR P. Graduates at work: degree courses and the labour market[M]. London: Jessica Kingsley Publishers, 1988.

[20] BREWARD C,FISHER F,WOOD G. British design: tradition and modernity after 1948[M]. London: Bloomsbury Publishing,2015.

[21] BRIGGS A. The map of learning[M]. Canberra: Australian National University,1961.

[22] BURR V. Social Constructionism [M]. London: Routledge, 2003.

[23] BUTLER D,BULTER G. Twentieth-century British political facts 1900-2000[M]. London: Macmillan,2000.

[24] BUTTERFIELD H. The universities and education today[M]. London: Routledge&Paul,1962.

[25] CAMPBELL M B. Nonspecialist study in the undergraduate

curricula of the new universities and colleges of advanced technology in England[M]. Ann Arbor:University of Michigan,1966.

[26] CARSWELL J. Government and the universities in Britain: programme and performance 1960-1980 [M]. Cambridge: Cambridge University Press,1986.

[27] CHILDS D. Britain since 1945:a political history[M]. London: Routledge,1979.

[28] CLOSSICK M. Student residence: a new approach at the University of Essex: a study of the Rayleigh Tower 1965-66 [M]. London:Society for Research into Higher Education,1967.

[29] Committee of University Chairmen. Guide for members of governing bodies of universities and colleges in England and Wales[M]. Netherlands:Kluwer Academic Publishers,1995.

[30] Committee of University Chairmen. Guide for members of higher education governing bodies in the UK:incorporates the governance code of practice and general principles[M]. Netherlands: Kluwer Academic Publishers,2009.

[31] COULSON J,ROBERTS P. University planning and architecture: the search for perfection[M]. London:Routledge,2010.

[32] COWEN R. The evaluation of higher education systems[M]. London:Kogan Page,1996.

[33] CRANFIELD S F R. Leavis:the creative university[M]. Cham: Springer,2016.

[34] CURRAN F. Derry: countdown to disaster[M]. Dublin: Gill and Macmillan,1986.

[35] DAICHES D. The idea of a new university:an experiment in Sussex[M]. London:Andre Deutsch,1964.

[36] DOBER R P. The new campus in Britain:ideas of consequence for the United States[M]. New York:Educational Facilities Laboratories, 1965.

[37] DORMER P, MUTHESIUS S. Concrete and open skies: architecture at the University of East Anglia, 1962-2000[M]. London: Unicorn Publishing Group, 2001.

[38] DRIVER C. The exploding university[M]. London: Hodder and Stoughton, 1971.

[39] FEINSTEIN C H. York 1831-1981: 150 years of scientific endeavour and social change[M]. York: William Sessions, 1981.

[40] GASSET O Y. Mission of the university [M]. London: Routledge, 1946.

[41] GELLERT C. Higher education in Europe: higher education policy series 16[M]. Bristol: Taylor&Francis, 1993.

[42] GORDON P, ALDRICH R. Education and policy in England in the twentieth century[M]. London: Woburn Press, 1991.

[43] GOSDEN P. The education system since 1944[M]. Oxford: Martin Robertson & Company Ltd., 1983.

[44] GRAVES F P. An introduction to the history of education [M]. London: Hodder and Stoughton Ltd., 1982.

[45] GRAY F. Making the future: a history of the University of Sussex[M]. Falmer: University of Sussex, 2011.

[46] GREEN D. What is quality in higher education[M]. Buckingham: Open University Press, 1994.

[47] HACCHE G, TAYLOR C. Inside the bank of England: memoirs of Christopher Dow, chief economist 1973-84[M]. Basingstoke: Macmillan, 2013.

[48] HACQUAERT A. The recruitment and training of university teachers[M]. Ghent: International Association of University Professors and Lecturers, 1967.

[49] HALSEY A H, TROW M A. The British academics[M]. Cambridge: Harvard University Press, 1971.

[50] HARWOOD E, POWERS A. Twentieth century architecture 6: the sixties[M]. London: Twentieth Century Society, 2002.

[51] HENDERSON B. Brum: a life in television[M]. Belfast: Appletree Press, 2003.

[52] HERKLOTS H G G. The new universities: an external examination[M]. London: E. Benn, 1928.

[53] HOUGH J R. Educational policy: an international survey[M]. London: Croom Helm, 1984.

[54] HOWSON S. Lionel Robbins: a life in economics, government and the arts[M]. Cambridge: Cambridge University Press, 2011.

[55] ILIFFE A H. The foundation year in the University of Keele: a report[M]. Keele: University of Keele Press, 1968.

[56] INGERSOLL R. World architecture 1900-2000: a critical mosaic[M]. Vienna: Springer, 2001.

[57] JACKS D. Student politics and higher education[M]. London: Lawrence and Wishart, 1975.

[58] JASPERS K. The idea of the university[M]. London: Peter Owen Ltd., 1965.

[59] KAUL J N. Governance of universities: autonomy of the university community[M]. New Delhi: Abhinav Publications, 1988.

[60] KELSALL R K, POOLE A, KUHN A. Six years after: first report on a national follow-up survey of ten thousand graduates of

British universities in 1960[M]. Sheffield: University of Sheffield, 1970.

[61] KENNEY D R, DUMONT R, KENNEY G S. Mission and place: strengthening learning and community through campus design [M]. Lanham: Rowman & Littlefield Publishers, 2005.

[62] KNELLER G F. Higher learning in Britain[M]. Berkeley: University of California Press, 1955.

[63] KOGAN M. County hall: The role of the chief education officer[M]. Harmondsworth: Penguin, 1973.

[64] KOGAN M. The politics of educational change[M]. London: Croom Helm, 1981.

[65] KOGAN M, HANNEY S. Reforming higher education[M]. London: Jessica Kingsley Publishers, 2000.

[66] KOGAN M. The politics of education[M]. London: Sage Publications, 2009.

[67] LAWLOR J. The new university[M]. London: Routledge & Kegan Paul Ltd., 1968.

[68] LAWRENSON T E. The place of the theatre in the modern humanities[M]. Lancaster: University of Lancaster, 1967.

[69] LAWSON J, SILVER H. A social history of education in England[M]. London: Methuen & Co. Ltd., 1973.

[70] LAWTON D. Education and Labour Party ideologies 1900-2001 and beyond[M]. London: Routledge Falmer, 2004.

[71] LEAVIS F R. Education and the university[M]. London: Chatto and Windus, 1948.

[72] LEAVIS F R. Two cultures? The significance of C. P. Snow [M]. London: Chatto and Windus, 1962.

[73] LOWE R. Education in the post-war years: a social history

[M]. London:Routledge,1988.

[74] MACLURE S. One hundred years of London education:1870-1970[M]. London:The penguin Press,1970.

[75] MANSFIELD M. Memoirs of a radical lawyer[M]. London: Bloomsbury Publishing,2010.

[76] MARITAIN J. Education at the crossroads[M]. New Haven: Yale University Press,1943.

[77] MARRIS P. The experience of higher education[M]. London: Routledge Press,1964.

[78] MARTIN G. From vision to reality:the making of the University of Kent at Canterbury[M]. Canterbury:University of Canterbury,1990.

[79] MCCLINTOCK M E. The University of Lancaster:quest for innovation[M]. Lancaster:University of Lancaster,1974.

[80] MOBERLY W. The crisis in the university[M]. London:SCM Press,1949.

[81] MOODIE G C,EUSTACE R. Power and authority in British universities[M]. London:George Allen & Unwin Ltd. ,1974.

[82] MUTHESIUS S. The postwar university:Utopianist campus and college[M]. New Haven:Yale University Press,2000.

[83] NEWMAN J H. The idea of a university[M]. New Haven: Yale University Press,1996.

[84] NIBLETT W R,BUTTS R F. Universities facing the future [M]. London:Evans Bros,1972.

[85] O'BRIEN G. Derry and Londonderry:history and society[M]. Dublin:Geography Publications,1999.

[86] O'BRIEN G,ROEBUCK P. The University of Ulster:genesis and growth[M]. Dublin:Four Courts Press,2009.

[87] O'NEILL T. The autobiography of Terence O'Neill: prime minister of Northern Ireland 1963-1969 [M]. London: Rupert Hart-Davis, 1972.

[88] ORTOLANO G. The two cultures controversy: science, literature and cultural politics in postwar Britain [M]. Cambridge: Cambridge University Press, 2009.

[89] PELLEW J, TAYLOR M. Utopian universities[M]. London: Bloomsbury Publishing, 2020.

[90] PERKIN H J. New universities in the United Kingdom[M]. Paris: Organization for Economic Cooperation & Development Publications, 1969.

[91] PEVSNER N. Yorkshire: York and the East Riding [M]. Harmondsworth: Penguin Books, 1972.

[92] PHILLIPS D. Investigating education in Germany: historical studies from a British perspective[M]. Abingdon: Routledge, 2016.

[93] RICHMOND W K. Education in Britain since 1944 [M]. London: Routledge, 2007.

[94] ROBBINS L. The university in the modern world: and other papers on higher education[M]. London: Macmillan, 1966.

[95] ROBBINS L. Higher education revisited[M]. London: Macmillan, 1980.

[96] ROSS M G. New universities in the modern world [M]. London: Macmillan, 1966.

[97] ROTHBLATT S. Tradition and change in English liberal education: an essay in history and culture[M]. London: Faber and Faber, 1976.

[98] SANDERSON M. The universities and British industry, 1850-

1970[M]. London: Routledge and Kegan Paul, 1972.

[99] SANDERSON M. The history of the University of East Anglia, Norwich[M]. London: Hambledon, 2002.

[100] SAVAGE M. Identities and social change in Britain since 1940: the politics of method[M]. Oxford: Oxford University Press, 2010.

[101] SCOTT P. The meanings of mass higher education[M]. Buckingham: SRHE and Open University Press, 1995.

[102] SHATTOCK M. Resource allocation in British universities [M]. Buckingham: SRHE and Open University Press, 1983.

[103] SHATTOCK M. Making a university: a celebration of Warwick's first 25 years[M]. Warwick: University of Warwick, 1991.

[104] SHATTOCK M. The UGC and the management of British universities[M]. Buckingham: Open University Press, 1994.

[105] SHATTOCK M. Making policy in higher education 1945-2011[M]. Buckingham: Open University Press, 2012.

[106] SHINN C. Paying the piper: the development of the University Grants Committee 1919-46[M]. London: Falmer Press, 1986.

[107] SILVER H. Education as history: interpreting nineteenth-and twentieth-century education[M]. London: Methuen, 1983.

[108] SILVER H. Education, change, and the policy process[M]. London: Falmer Press, 1990.

[109] SILVER H. A higher education: the Council for National Academic Awards and British higher education, 1964-1989[M]. London: The Falmer Press, 1990.

[110] SILVER H. Higher education and opinion making in twentieth-century England[M]. London: Woburn Press, 2003.

[111] SILVER H. Tradition and higher education[M]. Winchester:

Winchester University Press,2007.

[112] SIMON B. Education and the social order, 1940-1990[M]. London:Lawrence & Wishart Ltd. ,1991.

[113] SLOMAN A E. A university in the making[M]. London: BBC,1964.

[114] SŁYK J, BEZERRA L. Education for research, research for creativity[M]. Warszawa: Wydział Architektury Politechniki Warszawskiej, 2016.

[115] SMITH D, LANGSLOW A K. The idea of a university[M]. London: Jessica Kingsley Publishers, 1999.

[116] SNOW C P. The two cultures and the scientific revolution [M]. Cambridge: Cambridge University Press, 1959.

[117] SNOW C P. The two cultures: and a second look [M]. Cambridge: Cambridge University Press, 1963.

[118] STEVENS R. University to uni: the politics of higher education in England since 1944[M]. London: Politicos, 2004.

[119] STEWART W A C. Higher education in postwar Britain [M]. London: The Macmillan Press, 1989.

[120] STRAW J, SLOMAN A E, DOTY P M. Universities: boundaries of change[M]. London: Panther, 1970.

[121] TAPPER T, SALTER B. Oxford, Cambridge and the changing idea of the university [M]. Buckingham: SRHE and Open University Press, 1992.

[122] TAPPER T. The governance of British higher education: the struggle for policy control[M]. Berlin: Springer, 2007.

[123] THISTLETHWAITE F. The founding of the University of East Anglia[M]. Norwich: University of East Anglia, 1963.

［124］ THISTLETHWAITE F. Origins：a personal reminiscence of UEA's Foundation［M］. Colchester：Palladian Press，2000.

［125］ THOMAS R M. Politics and education：case from eleven nations［M］. London：Routledge，1983.

［126］ TIGHT M. The development of higher education in the United Kingdom since 1945［M］. Buckingham：Open University Press，2009.

［127］ TRIBE K. Economic careers：economics and economists in Britain 1930-1970［M］. New York：Routledge，2002.

［128］ TROWLER P R. Higher education policy and institutional change［M］. Buckingham：SRHE and Open University Press，2002.

［129］ TROWLER P，SAUNDERS M，BAMBER V. Tribes and territories in the 21st century：rethinking the significance of disciplines in higher education［M］. London：Routledge，2012.

［130］ VERNON K. Universities and the state in England，1850-1939［M］. London：Routledge Falmer，2004.

［131］ WALFORD G. Restructuring universities：politics and power in the management of change［M］. London：Croom Helm，1987.

［132］ WARNER D，PALFREYMAN D. The state of UK higher education：managing change and diversity［M］. Buckingham：SRHE and Open University Press，2001.

［133］ WATSON D. Managing the modular course：perspectives from Oxford polytechnic［M］. Buckingham：Open University Press，1989.

［134］ WEBB K A. Oliver Sheldon and the Foundations of the University of York［M］. York：Borthwick Institute，2009.

［135］ WEST J. Debrett's people of Kent［M］. London：Debrett's Peerage Limited，1990.

［136］ WILLIAMS G L. Changing patterns of finance in higher

education[M]. Buckingham: Open University Press, 1992.

[137] WILLIAMSON M, WHITE D. A history of the first fifty years of biology at York[M]. York: University of York, 2013.

七、外文期刊论文

[1] ASHBY E. Government, University Grants Committee and the universities: hands off the universities? [J]. A review of science, 1968, 6(2): 244-256.

[2] BANKS O. The sociology of education: 1952-1982[J]. British journal of educational studies, 1982, 30(1): 18-31.

[3] BARNETT R A. The maintenance of quality in the public sector of UK higher education[J]. Higher education, 1987, 16(3): 279-301.

[4] BIRD R. Reflections on the British government and higher education[J]. Higher education quarterly, 1994, 48(2): 73-84.

[5] BOLIVER V. Are there distinctive clusters of higher and lower status universities in the UK? [J]. Oxford review of education, 2015, 41(5): 608-627.

[6] CAMERON E A. University realities: the inverness campaign to establish Scotland's fifth university[J]. Transactions of the Gaelic Society of Inverness, 2017, 67(15): 9-50.

[7] CANNING J. Disciplinarity: a barrier to quality assurance? The UK experience of area studies[J]. Quality in higher education, 2005, 11(1): 37-46.

[8] CHARLES D. Universities and territorial development: reshaping the regional role of UK universities[J]. Local economy, 2003,

18(1):7-20.

[9] CHARLTON J M T. An experiment in classical education at an English university[J]. Classical weekly,1952,45(10):148-149.

[10] CUTLER W W. Cathedral of culture: the schoolhouse in American educational thought and practice since 1820[J]. History of education quarterly,1989,29(1):1-40.

[11] DANIEL J. The challenge of mass higher education[J]. Studies in higher education,1993,18(2):197-203.

[12] DEEM R. The knowledge worker, the manager-academic and the contemporary UK university: new and old forms of public management?[J]. Financial accountability and management,2004,20(2):107-128.

[13] EDGERTON D. CP Snow as anti-historian of British science: revisiting the technocratic moment, 1959-1964[J]. History of science, 2005,43(2):187-208.

[14] GODWIN C D. The origin of the binary system[J]. History of education,1998,27(2):171-191.

[15] HEYCK T W. The idea of a university in Britain: 1870-1970[J]. History of European ideas,1987,8(2):205-219.

[16] JOHNSTON R. Institutions and disciplinary fortunes: two moments in the history of UK geography in the 1960s-I: geography in the "plateglass universities"[J]. Progress in human geography,2004,28(1):57-77.

[17] KING R. Higher education in the UK: a critical examination of the role of the CNAA[J]. Higher education,1991,22(2):189-194.

[18] KYVIK S. Structural changes in higher education systems in Western Europe[J]. Higher education in Europe,2004,29(3):393-409.

[19] LEWIS M S. The polytechnics: a peculiarly British phenomenon

[J]. Metropolitan universities,1991,2(4):25-34.

[20] MALLESON N. The influence of emotional factors on achievement in university education[J]. The sociological review,1959,7(1):141-159.

[21] MCKENNA P G. The research challenge faced by the new universities in the UK[J]. Higher education quarterly,1996,50(2):110-118.

[22] MOVRICH R F. The foundation and growth of the new British universities[J]. European education,1975,7(3):5-29.

[23] PAULUS S. The Americanization of Europe after 1945? The case of the German universities[J]. European review of history,2002,9(2):241-253.

[24] PERKIN H. University planning in Britain in the 1960's[J]. Higher education,1972,1(1):111-120.

[25] PERKIN H J. Dream, myth and reality: new universities in England, 1960-1990[J]. Higher education quarterly, 1991, 45(4): 294-310.

[26] PRITCHARD R M O. Government power in British higher education[J]. Studies in higher education,1994,19(3):253-265.

[27] RIZZO I,TOWSE R. In Memoriam Alan Peacock:a pioneer in cultural economics[J]. Journal of cultural economics,2015,39(3):225-238.

[28] ROLFE H. University strategy in an age of uncertainty: the effect of higher education funding on old and new universities[J]. Higher education quarterly,2003,57(1):24-47.

[29] RUPRECHT R. Forty years later: C. P. Snow's two cultures revisited[J]. European journal of engineering education, 1999, 24(3): 231-241.

[30] SCOTT P. British universities 1968-1978[J]. European journal of education,1978,13(2):29-43.

[31] SCOTT P. The idea of the university in the 21st century: a British perspective[J]. British journal of educational studies, 1993, 41(1):4-25.

[32] SCOTT P. The future of general education in mass higher education systems[J]. Higher education policy,2002,15(1):61-75.

[33] SCOTT P. Robbins: the binary policy and mass higher education[J]. Higher education quarterly,2014,68(2):147-163.

[34] SHATTOCK M,BERDAHL R. The British University Grants Committee 1919-83: changing relationships with government and the universities[J]. Higher education,1984,13(5):471-499.

[35] SILVER H. The universities' speaking conscience: "Bruce Truscot" and Redbrick University[J]. History of education, 1999, 28(2):173-189.

[36] SMITH D. Eric James and the "Utopianist" campus: biography,policy and the building of a new university during the 1960s[J]. History of education,2008,37(1):23-42.

[37] STAKEM K A. Hans Froelicher, Jr.: civic educator [J]. Maryland historical magazine,1982,77(2):193-201.

[38] STEWART C. Philosophy, psychology and sociology in the training of teachers[J]. Sociological review,1950,42(1):1-35.

[39] STONE W G. University commentary from Brighton [J]. Higher education quarterly,1958,12(3):223-227.

[40] TAPPER E R,SALTER B G. The changing idea of university autonomy[J]. Studies in higher education,1995,20(1):59-71.

[41] TAPPER T,SALTER B. Governance of higher education in

Britain: the significance of the research assessment exercises for the Funding Council model[J]. Higher education quarterly, 2004, 58(1): 4-9.

[42] TAPPER T. Policymaking and the politics of change in higher education: the new 1960s universities in the UK, then and now[J]. London review of education, 2016, 14(1): 11-22.

[43] THOMPSON P, BORNAT J. Myths and memories of an English rising: 1968 at Essex[J]. Oral history, 1994, 22(2): 44-54.

[44] VERDON F, WELLS M. Computing in British universities: the computer board 1966-1991[J]. The computer journal, 1995, 38(10): 822-830.

[45] VERNON K. Engagement, estrangement or divorce? The new universities and their communities in the 1960s[J]. Contemporary British history, 2017, 31(4): 501-523.

[46] VICK F A. Science for the non-scientist[J]. Higher education quarterly, 1957, 11(3): 245-253.

[47] WATERMEYER R. Public intellectuals vs. new public management: the defeat of public engagement in higher education[J]. Studies in higher education, 2016, 41(12): 2271-2285.

[48] WATERS A. Trends and issues in ELT methods and methodology[J]. ELT journal, 2012, 66(4): 440-449.

[49] WITHERS C W J. Place and "spatial turn" in geography and in history[J]. Journal of the history of ideas, 2009, 70(4): 637-658.

[50] WIT K D, VERHOEVEN J C. The context changes but the divisions remain: the binary higher education system in Flanders: the case of information science [J]. Studies in higher education, 2003, 28 (2): 143-156.

八、外文学位论文

[1] HUNT J L. Libraries of the new universities in England: a study of public policy[D]. New York:Columbia University,1993.

[2] MATON K. The field of higher education: a sociology of reproduction,transformation,change and the conditions of emergence for cultural studies[D]. Cambridge:University of Cambridge,2004.

[3] WALSH E M G. Policy change and higher education quality assurance:the role for policy networks,globalization and internationalization in Germany, Ontario & the UK[D]. Hamilton: McMaster University, 2007.

九、外文报告

[1] Anderson Committee. Grants to students,report of the Anderson Committee:1958-60[R]. London:HMSO,1960.

[2] Barlow Committee. Scientific manpower:report of a committee appointed by the Lord President of the Council[R]. London: HMSO, 1946.

[3] BUTTERWORTH J B. Report of the vice-chancellor of the University of Warwick[R]. Coventry:University of Warwick,1966.

[4] FULTON B. Address by Baron Fulton of Falmer[R]. Keele: University of Keele,1972.

[5] Fulton Commission. Report of the Fulton Commission to advise on the creation of a federal-type Chinese university in Hong Kong[R]. Hong Kong:Government of Hong Kong,1963.

[6] Home Universities Conference. Reports of proceedings, 1955 [R]. London: Association of Universities of the British Commonwealth, 1955.

[7] Lockwood Committee. Report of Lockwood Committee on higher education in Northern Ireland[R]. Belfast: HMSO, 1965.

[8] LOCKWOOD G, SUPPLE B. Admissions policies and procedures in the United States[R]. Brighton: University of Sussex, 1967.

[9] Robbins Committee. Report of the Robbins Committee on higher education[R]. London: HMSO, 1963.

[10] STEWART C. British universities: dilemmas and opportunities [R]. Keele: University of Keele, 1968.

[11] TEMPLEMAN G. First report of the vice-chancellor of the University of Kent at Canterbury[R]. Canterbury: University of Kent, 1966.

[12] University Grants Committee. University development: report on the years 1947-52[R]. London: HMSO, 1953.

[13] University Grants Committee. University development: report on the years 1952-57[R]. London: HMSO, 1958.

[14] University Grants Committee. University development: report on the years 1957-62[R]. London: HMSO, 1964.

[15] University Grants Committee. Interim report of the Hale Committee on university teaching methods[R]. London: HMSO, 1963.

[16] University Grants Committee. Report of the Hale Committee on university teaching methods[R]. London: HMSO, 1964.

[17] University Grants Committee. Audio-visual aids in higher scientific education: report of the Brynmor Jones Committee[R]. London: HMSO, 1965.

[18] University of Lancaster. First annual report of the vice-chancellor of the University of Lancaster[R]. Lancashire: University of Lancaster, 1965.

十、外文报纸

[1] BRIGGS A. A university for today[N]. The listener, 1961-09-07(1).

[2] BRIGGS A. A new approach to university degrees[N]. The listener, 1962-05-24(5).

[3] GIBBERD K. Where students help to plan[N]. New statesman, 1967-06-03(1).

[4] MACARTHUR B. Still more expansion needed in higher education[N]. The times, 1967-09-13(1).

[5] MACKINTOSH N. Obituary: Professor Stuart Sutherland[N]. Independent, 1998-11-18(6).

[6] SMITH B. Life through a plate-glass window[N]. Times higher education supplement, 2001-08-10(22).

十一、外文电子文献

[1] CUNNINGHAM P. Morris, Henry (1889-1961), educational administrator[EB/OL]. [2021-10-08]. http://www.oxforddnb.com.libproxy.york.ac.uk/view/10.1093/ref:odnb/9780198614128.001.0001/odnb-9780198614128-e-63830.

[2] DERBYSHIRE A. Marshall, Sir Stirrat Andrew William Johnson (1912-1981)[EB/OL]. [2021-10-08]. http://www.oxforddnb.com.

libproxy. york. ac. uk/view/10. 1093/ref: odnb/9780198614128. 001. 0001/odnb-9780198614128-e-31292.

[3] Gillard D. Education in England: a history[EB/OL]. (1998-07-30)[2020-12-10]. www. educationengland. org. uk/history.

[4] HODGES L. A-Z of universities: Keele[EB/OL]. (1997-08-21)[2020-12-08]. http://www. independent. co. uk/.

[5] HUGHES D. Norman, Sir Richard Oswald Chandler (1932-1993), chemist[EB/OL]. [2021-10-08]. http://www. oxforddnb. com/view/10. 1093/ref: odnb/9780198614128. 001. 0001/odnb-9780198614128-e-52420.

[6] Keele University. Keele's heritage: the Sneyd family and the Keele estate[EB/OL]. [2023-01-18]. https://www. keele. ac. uk/about/ourhistory/keelesheritage.

[7] LUBBOCK J. Building the new university: the architecture of Essex and its context[EB/OL]. [2022-03-08]. https://soundcloud. com/uniofessex/buildinguniversity.

[8] SANDERSON M. Thistlethwaite, Frank (1915-2003)[EB/OL]. [2021-10-08]. https://doi. org/10. 1093/ref: odnb/89466.

[9] THOMPSON P. University of Essex: our 50th anniversary [EB/OL]. [2022-03-08]. http://www. essex. ac. uk/fifty/podcasts.

[10] THOMPSON P. Stories of Essex sociology[EB/OL]. (1998-09-14)[2022-03-08]. https://essexsociologyalumni. com/memories/tales-from-past-folk/extract-of-interview-with-peter-townsend-on-his-essex-days.

[11] Warwick. Essential Warwick[EB/OL] (2009-04-17)[2020-10-12]. http://www2. warwick ac. uk/about/pro-file/essential-warwick-12. pdf.

[12] WATSON N. White, Eric Milner (1884-1963), dean of York

[EB/OL]. [2021-10-08]. http://www. oxforddnb. com. libproxy. york. ac. uk/view/10. 1093/ref:odnb/9780198614128. 001. 0001/odnb-9780198614128-e-47849.

[13] Webb P D. Encyclopaedia britannica: Labour Party[EB/OL]. (2020-04-07)[2021-10-08]. https://www. britannica. com/topic/Labour-Party-political-party.

[14] WOOLF J. English at York: anything but traditional[EB/OL]. [2021-10-08]. https://yumagazine. co. uk/english-at-york-anything-but-traditional.

[15] University of Essex. The world in one place[EB/OL]. [2023-01-19]. https://www. essex. ac. uk/life/colchester-campus.

[16] University of Sussex. Our campus[EB/OL]. (2021-08-10)[2023-01-19]. https://www. sussex. ac. uk/about/60-years-of-sussex/history/campus.